경찰형사소송법

정 신 교

청목출판사

머리말

형사소송법은 실체형법을 실현하기 위한 절차를 규율하는 한편, 진실규명을 위한 독자적인 규범과 규칙을 바탕으로 하는 법이다. 우리 형사소송법은 1954년 제정되었고, 특히 2018. 6. 21. 법무부 장관과 `행정안전부 장관이 발표한 「검·경수사권 조정 합의문」의 취지에 따라 검찰과 경찰로 하여금 국민의 안전과 인권 수호를 위하여 서로 협력하게 하고 수사권이 국민을 위해 민주적이고 효율적으로 행사되도록 하기 위해 일부 개정되어 2021년 1. 1.부터 시행되었다. 형사소송법 제정 이래 지속되어 온 검사와 사법경찰관의 지휘 관계를 상호협력 관계로 바꾸었고, 고위공직자범죄수사처의 설치와 운영에 관한 법률의 제정으로 고위공직자범죄수사처를 신설하여 고위공직자의 직무 관련 범죄에 대하여 우선적 수사권을 부여하였다.

이 책은 학생들에게 형사소송법을 가르치는 교재 목적으로 저술하였다. 2022년 경찰시험 형사소송법의 시험 범위가 조정되어 〈수사〉와 〈증거〉만 남게 되었다. 수험생들의 이해를 돕기 위해 수사와 증거를 위주로 기본적인 이론과 판례를 중점적으로 다루었으며 가급적 난해한 이론은 생략하였다. 저자는 대학에서 형사법을 강의한 지 이십 년이 되어 간다. 그동안 대학의 중간고사, 기말고사는 물론 각종 공무원 시험의 출제와 검토를 하면서 학생들과 수험생들의 효율적인 공부방법에 대해 많은 고민을 하였다. 이미 수년 전 형사실체법인 형법총론과 형법각론을 출간한 이래 형사소송법의 출간을 차일피일 미루다가 시간이 훌쩍 지나가 버렸다. 더 이상 미루다가는 형사소송법을 출간하지 못하는 건 아닌지 하는 염려 끝에 이번에 출간을 서두르게 되었다. 이 책이 경찰공무원 시험을 준비하는 학생들에게 형사소송법을 이해하는 데 도움이 되었으면 한다.

끝으로 이 책의 출간에 도움을 주신 청목출판사 유성열 사장님과 심재국 상무님, 편집부에도 감사드린다.

2024. 2. 10.

정 신 교

차 례

제 3 장 증 거

제 1 장

서 론

§1. 형사소송법의 기초이론

1. 형사소송법의 의의와 성격

1) 형사소송법의 의의

(1) 개념

형사소송법은 형사절차를 규정한 법률체계, 즉 형법의 구체적인 실현을 위한 절차를 규정한 법률이다. 형사소송법은 추상적인 형벌법규(예: 형법 제250조 제1항(살인죄)를 구체적인 범죄사실(甲이 乙을 살해하였다)에 적용하는 절차(수사-공판〈공소제기-공판절차-재판확정〉-형집행)를 규정한 법으로서, 형법 및 형집행법과 함께 형사법의 한 축을 구성하고 있다.

(2) 형사절차법정주의

"누구든지 법률에 의하지 아니하고는 체포·구속·압수·수색 또는 심문을 받지 아니하며, 법률과 적법한 절차에 의하지 아니하고는 처벌·보안처분 또는 강제노역을 받지 아니한다."라는 헌법 제12조 제1항의 내용은 죄형법정주의뿐만 아니라 형사절차법정주의를 선언하고 있다.

판례연구

> 헌법 제12조 제3항 본문은 동조 제1항과 함께 적법절차원리의 일반조항에 해당하는 것으로서, 형사절차상의 영역에 한정되지 않고 입법, 행정 등 국가의 모든 공권력의 작용에는 절차상의 적법성뿐만 아니라 법률의 구체적 내용도 합리성과 정당성을 갖춘 실체적인 적법성이 있어야 한다는 적법절차의 원칙을 헌법의 기본원리로 명시하고 있는 것이다(헌재 92헌가8).

2) 형사소송법의 성격

형사소송법은 공법, 사법법(司法法), 형사법, 절차법의 성격을 갖는다. 형법은 실체법으로 도덕적·윤리적 정적인 성격을 띠고 형소법은 절차법으로 기술적·동적·발전적 성격을 띤다.

2. 형사소송법의 법원과 적용범위

1) 법원(法源)

(1) 헌법

제12조 ① 형사절차법정주의, ② 고문금지와 불이익진술거부권, ③ 영장주의, ④ 변호인의 조력을 받을 권리, ⑤ 체포·구속사유의 가족에의 통지, ⑥ 구속적부심사청구권, 제13조 일사부재리원칙, 제27조 신속한 공개재판을 받을 권리, 제28조 형사보상청구권, 제44조 국회의원의 불체포특권, 제110조 군사재판권, 제111조 헌법재판소 관련사항

* **헌법에 규정이 없는 형사절차** 증거보전청구권(제184조), 보석청구권(제94조), 위법수집증거배제법칙(제308조의2), 구속영장청구와 피의자심문(제201조의2), 상소권(제338조), 기피신청권(제18조), 간이공판절차(제286조의2), 증거신청권(제294조), 전문법칙(제310조의2), 공소장일본주의(규칙 제118조 제2항)

(2) 형사소송법

형식적 의미의 형사소송법은 형사소송법전만을 의미한다. 실질적 의미의 형사소송법은 다음과 같다.

(가) 조직에 관한 법률 법원조직법, 검찰청법, 변호사법, 사법경찰관리의 직무를 행할 자와 그 직무범위에 관한 법률, 경찰관직무집행법 등이 있다.

(나) 특별절차에 관한 법률 소년법, 즉결심판에 관한 절차법, 군사법원법, 조세법처벌절차법 등이 있다.

(다) 소송비용에 관한 법률 형사소송비용에 관한 법률 등이 있다.

(라) 기타 관세법, 국가보안법, 사면법, 소송촉진 등에 관한 특례법 등이 있다.

(3) 대법원규칙

형사절차법정주의에 따르면 형식적 의의의 법률이 아닌 명령이나 규칙은 형사절차로는 정할 수 없음이 원칙이다. 헌법 제108조에 의하면 대법원은 법률에 저촉되지 아니하는 범위 안에서 소송에 관한 절차, 법원의 내부규율과 사무 처리에 관한 규칙을 제정할 수 있다고 규정하고 있으므로 대법원규칙은 형사소송법의 법원이 된다. 그러나 대법원 예규는 형사소송법의 법원이 아니다.

(4) 판례

(가) 헌법재판소 판례 헌법재판소의 위헌결정은 법원(法源)이 된다.

(나) 대법원 판례 상급법원의 재판은 당해사건에 관하여 하급심을 기속할 뿐 일반적인 사건에 대한 구속력이 법규적 효력이 인정되지 않으므로 법원이 될 수 없다.

(5) 관습법[1]과 국제조약

형사소송과 관련된 국제조약은 법원(法源)이 된다.

* **형사소송법의 법원이 아닌 것** 정부조직법, 군형법, 조세법처벌법, 경범죄처벌법, 경범죄처벌법, 폭력행위 등 처벌에 관한 법률, 특정범죄가중처벌 등에 관한 법률, 형의실효 등에 관한 법률

1) 성문화된 법이 아니므로 법원(法源)이 될 수 없다.

판례연구

법무부령	
1	검찰사건사무규칙의 규정은 검찰청 내부의 사무처리지침에 불과한 것일 뿐 법규적 효력을 가진 것이 아니다(헌재 91헌마42).
2	사법경찰관리집무규칙은 법무부령으로서 사법경찰관리에게 범죄수사에 관한 집무상의 준칙을 명시한 것뿐이다(대결 84모22).
3	검찰청수사사무규칙은 벌금형 등의 집행에 관한 사항을 정한 것으로서 그 근거나 입법형식 및 내용에 비추어 대외적으로 구속력을 갖는 법규명령이라고 할 것이다(대판 2003다58850).
헌법재판소 판례	
헌법재판소의 법률에 대한 위헌결정은 법원을 포함한 모든 국가기관과 지방자치단체를 기속한다. 따라서 헌법재판소가 위헌으로 결정하여 그 효력을 상실한 법률을 적용한 법원의 재판은 헌법재판소 결정의 기속력에 반하는 것이다(헌재 96헌마172).	

2) 적용범위

(1) 장소적 범위

형사소송법은 대한민국 영역 내에서만 효력이 있다. 피고인 또는 피의자의 국적은 묻지 않는다. 단 치외법권지역은 제외한다.[2)]

판례연구

장소적 적용범위	
1	대한민국 내에 있는 미국문화원이 치외법권지역이고 그 곳을 미국영토의 연장으로 본다 하더라도 미국이 자국의 재판권을 주장하지 않고 있는 이상 속인주를 함께 채택하고 있는 우리나라의 재판권은 동인들에게도 당연히 미친다 할 것이다(대판 86도403). 〈연습〉 미국문화원 내에서 죄를 범한 대한민국 국민에게는 대한민국의 재판

2) 주한 외국대사관은 치외법역지역이나, 영사관이나 문화원은 포함되지 않는다.

	권이 미치지 않는다.(×)
2	중국 북경시에 소재한 대한민국 영사관 내부는 여전히 중국의 영토에 속할 뿐이므로 내국인이 아닌 피고인이 위 영사관 내에서 공소외인 명의의 여권발급신청서 1장을 위조하였다는 공소사실에 대하여 피고인에 대한 재판권이 없다고 판단한 것은 옳다(대판 2006도5010).
3	법 제239조 제1항의 사인위조죄는 형법 제6조의 대한민국 또는 대한민국 국민에 대하여 범한 죄에 해당하지 아니하므로 중국 국적자가 중국에서 대한민국 국적 주식회사의 인장을 위조한 경우에는 외국인의 국외범으로서 그에 대하여 재판권이 없다(대판 2002도4929).

(2) 시간적 적용범위

형사소송법은 시행시부터 폐지시까지 효력을 가진다. 형소법은 사건에 대한 절차에 적용되므로 범죄시가 아니고 재판시의 법률이 적용된다(재판시법주의). 다만 법률의 변경이 있는 경우 신법을 적용할 것인가 구법을 적용할 것인가는 입법정책상의 문제이다. 그리고 형사소송법 부칙은 이 법 시행 당시 수사 중이거나 법원에 계속 중인 사건에도 신법이 적용된다. 다만, 시행 전에 종전의 규정에 따라 행한 소송행위의 효력에는 영향을 미치지 않는다고 하여 (구법○ + 신법○ = 혼합주의)를 채택하고 있다.

판례연구

시간적 적용범위
형사소송법 부칙 제2조는 형사절차가 개시된 후 종결되기 전에 형사소송법이 개정된 경우 신법과 구법 중 어느 법을 적용할 것인지에 관한 입법례 중 혼합주의를 채택하여 구법 당시 진행된 소송행위의 효력은 그대로 인정하되 신법 시행 후의 소송절차에 대하여는 신법을 적용한다는 취지에서 규정된 것이다. 따라서 항소심이 신법 시행을 이유로 구법이 정한 바에 따라 적법하게 진행된 제1심의 증거조사절차 등을 위법하다고 보아 그 효력을 부정하고 다시 절차를 진행하는 것은 허용되지 아니한다(대판 2008도2826). 〈연습〉 법례 중 혼합주의를 채택한 형사소송법 부칙에 따르면 항소심은 신법에

따라 구법에 의해 적법하게 진행된 제1심 증거조사 절차의 효력을 부정하고 다시 절차를 진행할 수 있다.(×)

(3) 인적 적용범위

(가) 원칙 대한민국 영역 내에 있는 모든 사람에게 적용된다. 이 경우 피의자·피고인의 국적·주거·범죄지는 따지지 않는다.

(나) 예외

① 국내법상 예외 대통령의 불소추특권, 국회의원의 면책특권·불체포특권 등이 있다.

② 국제법상 예외 외국원수·그 가족과 수행원, 치외법권자, 외국군대 등이다. 그러나 한반도의 평시상태에서 미합중국 군 당국은 미합중국 군대의 군속에 대하여 형사재판권을 가지지 않으므로, 대한민국은 미합중국 군대의 군속이 대한민국 영역 안에서 저지른 범죄로서 대한민국 법령에 의하여 처벌할 수 있는 범죄에 대한 형사재판권을 바로 행사할 수 있다(대판 2005도798).

판례연구

인적 적용범위	
1	[1] 국회의원 면책특권의 대상이 되는 행위는 직무상의 발언과 표결이라는 의사표현 행위자체에 국한되지 아니하고 이에 통상적으로 부수하여 행하여지는 행위까지 포함한다. [2] 국회의원이 국회본회의에서 질문할 원고를 사전에 배포한 행위는 면책특권의 대상이 되는 직무부수행위에 해당한다. [3] 국회의원의 면책특권에 속하는 행위에 대하여는 공소를 제기할 수 없으며 이에 반하여 공소가 제기된 것은 형사소송법 제327조 제2호의 "공소제기의 절차가 법률의 규정에 위반하여 무효인 때"에 해당되므로 공소를 기각하여야 한다(대판 91도3317).

2	국회의원인 피고인이, (구)국가안전기획부 내 정보수집팀이 대기업 고위관계자와 중앙일간지 사주 간의 사적 대화를 불법 녹음한 자료를 입수한 후 그 대화 내용과, 전직 검찰간부인 피해자가 위 대기업으로부터 이른바 떡값 명목의 금품을 수수하였다는 내용이 게재된 보도 자료를 작성하여 국회 법제사법위원회 개의 당일 국회 의원회관에서 기자들에게 배포한 사안에서, 피고인이 국회 법제사법위원회에서 발언할 내용이 담긴 위 보도자료를 사전에 배포한 행위는 국회의원 면책특권의 대상이 되는 직무부수행위에 해당하므로, 피고인에 대한 허위사실적시 명예훼손 및 통신비밀보호법 위반의 점에 대한 공소를 기각하여야 한다(대판 2009도14442).

2. 형사소송법의 이념

1) 형소법의 지도이념과 상호관계

(1) 총설

형사소송은 적정한 절차를 보장하면서 신속하게 실체적 진실을 밝혀 형벌권을 행사하는 것을 그 이념으로 한다. 즉, 형사소송의 3대 이념은 실체적 진실의 발견, 적정절차의 보장, 신속한 재판의 실현에 있다. 다만 이러한 3대 이념은 구체적인 사건에 따라 상호 긴장 · 갈등 관계에 있다.

(2) 형사소송 이념의 상호관계

(가) 갈등관계 실체적 진실발견을 강조하는 실체적 진실주의와 인권보장적 절차의 준수를 강조하는 적정절차의 원칙은 언제나 양립할 수 있는 것은 아니다. 실체적 진실주의를 강조할 때에는 적정절차와 신속한 재판의 이념이 위축될 수 있고, 적정절차와 신속한 재판을 강조하다 보면 실체적 진실의 발견이 제한될 수도 있다.

(나) 이념 간의 관계 적정절차와 신속한 재판은 실체적 진실발견의 단순한 수단이 아니라 실체적 진실주의와 함께 형사소송의 또 다른 목적이라고 보아야 한다. 다만, 실체적 진실주의는 적정절차와 신속한 재판의 원칙에 의하여 제한될 수밖에 없다.

2) 실체적 진실주의

(1) 의의

소송의 실체에 관하여 객관적 진실을 발견하여 사안의 진상을 명백히 하자는 주의이다.[3]

(가) 적극적 실체적 진실주의 범죄사실을 명백히 하여 죄 있는 자를 빠짐없이 처벌해야 한다(유죄자필벌주의).[4] 대륙법계의 직권주의 소송구조에서 강조된다.

(나) 소극적 실체적 진실주의 죄없는 자를 유죄로 하여서는 안된다(무죄자불벌주의).[5] "in dubio pro reo" 열 사람의 범인을 놓치더라도 한 사람의 죄 없는 사람을 벌해서는 안 된다. 영·미법계의 당사자주의 소송구조에서 강조된다.

(다) 현행법의 태도 헌법상 무죄추정의 원칙을 고려할 때(헌법 제27조 제4항) 현행 형사소송법은 소극적 실체적 진실주의를 보다 강조하고 있다.

(2) 실체적 진실주의의 제도적 구현

(가) 직권에 의한 증거조사(당사자 신청에 의한 증거조사 외에 직권증거조사 인정) 법원의 피고인 신문권, 증인신문권, 직권증거조사 등

(나) 증거법칙(사실인정의 합리성을 담보하기 위한 제도) 증거재판주의, 자백

---

3) 형식적 진실주의는 당사자처분권주의를 허용하며, 당사자가 자백한 사실은 법원을 구속한다. 이는 민사소송에서 인정하고 있다.
4) 검사의 증거보전 청구, 법원의 피고인신문, 수사기관의 압수수색, 자유심증주의 등.
5) 자백배제의 법칙, 자백보강의 법칙, 증인의 선서, 무죄추정의 원칙 등.

배제법칙, 위법수집증거배제법칙, 전문법칙, 자유심증주의

(다) **상소와 재심제도**(오판을 시정하기 위한 제도) 항소, 상고, 항고, 재심

(라) **증거의 수집 · 보전**(사실인정을 위한 증거확보 제도) 참고인조사, 압수 · 수색, 검증, 감정, 증거보전, 피고인신문

(3) 실체적 진실주의의 한계

(가) **적정절차와 신속한 재판의 원칙에 의한 제한** 실체적 진실의 발견은 적정한 절차에 의하여 발견되어야 한다. 따라서 진술거부권을 고지하지 않고 획득한 자백이나 위법한 절차에 의하여 수집된 증거는 그 증거가 진실하여도 증거능력이 부정되어 유죄의 증거로 사용할 수 없다(예: 자백배제원칙, 위법수집증거배제법칙). 신속한 재판의 원칙은 피의자 · 피고인의 이익 보호와 소송경제의 실현을 위하여 실체적 진실주의는 시간적 제약을 받는다(구속기간의 제한).

(나) **사실상의 제약** 인간적 능력의 한계가 있으므로 절대적이고 객관적인 진실을 규명하는 것은 불가능하다. 실체적 진실의 발견도 합리적 의심이 없는 정도의 고도의 개연성으로 만족할 수 밖에 없는 이유이기도 하다.

(다) **초소송법적 이익에 의한 제약** 국가적 · 사회적 이익이 우선할 경우 실체적 진실의 발견이 제한되는 경우가 있다. 군사상 · 공무상 · 업무상 비밀에 의한 압수 · 수색의 제한(제110조~제112조), 증언거부권의 행사(제147조~제149조).

판례연구

형사재판의 증거법칙과 관련하여서는 소극적 진실주의가 헌법적으로 보장되어 있다 할 것이다. 따라서 형사소송에 관한 절차법에서 소극적 진실주의의 요구를 외면한 채 범인필벌의 요구만을 앞세워 합리성과 정당성을 갖추지 못한 방법이나 절차에 의한 증거수집과 증거조사를 허용하는 것은 적법절차의 원칙 및 공정한

재판을 받을 권리에 위배되는 것으로서 헌법상 용인될 수 없다(헌재 94헌바1).

2) 적정절차의 원리

(1) 의의

헌법정신을 구현한 공정한 법정절차에 의하여 형벌권이 실현되어야 한다는 원칙이다. 적정절차의 원칙은 헌법에 그 근거를 두고 있으며, 공정한 재판의 원칙, 비례의 원칙, 피고인보호의 원칙을 그 내용으로 한다.

(2) 내용

(가) 공정한 재판의 원칙 독립된 법관에 의하여 헌법과 법률에 의하여 양심에 따라 정의와 공정을 이념으로 하는 재판이 행해져야 한다는 원칙을 말한다. 이를 위해 공정한 법원의 구성, 피고인의 방어권보장, 무기평등의 원칙 등이 갖추어져야 한다.

① **공정한 법원의 구성** 제척 · 기피 · 회피제도, 피고인의 방어권보장, 무기평등의 원칙

② **피고인의 방어권보장** 제1회 공판기일의 유예기간, 피고인의 진술권, 진술거부권, 공판정출석권, 증거신청권, 증거보전청구권

③ **무기평등의 원칙** 변호인의 조력을 받을 권리, 국선변호인제도, 검사의 객관의무

(나) 비례성의 원칙 목적과 수단이 적합하고(적합성), 다른 수단에 의하여 그 목적을 달성할 수 없고(필요성), 침해와 공익사이에 비례가 유지(상당성)되어야 한다. 이를 과잉금지의 원칙이라고 한다.

(다) 피고인 보호의 원칙 진술거부권의 고지, 상소에 대한 고지, 증거신청에 대한 고지, 변호인 선임의 고지, 구속과 범죄사실의 고지

판례연구

적정절차의 적용범위	
1	헌법 제12조 제1항 후문이 규정하고 있는 적법절차란 법률이 정한 절차 및 그 실체적 내용이 모두 적정하여야 함을 말하는 것이다(대결 88초60).
2	적법절차원칙은 형사절차상 영역에 한정되지 않고 입법·행정 등 국가의 모든 공권력의 영역에 적용된다(헌재 2001헌바41).
적정절차에 반하는 경우	
1	변호사가 형사사건으로 기소된 경우 법무부장관의 일방적 명령에 의하여 변호사 업무를 정지시키는 것은 적법절차를 존중하지 아니한 것이 된다(헌재 90헌가48).
2	형사사건으로 기소되기만 하면 당해 공무원에게 일률적으로 직위해제처분을 하지 않을 수 없도록 한 (구)국가공무원법 제73조의2 제1항 단서는 헌법 제37조 제2항의 비례의 원칙에 위반되어 헌법 제27조 제4항의 무죄추정의 원칙에도 위반된다(헌재 96헌가12).
3	형법 제57조 제1항 중 "또는 일부" 부분이 미결구금기간 중 일부를 형기에 산입하지 않는 것은 처벌되지 않는 소송상의 태도에 대하여 형벌적 요소를 도입하여 제재를 가하는 것으로서 적법절차의 원칙 및 무죄추정의 원칙에 반한다(헌재 2007헌바25).
4	상소제기 후 상소취하 시까지의 미결구금을 형기에 산입하지 아니하는 것은 헌법상 무죄추정의 원칙 및 적법절차의 원칙, 평등원칙 등을 위배하여 형사소송법 제482조 제1항 및 제2항은 헌법에 합치되지 아니한다(헌재 2008헌가13).
5	수사 및 재판단계에서 유죄가 확정되지 아니한 미결수용자에게 재소자용 의류를 입게 하는 것은 무죄추정의 원칙에 반하고 인간으로서의 존엄과 가치에서 유래하는 인격권과 행복추구권, 공정한 재판을 받을 권리를 침해하는 것이다(헌재 97헌마137).
6	피청구인이 2000.3.20. 13:30경 청구인들을 성남 남부경찰서 유치장에 수용하는 과정에서 청구인들로 하여금 경찰관에게 등을 보인 채 상의를 속옷과 함께 겨드랑이까지 올리고 하의를 속옷과 함께 무릎까지 내린 상태에서 3회에 걸쳐 앉았다 일어서게 하는 방법으로 실시한 신체수색은 헌법 제10조 및 제12조에 의하여 보장되는 청구인들의 인격권 및 신체의 자유를 침해한 것

	이므로 위헌임을 확인한다(헌재 2000헌마327).
7	검사가 보관하는 수사기록에 대한 변호인의 열람·등사에 대한 지나친 제한은 피고인의 신속·공정한 재판을 받을 권리를 침해하는 것이다(헌재 94헌마60).
8	청구인들이 영등포경찰서 유치장에 수용되어 있는 동안 차폐시설이 불충분하여 사용과정에서 신체부위가 다른 유치인들 및 경찰관들에게 관찰될 수 있고 냄새가 유출되는 실내화장실을 사용하도록 강제한 피청구인의 행위는 청구인들의 인격권을 침해한 것으로 위헌이다(헌재 2000헌마546).
9	야간옥외집회를 금지하고, 일정한 경우 관할경찰관서장이 허용할 수 있도록 한 '집회 및 시위에 관한 법률' 제10조는 침해최소성의 원칙에 반하고, 법익균형성도 갖추지 못하였다(헌재 2008헌가25).
10	검사가 법원의 증인으로 채택된 수감자를 거의 매일 검사실로 하루 종일 소환하여 피고인 측 변호인이 접근하는 것을 차단하고, 검찰에서의 진술을 번복하는 증언을 하지 않도록 회유·압박하는 행위가 피고인의 공정한 재판을 받을 권리를 침해하는 것이다(대판 2001도3931).
11	보석허가결정에 대하여 검사의 즉시항고를 허용하여 그 즉시항고에 대한 항고심의 재판이 확정될 때까지 그 집행이 정지되도록 한 형사소송법 제97조 제3항의 규정은 검사의 불복을 법원의 판단보다 우선시킨 것이어서 영장주의에 위반되고, 그 내용에 있어 합리성과 정당성이 없으면서 피고인의 신체의 자유를 제한하는 것이므로 적법절차의 원칙에 반하며, 과잉금지의 원칙에도 위반된다(헌재 93헌가2).
적정절차에 반하지 않는 경우	
1	관세범에 대하여 통고처분만으로 벌금이 과해지고 이를 납부하면 형이 확정되는 것으로 보는 것은 적법절차원칙에 저촉된다고 볼 수 없다(헌재 96헌바4).
2	경찰 공무원의 증인적격을 인정한다 하더라도 적법절차의 원칙에 반한다거나 그 근거조항인 위 법 조항이 합리적이고 정당한 법률이 아니라고 말할 수는 없다(헌재 2001헌바41).
3	증인신문사항의 서면제출을 명하고 이를 이행하지 않을 경우에 증거결정을 취소할 수 있는 권한의 근거가 되는 형사소송법 제279조(재판장의 소송지휘권) 및 제299조(불필요한 변론 등의 제한)가 헌법상 보장된 무죄추정의 원

	칙 내지 공정한 재판을 받을 권리를 침해하였다고 볼 수 없다(헌재 94헌바46).
4	[1] 치료감호기간의 상한을 정하지 아니한 사회보호법 제9조 제2항은 과잉금지의 원칙에 위반하지 않는다. [2] 법관 아닌 사회보호위원회가 치료감호의 종료여부를 결정하도록 한 이 사건 법률조항이 재판청구권을 침해하거나 적법절차의 원칙에 위배되지 않는다(헌재 2003헌바1).
5	수용자가 구치소 및 교도소에 수용되는 과정에서 알몸 상태로 가운만 입고 전자영상장비에 의한 신체검사기에 올라가 다리를 벌리고 용변을 보는 자세로 쪼그려 앉아 항문 부위에 대한 검사를 받은 경우 수용자 및 교정시설 종사자들의 생명·신체의 안전과 교정시설 내의 질서를 유지한다는 공적인 이익이 훨씬 크다 할 것이므로, 이 사건 신체검사는 필요한 최소한도를 벗어나 과잉금지원칙에 위배되어 청구인의 인격권 내지 신체의 자유를 침해한다고 볼 수 없다(헌재 2010헌마775).
6	치료감호 청구권자를 검사로 한정한 (구)치료감호법 제4조 제1항이 청구인의 재판청구권을 침해하거나 적법절차의 원칙에 위배되지 않는다(헌재 2008헌마622).
7	제314조 중 외국거주에 관한 부분은 명확성의 원칙에도 반하지 않으며, 무죄추정의 원칙에 반하는 것이라고 할 수 없고 공정한 재판을 받을 권리를 침해하는 것도 아니다(헌재 2004헌바45).
8	범죄의 피의자로 입건된 사람들로 하여금 경찰공무원이나 검사의 신문을 받으면서 자신의 신원을 밝히지 않고 지문채취에 불응하는 경우 벌금, 과료, 구류의 형사처벌을 받도록 하고 있는 경범죄처벌법 조항은 관련 요소들을 합리적으로 고려한 것으로서 헌법상의 적법절차원칙에 위배되지 않는다고 볼 것이다(헌재 2002헌가17).
9	부칙 제2조가 가출소, 집행면제 등 보호감호의 관리와 집행에 관한 종전의 사회보호위원회의 권한을 법관이 아닌 치료감호법에 따른 치료감호심의위원회로 하여금 행사하도록 한 것이 법관의 재판을 받을 권리 및 적법절차를 침해하지 않는다(헌재 2007헌바50).
10	경찰관이 간호사로부터 진료 목적으로 이미 채혈되어 있던 피고인의 혈액 중 일부를 주취운전 여부에 대한 감정을 목적으로 임의로 제출받아 이를 압수한 경우, 당시 간호사가 위 혈액의 소지자 겸 보관자인 병원 또는 담당 의사를

	대리하여 혈액을 경찰관에게 임의로 제출할 수 있는 권한이 없었다고 볼 특별한 사정이 없는 이상, 그 압수절차가 피고인 또는 피고인의 가족의 동의 및 영장 없이 행하여 졌다고 하더라도 이에 적법절차를 위반한 위법이 있다고 할 수 없다(대판 98도968).
11	형사사건으로 기소된 국가공무원을 직위해제할 수 있도록 규정한 (구)국가공무원법상의 직위해제는 직위해제처분을 받은 공무원에 대한 범죄사실 인정이나 유죄판결을 전제로 하여 불이익을 과하는 것이 아니므로 무죄추정의 원칙에 위배된다고 볼 수 없다(헌재 2004헌바12).
12	교도소에 수용된 때에는 국민건강보험급여를 정지하도록 한 국민건강보험법 제49조 제4호는 수용자의 의료보장수급권을 직접 제약하는 규정이 아니며, 입법재량을 벗어나 수용자의 건강권을 침해하거나 국가의 보건의무를 저버린 것으로 볼 수 없으므로 수용자의 건강권, 인간의 존엄성, 행복추구권, 인간다운 생활을 할 권리를 침해하는 것이라 할 수 없다(헌재 2003헌마31).
13	범죄인인도법 제3조가 법원의 범죄인인도심사를 서울고등법원의 전속관할로 하고 그 심사결정에 대한 불복절차를 인정하지 않은 것이 적법절차원칙에 위배하거나, 재판청구권 등을 침해하지 않는다(헌재 2001헌바95).
14	이 사건 법률조항이 법원의 피고인에 대한 구속기간을 엄격히 제한하고 있다 하더라도 이로써 법원의 심리기간이 제한된다거나 나아가 피고인의 공격·방어권 행사를 제한하여 피고인의 공정한 재판을 받을 권리가 침해된다고 볼 수는 없다(헌재 99헌가14).

3) 신속한 재판의 원칙

(1) 의의

신속한 재판의 원칙이란 공판절차는 신속하게 진행되어야 하며, 재판이 지연되어서는 안 된다는 원칙이다. 사법은 신선할수록 향기가 높다(베이컨). 헌법 제27조 제3항은 "모든 국민은 신속한 재판을 받을 권리를 가진다."라고 규정하여 신속한 재판을 받을 권리를 형사피고인의 기본적 인권으로 보장하고 있다.

(2) 내용

(가) 수사 및 공소제기 단계에서의 신속성 수사기관의 구속기간 제한(제202조, 제203조), 기소편의주의(기소유예)와 기소변경주의(공소취소), 공소시효

(나) 공판절차의 신속성 공판기일의 지정(제267조)과 변경(제270조), 궐석재판제도(제277조의2), 집중심리주의(제267조의2), 재판장의 소송지휘권(제279조)

(다) 상소심에서의 신속성 상소기간의 제한(제358조, 제374조), 상소심의 구조(사후심구조)

(라) 특수한 공판절차의 신속성 간이공판절차(제297조의2), 약식절차(제448조), 즉결심판절차

판례연구

신속한 재판의 원칙에 반하는 경우	
1	군사법원법의 적용대상이 되는 모든 범죄에 대하여 수사기관의 구속기간의 연장을 허용하는 것은 과잉금지의 원칙에 위반하여 신체의 자유 및 신속한 재판을 받을 권리를 침해하는 것이다(헌재 2000헌마474).
2	(구)형사소송법 제361조 제1항, 제2항은 항소법원에의 기록송부 시 검사를 거치도록 함으로써 피고인의 헌법상 기본권을 침해하고 법관의 재판상 독립에도 영향을 주는 것으로 과잉금지의 원칙에 반하여 피고인의 신속·공정한 재판을 받을 기본권을 침해하는 위헌의 법률조항이다(헌재 92헌마44).
3	국가보안법 제7조(찬양·고무) 및 제10조(불고지)의 죄에 대하여서까지 형사소송법상의 수사기관에 의한 피의자구속기간 30일보다 20일이나 많은 50일을 인정한 것은 과잉금지의 원칙을 현저하게 위배하여 피의자의 신체의 자유, 무죄추정의 원칙 및 신속한 재판을 받을 권리를 침해한 것이다(헌재 90헌마82).
4	형사소송법 제266조의4 제5항에 따른 법원의 열람·등사 허용 결정에도 불구하고 검사가 이를 신속하게 이행하지 아니하는 경우에는 해당 증인 및 서류 등을 증거로 신청할 수 없는 불이익을 받는 것에 그치는 것이 아니라, 그

	러한 검사의 거부행위는 피고인의 열람·등사권을 침해하고, 나아가 피고인의 신속·공정한 재판을 받을 권리 및 변호인의 조력을 받을 권리까지 침해하게 되는 것이다(헌재 2009헌마257).
신속한 재판의 원칙에 반하지 않는 경우	
1	구속만기 25일을 앞두고 제1회 공판이 있었다 하여 헌법에 정한 신속한 재판을 받을 권리를 침해하였다 할 수 없다(대판 90도672).
2	검사와 피고인 쌍방이 항소한 경우에 제1심 선고 형기 경과 후 2심 공판이 개정되었다고 해서 이를 신속한 재판을 받을 권리를 박탈한 것이라고 할 수 없다(대판 72도840). 〈연습〉 검사와 피고인 쌍방이 항소한 경우에 제1심 선고 형기 경과 후 제2심 공판이 개정되었을 경우 이는 위법으로서 신속한 재판을 받을 권리를 박탈한 것이다.(×)
3	어느 재판에 대하여 심급제도를 통한 불복을 허용할 것인지의 여부 또는 어떤 불복방법을 허용할 것인지 등은 원칙적으로 입법자의 형성의 자유에 속하는 사항이고, 검사에게 어떤 재판에 대하여 어떤 절차를 통하여 어느 범위 내에서 불복방법을 허용할 것인가 하는 점은 더욱 더 입법정책에 달린 문제이다(대결 2006모646).

3. 형사소송의 구조

1) 소송구조론

(1) 의의

소송구조론이란 수송의 주체가 누구이고, 소송주체 사이의 관계를 어떻게 구성할 것인가에 대한 이론이다. 즉, 형사소송법의 이념인 실체적 진실주의와 적정절차 및 신속한 재판의 원칙을 달성하기 위한 방법론에 해당한다.

(2) 규문주의와 탄핵주의

규문주의는 재판기관이 소추권과 재판권을 독점하는 형태를 말한다(소추권=재판권). 즉, 법원이 스스로 절차를 개시하여 심리·재판함으로써, 심리개시와 재판의 권한이 법관에게 집중되어 있는 구조를 말한다. 규문주의에 의하면 ① 소추기관이 존재하지 않으므로 불고불리의 원칙이 인정되지 않고, ② 형사절차가 소송의 구조를 가지지 못한다는 점에서 피고인은 단순한 조사와 심리의 객체일 뿐 소송의 주체나 당사자로서의 지위도 인정되지 않으며, ③ 법정증거주의, 비밀주의, 서면주의로 점철된다. 따라서 법원이 스스로 소추하고 재판하게 되므로 공정한 재판을 기대할 수 없고, 피고인의 방어권도 보장받기 어렵다. 규문주의 소송구조는 중세부터 근세 초기 전제주의국가와 근대화 이전 동양의 전통적 형사절차로서 현재에는 그 자취를 감추었다.

탄핵주의는 재판기관과 소추기관을 분리하여 소추기관의 소추(기소: 재판청구)에 의하여 재판기관이 비로소 재판절차를 개시하는 주의를 말한다. 오늘날 영미는 물론 대륙의 형사소송구조에 해당한다. 탄핵주의에 의하면 ① 재판기관과 다른 소추기관이 따로 존재하므로 불고불리(소추하지 않으면 심리할 수 없음)의 원칙이 인정되고(소추기관≠재판기관), ② 형사절차가 소송의 구조를 가지게 된다는 점에서 피고인이 소송의 주체 내지 당사자가 되어 절차에 관여하여 자신의 이익을 방어할 수 있게 된다. 탄핵주의는 소송의 주도권에 따라 직권주의와 당사자주의로 나뉘고, 소추기관에 따라 국가소추주의, 사인소추주의(피해자소추주의, 공중소추주의)로 나뉜다. 현행법은 국가소추주의에 의한 탄핵주의 소송구조를 채택하고 있다(제246조).

2) 직권주의와 당사자주의

(1) 직권주의

(가) 의의 직권주의라 함은 소송에서의 주도적 지위를 법원에게 인정함으로써 법원의 직권에 의하여 심리를 진행하는 소송구조를 말한다. 대륙법계의 전통적 소송구조이다.

(나) 내용 직권탐지주의는 법원이 실체진실을 발견하기 위하여 당사자의

주장에 구속받지 않고 직권으로 증거를 수집 · 조사한다. 반면 직권심리주의는 법원이 소송물을 지배하므로 직권으로 사건을 심리한다.

(다) 직권주의의 장점과 단점 직권주의의 장점은 능률과 신속, 능력이 부족한 피고인에 대해 법원이 소송능력을 보완할 수 있다는 점이다. 반면 직권주의의 단점은 법원의 자의와 독단우려, 피고인의 소송당사자로서의 지위가 형식적인 것이 될 수 있다(심리의 객체로 전락).

(2) 당사자주의

(가) 의의 당사자주의는 당사자인 검사와 피고인에게 소송의 주도권을 인정함으로써 당사자의 공격과 방어에 의하여 심리가 진행되고, 법원은 제3자적 입장에서 당사자의 주장과 입증을 판단하는 소송구조를 말한다. 영미법계의 전통적인 소송구조이다.

(나) 내용 당사자추행주의는 당사자가 증거를 수집 · 제출하고 당사자의 공격 · 방어의 형태로 심리가 진행된다. 당사자처분주의는 당사자주의를 철저히 하면 소송절차뿐만 아니라 소송물에 대해서도 당사자의 처분을 허용하게 된다.

(다) 당사자주의의 장점과 단점 당사자주의의 장점은 당사자의 소송의 적극적 참여로 실체적 진실발견에 도움이 된다. 반면 당사자주의의 단점은 소송의 능률과 신속을 달성하기 어렵고 사법의 스포츠화를 초래한다.

(3) 현행법상 직권주와 당사자주의 요소

(가) 직권주의적 요소 공소장변경 요구제도(제298조 제2항), 재판장의 증인신문(제161조의2), 직권증거조사(제295조), 법원의 피고인신문(제296조의2), 증거동의의 진정성판단(제318조 제1항).

(나) 당사자주의적 요소 공소장부본의 송달(제266조), 공소장일본주의(규칙 제118조 제2항), 제1회 공판기일의 유예기간(제269조)

(4) 우리나라 형사소송법의 기본구조

견해의 대립이 있으나, 판례는 현행법의 태도를 당사자주의로 보고 있다.

〈소송구조〉

- 규문주의(소추권과 재판권이 법원에게 있다)
- 탄핵주의 (소송주의)
  - 소추기관에 따라
    - 국가소추주의
    - 사인소추주의
      - 피해자소추주의
      - 공중소추주의
  - 소추주도권에 따라
    - 직권주의
      - 직권탐지주의
      - 직권심리주의
    - 당사자주의(변론주의)

제 2 장

수사와 공소

§2. 수 사

1. 수사의 의의 및 구조

1) 의의

수사는 형사사건에 관하여 범죄의 유무를 명백히 하여 공소제기와 유지여부를 결정하기 위하여 범인의 체포 및 증거의 수집을 위한 수사기관의 활동을 말한다.[6]

2) 수사의 구조

(1) 규문적 수사관

수사는 검사를 주재자로 하는 수사기관과 그 상대방인 피의자의 불평등·수직관계로 구성된 규문적 구조로 이해하는 견해이다. 수사는 수사기관이 피의자를 조사하는 절차로 파악한다. 피의자는 수사의 대상으로서, 피의자신문을 위한 구인도 허용한다. 강제처분에 대한 법원의 영장은 남용방지를 위한 허가장의 성질을 가진다. 수사기관의 합목적적 판단을 중시한다.

(2) 탄핵적 수사관

수사는 수사기관과 피의자가 공판을 위해 준비하고 법관이 이러한 수사절차에 개입하고 공평하게 그 절차를 후원하는 구조라고 이해한다. 피의자는

6) 내사는 아직 범죄혐의가 확인되지 않은 단계에서 수사기관이 범죄혐의를 확인하기 위하여 입건 전 단계에서 수행하는 조사활동을 말한다. 또한 범죄혐의 유무를 확인하는 단계인 불심검문, 변사체 검시 등은 수사가 아니다. 그리고 수사는 공소제기 전에 하는 것이나 반드시 공소제기 전에 제한되는 것이 아니고 공소제기 후에도 공소유지를 위하거나 공소유지 여부를 결정하기 위한 수사는 허용된다.

방어권의 주체로서의 지위를 가지며, 수사기관과 대등한 당사자로서의 지위를 가지며, 강제처분에 대한법관의 영장은 법원의 명령장의 성질을 가지며, 피의자도 독자적인 준비활동을 하게 되므로 피의자신문을 위한 구인은 허용되지 않게 된다.

(3) 소송적 수사관

수사는 기소 · 불기소의 결정을 목적으로 하는 독자적 절차로서 검사의 수사를 공판과는 별개의 절차로 이해하는 견해이다. 이에 의하면 수사는 범죄혐의 유무와 정상을 밝혀 제1차적 선별기능을 하는 독자적 소송구조 절차이므로, 강제처분은 수사의 내용에 포함되지 않게 되고, 피의자도 수사의 주체로서 준당사적 지위를 가지게 되므로 피의자신문에 응할 의무가 없게 된다.

3) 수사의 조건[7)]

(1) 수사의 필요성

수사기관의 주관적 범죄혐의의 인지, 수사의 목적 달성 등 필요시에만 수사를 할 수 있다. 범죄혐의란 수사기관의 주관적 혐의[8)]를 의미한다. 혐의가 없음이 명백한 사건에 대한 수사는 인정되지 않는다. 수사는 공소제기의 가능성이 있음을 요건으로 한다. 따라서 공소제기의 가능성이 없는 사건에 대해서는 수사가 허용되지 않는다고 해야 한다.[9)]

(2) 수사의 상당성

수사는 신의칙과 수사비례의 원칙에 따라 상당성이 있어야 한다. 함정수사(범죄유발형 함정수사)는 신의칙에 반하므로 위법이다.

---

7) 수사를 제한하기 위한 것

8) 구체적 사실에 근거를 둔 혐의를 말하며, 수사경험상 범죄의 개연성을 인식한 때를 말한다.

9) 친고죄의 고소 전 수사는 견해가 대립하나 고소의 가능성이 있는 경우에는 수사가 허용된다는 제한적 허용설이 다수설과 판례의 견해이다.

판례연구

<table>
<tr><th colspan="2">친고죄의 고소 전 수사</th></tr>
<tr><td>1</td><td>조세범처벌법 제6조의 세무종사 공무원의 고발은 공소제기의 요건이고 수사개시의 요건은 아니므로 수사기관이 고발에 앞서 수사를 하고 검찰의 요청에 따라 세무서장이 고발조치를 하였다고 하더라도 공소제기 전에 고발이 있은 이상 조세범처벌법 위반사건 피고인에 대한 공소제기의 절차가 법률의 규정에 위반하여 무효라고 할 수 없다(대판 94도3373).</td></tr>
<tr><td>2</td><td>친고죄나 세무공무원 등이 고발이 있어야 논할 수 있는 죄에 있어서 고소나 고발이 있기 전에 수사를 하였다고 하더라도, 그 수사가 장차 고소나 고발이 있을 가능성이 없는 상태 하에서 행해졌다는 등의 특단의 사정이 없는 한, 고소나 고발이 있기 전에 수사를 하였다는 이유만으로 그 수사가 위법하다고 볼 수 없다. 검사 작성의 피고인에 대한 피의자신문조서, 다른 피의자에 대한 각 피의자신문조서등본 및 제3자에 대한 각 진술조서등본이 조세범처벌법위반죄에 대한 세무서장의 고발이 있기 전에 작성된 것이라 하더라도 신문이 고발 전에 이루어졌다는 이유만으로 그 조서나 각 조서등본의 증거능력을 부정할 수는 없다(대판 94도252).
〈연습〉 친고죄에서 고소는 소추조건이자 수사의 조건이므로, 고소가 있기 전에 수사를 한 경우 그 수사는 위법한 수사이다.(×)
〈연습〉 고소나 고발이 있기 전에 수사를 한 경우, 장차 고소나 고발이 있을 가능성이 없는 상태에서 수사가 행해졌더라도 위법하다고 볼 수는 없다.(×)</td></tr>
<tr><th colspan="2">함정수사</th></tr>
<tr><td>1</td><td>함정수사라 함은 본래 범의를 가지지 아니한 자에 대하여 수사기관이 사술이나 계략 등을 써서 범죄를 유발케 하여 범죄인을 검거하는 수사방법을 말하는 것이므로, 범의를 가진 자에 대하여 범행의 기회를 주거나 범행을 용이하게 한 것에 불과한 경우에는 함정수사라고 할 수 없다(대판 2004도1066).
〈연습〉 함정수사는 범의를 가진 자에 대하여 범행의 기회를 주거나 용이하게 하는 수사방법만을 의미한다.(×)</td></tr>
<tr><td>2</td><td>경찰관이 취객을 상대로 한 이른바 부축빼기 절도범을 단속하기 위하여, 공원 인도에 쓰러져 있는 취객 근처에서 감시하고 있다가, 마침 피고인이 나타나 취객을 부축하여 10m 정도 끌고 가 지갑을 뒤지자 현장에서 체포하여 기소한 후, 위법한 함정수사에 기한 공소제기가 아니다(대판 2007도1903).
〈연습〉 경찰관이 공원 인도에 쓰러져 있는 취객 근처에서 감시하고 있다가</td></tr>
</table>

	피고인이 취객을 부축하여 10m 정도 끌고 가 지갑을 뒤지자 현장에서 체포하였다면 위법한 함정수사에 해당한다.(×)
3	자가용버스의 운전기사가 단속원이 승차하기 전부터 유상운송을 하여 왔다면 그 후 단속원이 유상으로 버스에 승차한 다음 운전기사의 유상운송행위를 적발하여 고발하였다 하여도 운전기사의 유상운송행위가 비난가능성이 없다고 할 수 없다(대판 93도2535).
4	甲이 수사기관에 체포된 동거남의 석방을 위한 공적을 쌓기 위하여 乙에게 필로폰 밀수입에 관한 정보제공을 부탁하면서 대가의 지급을 약속하고, 이에 乙이 丙에게, 丙은 丁에게 순차 필로폰 밀수입을 권유하여 이를 승낙하고 필로폰을 받으러 나온 丁을 체포한 경우에 위법한 함정수사에 해당하지 아니한다(대판 2007도7680).
5	피고인 甲이 2005.5.25. 공소외 乙에게 필로폰 약 0.03g이 든 1회용 주사기를 교부하고, 같은 달 28. 18:00 무렵 필로폰 약 0.03g을 1회용 주사기에 넣고 생수로 희석한 다음 자신의 팔에 주사하여 투약하였는 바, 공소외 乙이 같은 달 29. 위 사실을 검찰에 신고하여 위 피고인이 체포되도록 하였다. 그러나 공소외 乙이 수사기관과 관련을 맺은 상태에서 위 피고인으로 하여금 위와 같이 필로폰을 교부하도록 하거나 필로폰을 투약하도록 유인했다고 볼 아무런 자료가 없으므로, 위 피고인의 필로폰 투약 등이 함정수사에 의한 것이라고 할 수 없다(대판 2008도2794).
6	수사기관이 피고인의 범죄사실을 인지하고도 피고인을 바로 체포하지 않고 추가 범행을 지켜보고 있다가 범죄사실이 많이 늘어난 뒤에야 피고인을 체포하였다는 사정만으로 피고인에 대한 수사와 공소제기가 위법하다거나 함정수사에 해당한다고 할 수 없다(대판 2007도3164).
7	경찰관들이 단속 실적을 올리기 위하여 손님을 가장하고 들어가 도우미를 불러 줄 것을 요구하였던 점, 위 경찰관들이 피고인 측으로부터 한 차례 거절당하였으면서도 다시 위 노래방에 찾아가 도우미를 불러줄 것을 요구하여 도우미가 오게 된 점 등 여러 사정들을 종합해 보면, 이 사건 단속은 수사기관이 사술이나 계략 등을 써서 피고인의 범의를 유발케 한 것으로서 위법하고, 이러한 함정수사에 기한 이 사건 공소제기 또한 그 절차가 법률의 규정에 위반하여 무효인 때에 해당한다(대판 2008도7362). 〈연습〉 경찰관이 손님을 가장하고 들어가 도우미를 불러줄 것을 요구하여 노

	래방 업주가 도우미를 불러 낸 경우, 노래방 업주가 도우미를 불러주었으므로 함정수사에 해당하지 아니한다.(×)

4) 수사기관[10]과 피의자[11][12]

(1) 수사기관의 의의

법률상 수사권한이 인정되어 있는 국가기관을 말하는 것으로 검사와 사법경찰관이 있다. 검사와 사법경찰관은 수사, 공소제기 및 공소유지에 관하여 서로 협력하여야 하고,[13] 이에 따른 수사를 위하여 준수하여야 하는 일반적 수사준칙에 관한 사항은 대통령령으로 정한다(제195조). 수사기관으로서의 검사는 검찰청법 제4조 제1호 각 목의 규정된 범죄[14]의 직접수사권과 기소권, 사법통제의 권한으로 보완수사요구(제197조의2), 시정조치 및 사건송치 요구권(제197조의3), 수사경합시 사건송치 요구권(제197조의4), 불송치사건의 재수사 요청권(제245조의8) 등을 갖는다. 이에 반하여 사법경찰관은 1차적 수사권과 수사종결권을 갖는다. 또한 수사기관으로서의 검찰청 직원(제245조의 9)과 특별사법경찰관리(제345조의10)를 두며, 사법경찰관리의 직무를 행하는 검찰청 직원과 특별사법경찰관은 검사의 지휘를 받도록 하였다.

10) 법률상 수사권이 인정되는 국가기관으로 검사와 사법경찰관리가 있다.
11) 수사기관에 의해 범죄혐의를 받고 수사의 대상이 되는 자를 말한다.
12) 피의자의 시기와 종기 : 피내사자(용의자) → 피의자 → 피고인 → 수형자
13) 사법경찰관은 형사소송법 제195조 제1항에 의하여 검사의 지휘를 받지 않고 독자적으로 수사할 수 있는 수사기관이다. 즉, 검사의 사법경찰관에 대한 수사지휘권을 폐지하고, 검사와 사법경찰관의 관계를 상호협력관계로 규정하였다.
14) 가. 부패범죄, 경제범죄, 공직범죄, 선거범죄, 방위사업범죄, 대형참사범죄, 나. 경찰공무원(다른 법률에 따라 사법경찰관리의 직무를 수행하는 자를 포함한다) 및 고위공직자범죄수사처 소속 공무원(고위공직자범죄수사처 설치 및 운영에 관한 법률에 따른 파견공무원을 포함한다)이 범한 범죄, 다. 가목·나목의 범죄 및 사법경찰관이 송치한 범죄와 관련하여 인지한 각 해당범죄와 직접 관련성이 있는 범죄

검사와 사법경찰관의 상호협력과 일반적 수사준칙에 관한 규칙

[대통령령, 시행 2021. 1. 1]

제5조(형사사건의 공개금지 등) ① 검사와 사법경찰관은 공소제기 전의 형사사건에 관한 내용을 공개해서는 안 된다.

② 검사와 사법경찰관은 수사의 전(全) 과정에서 피의자와 사건관계인의 사생활의 비밀을 보호하고 그들의 명예나 신용이 훼손되지 않도록 노력해야 한다.

③ 제1항에도 불구하고 법무부장관, 경찰청장 또는 해양경찰청장은 무죄추정의 원칙과 국민의 알권리 등을 종합적으로 고려하여 형사사건 공개에 관한 준칙을 정할 수 있다.

제6조(상호협력의 원칙) ① 검사와 사법경찰관은 상호 존중해야 하며, 수사, 공소제기 및 공소유지와 관련하여 협력해야 한다.

② 검사와 사법경찰관은 수사와 공소제기 및 공소유지를 위해 필요한 경우 수사·기소·재판 관련 자료를 서로 요청할 수 있다.

③ 검사와 사법경찰관의 협의는 신속히 이루어져야 하며, 협의의 지연 등으로 수사 또는 관련 절차가 지연되어서는 안 된다.

제7조(중요사건 협력절차) 검사와 사법경찰관은 공소시효가 임박한 사건이나 내란, 외환, 선거, 테러, 대형참사, 연쇄살인 관련 사건, 주한 미합중국 군대의 구성원·외국인군무원 및 그 가족이나 초청계약자의 범죄 관련 사건 등 많은 피해자가 발생하거나 국가적·사회적 피해가 큰 중요한 사건(이하 "중요사건"이라 한다)의 경우에는 송치 전에 수사할 사항, 증거수집의 대상, 법령의 적용 등에 관하여 상호 의견을 제시·교환할 것을 요청할 수 있다.

제8조(검사와 사법경찰관의 협의) ① 검사와 사법경찰관은 수사와 사건의 송치, 송부 등에 관한 이견의 조정이나 협력 등이 필요한 경우 서로 협의를 요청할 수 있다. 다만, 다음 각 호의 어느 하나에 해당하는 경우에는 상대방의 협의 요청에 응해야 한다.

1. 중요사건에 관하여 상호 의견을 제시·교환하는 것에 대해 이견이 있거나, 제시·교환한 의견의 내용에 대해 이견이 있는 경우
2. 「형사소송법」(이하 "법"이라 한다) 제197조의2제2항 및 제3항에 따른 정당한 이유의 유무에 대해 이견이 있는 경우
3. 법 제197조의3제4항 및 제5항에 따른 정당한 이유의 유무에 대해 이견이 있는 경우

4. 법 제197조의4제2항 단서에 따라 사법경찰관이 계속 수사할 수 있는지 여부나 사법경찰관이 계속 수사할 수 있는 경우 수사를 계속할 주체 또는 사건의 이송 여부 등에 대해 이견이 있는 경우
5. 법 제222조에 따라 변사자 검시를 하는 경우에 수사의 착수 여부나 수사할 사항 등에 대해 이견의 조정이나 협의가 필요한 경우
6. 법 제245조의8제2항에 따른 재수사의 결과에 대해 이견이 있는 경우
7. 법 제316조제1항에 따라 사법경찰관이 조사자로서 공판준비 또는 공판기일에서 진술하게 된 경우

② 제1항제1호, 제2호, 제4호 또는 제6호의 경우 해당 검사와 사법경찰관의 협의에도 불구하고 이견이 해소되지 않는 경우에는 해당 검사가 소속된 검찰청의 장과 해당 사법경찰관이 소속된 경찰관서(지방해양경찰관서를 포함한다. 이하 같다)의 장의 협의에 따른다.

제9조(수사기관협의회) ① 대검찰청, 경찰청 및 해양경찰청 간에 수사에 관한 제도 개선 방안 등을 논의하고, 수사기관 간 협조가 필요한 사항에 대해 서로 의견을 협의·조정하기 위해 수사기관협의회를 둔다.

② 수사기관협의회는 다음 각 호의 사항에 대해 협의·조정한다.
1. 국민의 인권보호, 수사의 신속성·효율성 등을 위한 제도 개선 및 정책 제안
2. 국가적 재난 상황 등 관련 기관 간 긴밀한 협조가 필요한 업무를 공동으로 수행하기 위해 필요한 사항
3. 그 밖에 제1항의 어느 한 기관이 수사기관협의회의 협의 또는 조정이 필요하다고 요구한 사항

③ 수사기관협의회는 반기마다 정기적으로 개최하되, 제1항의 어느 한 기관이 요청하면 수시로 개최할 수 있다.

④ 제1항의 각 기관은 수사기관협의회에서 협의·조정된 사항의 세부 추진계획을 수립·시행해야 한다.

⑤ 제1항부터 제4항까지의 규정에서 정한 사항 외에 수사기관협의회의 운영 등에 필요한 사항은 수사기관협의회에서 정한다.

(2) 검사

(가) 개념 검사는 검찰권을 행사하는 국가기관이다. 검사는 범죄수사, 형사소추, 공소수행, 형의 집행지휘를 내용으로 하는 검찰사무를 처리한다.

(나) 성격 준사법기관으로 행정과 사법의 중간에 위치한 행정부의 기관이다. 단독제관청으로 검찰사무는 단독으로 처리하는 단독제의 관청으로서 독자적으로 공소를 제기할 수 있다.

(다) 지휘 · 감독 검찰사무에 관한 지휘 · 감독: 소속 상급자의 지휘 감독에 따른다. 상급자의 지휘 · 감독의 적법성 또는 정당성에 대하여 이견이 있을 때에는 이의를 제기할 수 있다. 법무부장관의 지휘 · 감독: 법무부장관은 검찰사무의 최고 감독자로서 일반적으로 검사를 지휘 · 감독하고, 구체적 사건에 대하여는 검찰총장만을 지휘 · 감독한다.

(라) 형사절차상 지위

① 검사의 수사[15] 검사는 범죄의 혐의가 있다고 사료하는 때에는 범인, 범죄사실과 증거를 수사한다(제196조 제1항). 검사는 제197조의3(시정조치 요구 등) 동조 제6항(송치 요구를 받은 사법경찰관은 검사에게 사건을 송치하여야 한다), 제198조의2(검사의 체포 · 구속장소감찰) 제2항(검사는 적법한 절차에 의하지 아니하고 체포 또는 구속된 것이라고 의심할 만한 상당한 이유가 있는 경우에는 즉시 체포 또는 구속된 자를 석방하거나 사건을 검찰에 송치할 것을 명하여야 한다) 및 제245조의7(고소인 등의 이의신청)[16]

---

15) 검사는 자신이 수사 개시한 범죄에 대하여는 공소를 제기할 수 없다. 다만, 사법경찰관이 송치한 범죄에 대하여는 그러하지 아니하다(〈검찰청법〉 제4조 제2항). 〈신설 2022.5.9.〉 검사는 그 직무를 수행할 때 국민 전체에 대한 봉사자로서 헌법과 법률에 따라 국민의 인권을 보호하고 적법절차를 준수하며, 정치적 중립을 지켜야 하고 주어진 권한을 남용하여서는 아니 된다(동조 제3항). 〈개정2022.5.9.〉

16) 제245조의7(고소인 등의 이의신청) ① 제245조의6(고소인 동에 대한 송부통지)의 통지를 받은 사람(고발인을 제외한다)은 해당 사법경찰관의 소속 관서의 장에게 이의를 신청할 수 있다. 〈개정 2022.5.9.〉 ② 사법경찰관은 제1항의 신청이 있는 때에는 지체 없이 검사에게 사건을 송치하고 관계 서류와 증거물을 송부하여야 하며, 처리결과와 그 이유를 제1항의 신청인에게 통지하여야 한다. ※ 제2항의 경우, 검사는 사법경찰관으로부터 송치

제2항에 따라 사법경찰관으로부터 송치받은 사건에 관하여는 해당 사건과 동일성을 해치지 아니하는 범위 내에서 수사할 수 있다(동조 제2항).

② **검사의 직무** 검사는 공익의 대표자로서 다음 각 호의 직무와 권한이 있다(검찰청법 제4조 제1항). 검사는 자신이 수사 개시한 범죄에 대하여는 공소를 제기할 수 없다. 다만, 사법경찰관이 송치한 범죄에 대하여는 그러하지 아니하다(동법 동조 제2항). 검사는 그 직무를 수행할 때 국민 전체에 대한 봉사자로서 헌법과 법률에 따라 국민의 인권을 보호하고 적법절차를 준수하며, 정치적 중립을 지켜야 하고 주어진 권한을 남용하여서는 아니 된다(동법 동조 제3항).

③ **보완수사 요구권** 검사는 송치사건의 공소제기 여부 결정 또는 공소의 유지에 관하여 필요한 경우(제197조의2 제1항 제1호)와 사법경찰관이 신청한 영장의 청구 여부 결정에 관하여 필요한 경우 보완수사를 요구할 수 있다(동조 동항 제2호). 사법경찰관은 제1항의 요구가 있는 때에는 정당한 이유가 없는 한 지체 없이 이를 이행하고, 그 결과를 검사에게 통보하여야 한다(동조 제2항). 검찰총장 또는 각급 검찰청 검사장은 사법경찰관이 정당한 이유 없이 제1항의 요구에 따르지 아니하는 때에는 권한 있는 사람에게 해당 사법경찰관의 직무배제 또는 징계를 요구할 수 있고, 그 징계 절차는 〈공무원 징계령〉 또는 〈경찰공무원 징계령〉에 따른다(동조 제3항).

검사와 사법경찰관의 상호협력과 일반적 수사준칙에 관한 규정

[대통령령 시행 2021. 1. 1.]

제59조(보완수사요구의 대상과 범위) ① 검사는 법 제245조의5제1호에 따라 사법경찰관으로부터 송치받은 사건에 대해 보완수사가 필요하다고 인정하는 경

받은 사건에 관하여는 해당 사건과 동일성을 해치지 아니하는 범위 내에서 수사할 수 있다(제196조 제2항 신설 2022.5.9.).

우에는 특별히 직접 보완수사를 할 필요가 있다고 인정되는 경우를 제외하고는 사법경찰관에게 보완수사를 요구하는 것을 원칙으로 한다.

② 검사는 법 제197조의2제1항제1호에 따라 사법경찰관에게 송치사건 및 관련사건(법 제11조에 따른 관련사건 및 법 제208조제2항에 따라 간주되는 동일한 범죄사실에 관한 사건을 말한다. 다만, 법 제11조제1호의 경우에는 수사기록에 명백히 현출(現出)되어 있는 사건으로 한정한다)에 대해 다음 각 호의 사항에 관한 보완수사를 요구할 수 있다.

1. 범인에 관한 사항
2. 증거 또는 범죄사실 증명에 관한 사항
3. 소송조건 또는 처벌조건에 관한 사항
4. 양형 자료에 관한 사항
5. 죄명 및 범죄사실의 구성에 관한 사항
6. 그 밖에 송치받은 사건의 공소제기 여부를 결정하는 데 필요하거나 공소유지와 관련해 필요한 사항

③ 검사는 사법경찰관이 신청한 영장(「통신비밀보호법」 제6조 및 제8조에 따른 통신제한조치허가서 및 같은 법 제13조에 따른 통신사실 확인자료 제공요청 허가서를 포함한다. 이하 이 항에서 같다)의 청구 여부를 결정하기 위해 필요한 경우 법 제197조의2제1항제2호에 따라 사법경찰관에게 보완수사를 요구할 수 있다. 이 경우 보완수사를 요구할 수 있는 범위는 다음 각 호와 같다.

1. 범인에 관한 사항
2. 증거 또는 범죄사실 소명에 관한 사항
3. 소송조건 또는 처벌조건에 관한 사항
4. 해당 영장이 필요한 사유에 관한 사항
5. 죄명 및 범죄사실의 구성에 관한 사항
6. 법 제11조(법 제11조제1호의 경우는 수사기록에 명백히 현출되어 있는 사건으로 한정한다)와 관련된 사항
7. 그 밖에 사법경찰관이 신청한 영장의 청구 여부를 결정하기 위해 필요한 사항

제60조(보완수사요구의 방법과 절차) ① 검사는 법 제197조의2제1항에 따라 보완수사를 요구할 때에는 그 이유와 내용 등을 구체적으로 적은 서면과 관계 서류 및 증거물을 사법경찰관에게 함께 송부해야 한다. 다만, 보완수사 대상의 성질, 사안의 긴급성 등을 고려하여 관계 서류와 증거물을 송부할 필요가 없거나 송부하는 것이 적절하지 않다고 판단하는 경우에는 해당 관계 서류와 증거

물을 송부하지 않을 수 있다.
② 보완수사를 요구받은 사법경찰관은 제1항 단서에 따라 송부받지 못한 관계 서류와 증거물이 보완수사를 위해 필요하다고 판단하면 해당 서류와 증거물을 대출하거나 그 전부 또는 일부를 등사할 수 있다.
③ 사법경찰관은 법 제197조의2제2항에 따라 보완수사를 이행한 경우에는 그 이행 결과를 검사에게 서면으로 통보해야 하며, 제1항 본문에 따라 관계 서류와 증거물을 송부받은 경우에는 그 서류와 증거물을 함께 반환해야 한다. 다만, 관계 서류와 증거물을 반환할 필요가 없는 경우에는 보완수사의 이행 결과만을 검사에게 통보할 수 있다.
④ 사법경찰관은 법 제197조의2제1항제1호에 따라 보완수사를 이행한 결과 법 제245조의5제1호에 해당하지 않는다고 판단한 경우에는 제51조제1항제3호에 따라 사건을 불송치하거나 같은 항 제4호에 따라 수사중지할 수 있다.

제61조(직무배제 또는 징계 요구의 방법과 절차) ① 검찰총장 또는 각급 검찰청 검사장은 법 제197조의2제3항에 따라 사법경찰관의 직무배제 또는 징계를 요구할 때에는 그 이유를 구체적으로 적은 서면에 이를 증명할 수 있는 관계 자료를 첨부하여 해당 사법경찰관이 소속된 경찰관서장에게 통보해야 한다.
② 제1항의 직무배제 요구를 통보받은 경찰관서장은 정당한 이유가 있는 경우를 제외하고는 그 요구를 받은 날부터 20일 이내에 해당 사법경찰관을 직무에서 배제해야 한다.
③ 경찰관서장은 제1항에 따른 요구의 처리 결과와 그 이유를 직무배제 또는 징계를 요구한 검찰총장 또는 각급 검찰청 검사장에게 통보해야 한다.

④ 시정조치 및 사전송치 요구권 검사는 사법경찰관리의 수사과정에서 법령위반, 인권침해 또는 현저한 수사권 남용이 의심되는 사실의 신고가 있거나 그러한 사실을 인식하게 된 경우에는 사법경찰관에게 사건기록 등본의 송부를 요구할 수 있다(제197조의3 제1항). 송부를 받은 사법경찰관은 지체 없이 검사에게 사건기록 등본을 송부하여야 한다(동조 제2항). 송부를 받은 검사는 필요하다고 인정되는 경우에는 사법경찰관에게 시정조치를 요구할 수 있다(동조 제3항). 사법경찰관은 시정조치 요구가 있을 때에는 정당한 이유가 없으면 지체 없이 이를 이행하고, 그 결과를 검사에게 통보하여야

한다(동조 제4항). 통보를 받은 검사는 제3항에 따른 시정조치 요구가 정당한 이유 없이 이행되지 않았다고 인정되는 경우에는 사법경찰관에게 사건을 송치할 것을 요구할 수 있다(동조 제5항). 송치 요구를 받은 사법경찰관은 검사에게 사건을 송치하여야 한다(동조 제6항). 검사는 사법경찰관으로부터 송치받은 사건에 관하여는 해당 사건과 동일성을 해치지 아니하는 범위 내에서 수사할 수 있다(제196조 제2항).

검사와 사법경찰관의 상호협력과 일반적 수사준칙에 관한 규정

[대통령령 시행 2021. 1. 1.]

第45조(시정조치 요구의 방법 및 절차 등) ① 검사는 법 제197조의3제1항에 따라 사법경찰관에게 사건기록 등본의 송부를 요구할 때에는 그 내용과 이유를 구체적으로 적은 서면으로 해야 한다.

② 사법경찰관은 제1항에 따른 요구를 받은 날부터 7일 이내에 사건기록 등본을 검사에게 송부해야 한다.

③ 검사는 제2항에 따라 사건기록 등본을 송부받은 날부터 30일(사안의 경중 등을 고려하여 10일의 범위에서 한 차례 연장할 수 있다) 이내에 법 제197조의3제3항에 따른 시정조치 요구 여부를 결정하여 사법경찰관에게 통보해야 한다. 이 경우 시정조치 요구의 통보는 그 내용과 이유를 구체적으로 적은 서면으로 해야 한다.

④ 사법경찰관은 제3항에 따라 시정조치 요구를 통보받은 경우 정당한 이유가 있는 경우를 제외하고는 지체 없이 시정조치를 이행하고, 그 이행 결과를 서면에 구체적으로 적어 검사에게 통보해야 한다.

⑤ 검사는 법 제197조의3제5항에 따라 사법경찰관에게 사건송치를 요구하는 경우에는 그 내용과 이유를 구체적으로 적은 서면으로 해야 한다.

⑥ 사법경찰관은 제5항에 따라 서면으로 사건송치를 요구받은 날부터 7일 이내에 사건을 검사에게 송치해야 한다. 이 경우 관계 서류와 증거물을 함께 송부해야 한다.

⑦ 제5항 및 제6항에도 불구하고 검사는 공소시효 만료일의 임박 등 특별한 사유가 있을 때에는 제5항에 따른 서면에 그 사유를 명시하고 별도의 송치기한을 정하여 사법경찰관에게 통지할 수 있다. 이 경우 사법경찰관은 정당한

이유가 있는 경우를 제외하고는 통지받은 송치기한까지 사건을 검사에게 송치해야 한다.

⑤ **수사의 경합시 사건송치 요구권** 검사는 사법경찰관과 동일한 범죄사실을 수사하게 된 때에는 사법경찰관에게 사건을 송치할 것을 요구할 수 있고(제197조의 4 제1항), 요구를 받은 사법경찰관은 지체 없이 검사에게 사건을 송치하여야 한다. 다만 검사가 영장을 청구하기 전에 동일한 범죄사실에 관하여 사법경찰관이 영장을 신청한 경우에는 해당 영장에 기재된 범죄사실을 계속 수사할 수 있다(동조 제2항).

검사와 사법경찰관의 상호협력과 일반적 수사준칙에 관한 규정

[대통령령 시행 2021. 1. 1.]

제48조(동일한 범죄사실 여부의 판단 등) ① 검사와 사법경찰관은 법 제197조의 4에 따른 수사의 경합과 관련하여 동일한 범죄사실 여부나 영장(「통신비밀보호법」 제6조 및 제8조에 따른 통신제한조치허가서 및 같은 법 제13조에 따른 통신사실 확인자료제공 요청 허가서를 포함한다. 이하 이 조에서 같다) 청구·신청의 시간적 선후관계 등을 판단하기 위해 필요한 경우에는 그 필요한 범위에서 사건기록의 상호 열람을 요청할 수 있다.

② 제1항에 따른 영장 청구·신청의 시간적 선후관계는 검사의 영장청구서와 사법경찰관의 영장신청서가 각각 법원과 검찰청에 접수된 시점을 기준으로 판단한다.

③ 검사는 제2항에 따른 사법경찰관의 영장신청서의 접수를 거부하거나 지연해서는 안 된다.

제49조(수사경합에 따른 사건송치) ① 검사는 법 제197조의4제1항에 따라 사법경찰관에게 사건송치를 요구할 때에는 그 내용과 이유를 구체적으로 적은 서면으로 해야 한다.

② 사법경찰관은 제1항에 따른 요구를 받은 날부터 7일 이내에 사건을 검사에게 송치해야 한다. 이 경우 관계 서류와 증거물을 함께 송부해야 한다.

제50조(중복수사의 방지) 검사는 법 제197조의4제2항 단서에 따라 사법경찰관이 범죄사실을 계속 수사할 수 있게 된 경우에는 정당한 사유가 있는 경우를 제외하고는 그와 동일한 범죄사실에 대한 사건을 이송하는 등 중복수사를 피하기 위해 노력해야 한다.

⑥ **재수사요청권** 검사는 제2445조의5 제2호(그 밖의 경우: 범죄혐의가 없다고 인정)의 경우에 사법경찰관이 사건을 송치하지 아니한 것이 위법 또는 부당한 때에는 그 이유를 문서로 명시하여 사법경찰관에게 재수사를 요청할 수 있다(제245조의8 제1항). 사법경찰관은 재수사의 요청이 있는 때에는 사건을 재수사하여야 한다(동조 제2항).

제62조(사법경찰관의 사건불송치) ① 사법경찰관은 법 제245조의5제2호 및 이 영 제51조제1항제3호에 따라 불송치 결정을 하는 경우 불송치의 이유를 적은 불송치 결정서와 함께 압수물 총목록, 기록목록 등 관계 서류와 증거물을 검사에게 송부해야 한다.

② 제1항의 경우 영상녹화물의 송부 및 새로운 증거물 등의 추가 송부에 관하여는 제58조제2항 및 제3항을 준용한다.

제63조(재수사요청의 절차 등) ① 검사는 법 제245조의8에 따라 사법경찰관에게 재수사를 요청하려는 경우에는 법 제245조의5제2호에 따라 관계 서류와 증거물을 송부받은 날부터 90일 이내에 해야 한다. 다만, 다음 각 호의 어느 하나에 해당하는 경우에는 관계 서류와 증거물을 송부받은 날부터 90일이 지난 후에도 재수사를 요청할 수 있다.

1. 불송치 결정에 영향을 줄 수 있는 명백히 새로운 증거 또는 사실이 발견된 경우
2. 증거 등의 허위, 위조 또는 변조를 인정할 만한 상당한 정황이 있는 경우

② 검사는 제1항에 따라 재수사를 요청할 때에는 그 내용과 이유를 구체적으로 적은 서면으로 해야 한다. 이 경우 법 제245조의5제2호에 따라 송부받은 관계 서류와 증거물을 사법경찰관에게 반환해야 한다.

③ 검사는 법 제245조의8에 따라 재수사를 요청한 경우 그 사실을 고소인등에게 통지해야 한다.

제64조(재수사 결과의 처리) ① 사법경찰관은 법 제245조의8제2항에 따라 재수사를 한 경우 다음 각 호의 구분에 따라 처리한다.
1. 범죄의 혐의가 있다고 인정되는 경우: 법 제245조의5제1호에 따라 검사에게 사건을 송치하고 관계 서류와 증거물을 송부
2. 기존의 불송치 결정을 유지하는 경우: 재수사 결과서에 그 내용과 이유를 구체적으로 적어 검사에게 통보
② 검사는 사법경찰관이 제1항제2호에 따라 재수사 결과를 통보한 사건에 대해서 다시 재수사를 요청하거나 송치 요구를 할 수 없다. 다만, 사법경찰관의 재수사에도 불구하고 관련 법리에 위반되거나 송부받은 관계 서류 및 증거물과 재수사결과만으로도 공소제기를 할 수 있을 정도로 명백히 채증법칙에 위반되거나 공소시효 또는 형사소추의 요건을 판단하는 데 오류가 있어 사건을 송치하지 않은 위법 또는 부당이 시정되지 않은 경우에는 재수사 결과를 통보받은 날부터 30일 이내에 법 제197조의3에 따라 사건송치를 요구할 수 있다.
제65조(재수사 중의 이의신청) 사법경찰관은 법 제245조의8제2항에 따라 재수사 중인 사건에 대해 법 제245조의7제1항에 따른 이의신청이 있는 경우에는 재수사를 중단해야 하며, 같은 조 제2항에 따라 해당 사건을 지체 없이 검사에게 송치하고 관계 서류와 증거물을 송부해야 한다.

⑦ **검찰청 직원의 수사지휘권** 검찰청 직원으로서 사법경찰관리의 직무를 행하는 자와 그 직무의 범위는 법률로 정한다(제245조의9 제1항). 검찰수사서기관, 수사사무관 및 마약수사사무관은 검사를 보좌하며 사법경찰관으로서 검사의 지휘를 받아 범죄수사하며(동조 제2항), 사법경찰리의 직무를 수행하는 검찰청 직원은 검사 또는 사법경찰관의 직무를 행하는 검찰청 직원의 수사를 보조하여야 한다(동조 제3항).

(3) 사법경찰관리

(가) 일반사법경찰관리

① **일반공무원인 사법경찰관리** 일반사법경찰관리는 경찰직과 검찰직으로 구분할 수 있다. 경위, 경감, 경정, 총경, 경무관[17] 등은 사법경찰관에 속하

며 순경, 경장, 경사는 사법경찰리에 속한다. 사법경찰관은 범죄혐의가 있다고 인식하는 때에는 범인, 범죄사실과 증거에 관한 수사를 개시 · 진행하여야 한다(제197조 제1항, 제2항). 검사와 상호협력관계에 있는 일반경찰공무원인 사법경찰관리는 검사의 수사지휘를 받지 않으며 수사종결권이 있다.

② **검찰청 직원인 사법경찰관리** 검찰청 직원으로서 사법경찰관리의 직무를 행하는 자와 그 직무의 범위는 법률로 정한다(제245조의9 제1항). 사법경찰관의 직무를 행하는 검찰청 직원은 검사의 지휘를 받아 수사하여야 한다(동조 제2항). 따라서 수사종결권이 없다.

③ **구제신청의 피의자에 대한 고지의무** 사법경찰관은 피의자를 신문하기 전에 수사과정에서 법령위반, 인권침해 또는 현저한 수사권 남용이 있는 경우 검사에게 구제를 신청할 수 있음을 피의자에게 알려주어야 한다(제197조의3 제8항).

④ **사법경찰관의 사건송치와 불송치권** 사건송치에 대해 사법경찰관은 고소 · 고발 사건을 포함하여 범죄를 수사한 경우, 범죄의 혐의가 있다고 인정되는 경우에는 지체 없이 검사에게 사건을 송치하고, 관계 서류와 증거물을 검사에게 송부하여야 한다(제254조의5 제1호). 송부 받은 '검사는 송치사건의 공소제기 여부 결정 또는 공소의 유지에 관하여 필요한 경우에 사법경찰관에게 보완수사를 요구할 수 있다(제197조의2 제1항 제1호)'고 하여 2차적 수사가 개시될 수 있다. 불송치에 대해 사법경찰관은 고소 · 고발 사건을 포함하여 범죄를 수사한 경우 그 밖의 경우(범죄혐의가 없다고 인정)에는 그 이유를 명시한 서면과 함께 관계 서류와 증거물을 지체 없이 검사에게 송부하여야 한다. 이 경우 검사는 송부 받은 날부터 90일 이내에 사법경찰관에게 반환하여야 한다(제245조의5 제2호). 검사는 사법경찰관이 사선을 송치하지 아니한 것(불송치)이 위법 또는 부당한 때에는 그 이유를 문서로 명시하여 사법경찰관에게 재수사를 요청할 수 있다(제245조의8 제1항). 사법경

17) 경찰청 및 해양경찰청에 근무하는 경무관은 예외이다(경찰공무원법 부칙 제6조).

찰관은 검사의 재수사 요청이 있는 때에는 사건을 재수사하여야 한다(동조 제2항).

⑤ **수사의 경합에 따른 송치의무** 검사는 사법경찰관과 동일한 범죄사실을 수사하게 된 때에는 사법경찰관에게 사건을 송치할 것을 요구할 수 있다(제197조의4 제1항). 송치요구를 받은 사법경찰관은 지체없이 검사에게 사건을 송치하여야 한다. 다만 검사가 영장을 청구하기 전에 동일한 범죄사실에 관하여 사법경찰관이 영장을 신청한 경우에는 해당 영장에 기재된 범죄사실을 계속 수사할 수 있다(동조 제2항)

(나) 특별사법경찰관리

① **의의** 산림, 해사, 세무, 전매, 군수기관, 기타 특별한 사항에 관하여 사법경찰관리의 직무를 행하는 자를 말한다. 예컨대 교도소장, 세무공무원, 마약감시원, 선장, 철도공무원, 국가정보원 직원, 근로감독관 등이 있다. 일반사법경찰관리의 권한이 일반적이고 포괄적임에 비해 특별사법경찰관리는 직무내용이나 지역이 제한되는 점에 특징이 있다. 그 직무의 범위는 법률(사법경찰관리의 직무를 수행할 자와 그 직무범위에 관한 법률)로 정한다(제245조의10 제1항).

② **검사의 지휘** 특별사법경찰관리는 모든 수사에 관하여 검사의 지휘를 받는다(동조 제2항). 특별사법경찰관은 범죄의 혐의가 있다고 인식하는 때에는 범인, 범죄사실과 증거에 관하여 수사를 개시·진행하여야 한다(동조 제3항). 수사종결권이 없다. 특별사법경찰관리는 검사의 지휘가 있는 때에는 이에 따라야 한다. 검사의 지휘에 관한 구체적 사항은 법무부령으로 정한다(동조 제4항). 특별사법경찰관은 범죄를 수사한 때에는 지체없이 검사에게 사건을 송치하고, 관계 서류와 증거물을 송부하여야 한다(동조 제5항).

③ **사법경찰관리의 직무를 수행할 자와 그 직무범위에 관한 법률** 자치경찰공무원 가운데 사법경찰관리의 직무를 수행할 자와 그 직무범죄는 사법경찰관리의 직무를 수행할 자와 그 직무범위에 관한 법률 제10조에 규정되어 있

다. 그 수사대상 범죄가 제주특별자치도의 관할구역에서 발생하는 범죄 가운데 일정한 범죄로 한정되어 있다는 점에서 그 성격은 특별사법경찰관리에 해당한다. 다른 특별사법경찰관과는 달리 자치경찰공무원인 사법경찰관리는 도로교통법 또는 경범죄처벌법 위반에 따른 통고처분 불이행자 등에 대한 즉결심판청구권도 갖고 있다는 특징이 있다.

④ **고위공직자범죄수사처 수사관** 고위공직자범죄수사처 수사관은 수사대상 범죄가 고위공직자범죄 및 관련범죄로 한정된다는 점에서 특별사법경찰관에 해당한다. 수사처 수사관은 고위공직자범죄 등에 대한 수사에 관하여 사법경찰관의 직무를 수행한다. 수사처 수사관은 수사처 검사의 지휘 · 감독을 받아 직무를 수행한다. 검찰청 검사의 지위 · 감독을 받는 것이 아니며, 수사종결권도 없다.

⑤ **적용제외** 특별사법경찰관리에 대하여는 제197조의2(보완수사요구) · 제197조의3(시정 조치요구 등)부터 제197조의4(수사의 경합)까지, 제221조의 5(사법경찰관이 신청한 영장의 청구여부에 대한 심의), 제245조의 5(사법경찰관의 사건송치 등) · 제245조의 6(고소인 등에 대한 송부통지) · 제245조의7(고소인 등의 이의신청)부터 제245조의8(재수사요청 등)까지의 규정을 적용하지 아니한다(제245조의10 제6항).

(3) 준수사항

피의자에 대한 수사는 불구속 상태에서 함을 원칙으로 한다(제198조 제1항). 검사 · 사법경찰관리와 그 밖에 직무상 수사에 관계있는 자는 피의자 또는 다른 사람의 인권을 존중하고 수사과정에서 취득한 비밀을 엄수하며 수사에 방해되는 일이 없도록 하여야 한다(동조 제2항). 검사 · 사법경찰관리와 그 밖에 직무상 수사에 관계있는 자는 수사과정에서 수사와 관련하여 작성하고 취득한 서류 또는 물건에 대한 목록을 빠짐없이 작성하여야 한다(동조 제3항). 수사기관은 수사 중인 사건의 범죄 혐의를 밝히기 위한 목적으로 합리적인 근거 없이 별개의 사건을 부당하게 수사하여서는 아니 되고,

다른 사건의 수사를 통하여 확보된 증거 또는 자료를 내세워 관련 없는 사건에 대한 자백이나 진술을 강요하여서도 아니 된다(동조 제4항).

(4) 피의자

(가) 의의 수사기관에 의해 범죄의 혐의를 받아 수사의 대상으로 되어 있는 자를 말한다. 아직 구체적 범죄혐의가 확인되지 않은 피내사자(용의자), 공소가 제기된 자인 피고인과 유죄판결이 확정된 자인 수형자와 구별된다.

(나) 피의자의 소송법상 지위

① 준당사자로서의 지위 탄핵주의 소송구조에서 피의자는 수사의 주체도 단순한 객체도 아닌 장차 소송에서 당사자가 될 지위에 있는 준당사자 지위가 인정된다. 현행 형사소송법은 피의자의 인권보장을 위하여 피의자의 구속 등 강제수사에 관하여 사법적 통제(특히, 영장제도)등으로 피의자의 지위를 강화하고 있다.

② 인전증거방법 또는 물적증거방법으로의 지위 피의자의 진술은 일정한 요건 하에서 증거로 할 수 있고, 피의자의 신체는 검증의 대상(제140조, 제219조)이 된다.

(2) 피의자의 소송법상 권리[18)]

(가) 피의자의 권리 변호인선임권, 진술거부권, 체포·구속적부심사청구권, 구속취소청구권, 접견교통권, 증거보전청구권, 압수·수색, 검증에의 참여권

(나) 피의자에게 인정되지 않는 것 보석청구권, 수사서류등사·열람청구권

판례연구

1	사법경찰리 작성의 진술조서 및 피의자신문조서는 사법경찰리가 검사의 지휘를 받고 수사사무를 보조하기 위하여 작성한 서류라 할 것이므로 이를 권한

18) 피고인은 소송의 주체로서 검사와 대등한 지위이나 피의자는 수사의 주체가 아니다.

	없는 자의 조서라 할 수 없다(대판 82도1080).
2	사법경찰리는 검사나 사법경찰관의 지휘를 받아 압수·수색 등 필요한 수사업무를 보조할 수 있다(대판 2008도158).
3	사법경찰관사무취급이 작성한 피의자신문조서, 참고인 진술조서, 압수조서는 사법경찰관리가 검사 등의 지휘를 받고 조사사무를 보조하기 위하여 작성한 서류이므로 이를 권한 없는 자가 작성한 조서라고 할 수 없다(대판 81도1357).
4	형법 제55조 제1항에서 말하는 '피의자'라고 하기 위해서는 수사기관에 의하여 범죄의 인지 등으로 수사가 개시되어 있을 것을 필요로 하고, 그 이전의 단계에서는 장차 형사입건 될 가능성이 크다고 하더라도 그러한 사정만으로 '피의자'에게 해당한다고 볼 수는 없다(대판 2008도2127).

2. 수사의 개시

1) 수사의 단서

(1) 의의

수사개시의 원인. 수사는 수사기관의 주관적 혐의에 의해 개시된다. 이를 수사의 단서라고 한다.

(2) 유형

(가) 수사기관 자신의 체험에 의한 단서 현행범체포, 변사자검시, 불심검문, 다른 사건수사 중 범죄발견, 기사·풍설·세평

(나) 타인의 체험에 의한 수사의 단서 고소, 고발, 자수, 범죄신고, 진정, 탄원, 투서 등

(3) 수사의 단서와 수사와의 관계

수사의 단서가 있다고 하여 바로 수사가 개시되는 것은 아니다. 수사기관

의 범죄인지에 의하여 수사가 개시되며, 그 이전에는 내사단계에 불과하다. 그러나 고소, 고발, 자수가 있는 경우에는 즉시 수사가 개시되며, 이 때 피고소인 등은 피의자 지위를 가지게 된다.

판례연구

범죄의 인지는 실질적인 개념이고, 이 규칙의 규정은 검찰행정의 편의를 위한 사무처리절차 규정이므로 검사가 범죄인지서 작성 전에 범죄의 혐의가 있다고 보아 수사를 개시하는 행위를 한 때에는 이때에 범죄를 인지한 것으로 보아야 하고, 그 뒤 범죄인지서를 작성하여 사건수리 절차를 밟은 때에 비로소 범죄를 인지하였다고 볼 것이 아니며, 이러한 인지절차를 밟기 전에 수사를 하였다고 하더라도, 그 수사가 장차 인지의 가능성이 전혀 없는 상태 하에서 행해졌다는 등의 특별한 사정이 없는 한, 인지절차가 이루어지기 전에 수사를 하였다는 이유만으로 그 수사가 위법하다고 볼 수는 없고, 따라서 그 수사과정에서 작성된 피의자신문조서나 진술조서 등의 증거능력도 이를 부인할 수 없다(대판 2000도2968).

2) 불심검문

(1) 의의

불심검문이란 경찰관이 거동이 수상한 자를 발견한 때에 이를 정지시켜 질문하는 것을 말한다. 이는 경찰관직무집행법에 규정되어 있으며 경찰행정작용으로서 수사의 단서가 된다.

(2) 방법

(가) **정지와 질문** 질문에 대해 상대방은 답변을 강요당하지 않는다. 다만 상대방을 설득하여 답변을 요구하는 것은 허용된다(경직법 제3조 제7항). 이 때 상대방이 정지에 응하지 않고 지나가거나 질문 도중에 떠나 버리는 경우 어느 정도의 실력행사를 인정할 수 있는가에 대해 다수설은 사태의 긴급성, 혐의의 정도, 질문의 필요성과 수단의 상당성을 고려하여 강제(신체구

속)에 이르지 않는 정도의 유형력[19]의 행사는 허용된다고 한다(제한적 허용설)

(나) **동행요구** ① 그 장소에서 질문하는 것이 당해인에게 불리하거나, ② 정지한 장소에서 질문함이 교통에 방해된다고 인정될 때 부근의 경찰서 등에 동행을 요구할 수 있다(임의동행).[20] 이때 상대방은 동행요구를 거절할 수 있다(경직법 제3조 제2항). ③ 동행을 요구할 경우 경찰관은 자신의 신분을 표시하는 증표를 제시하면서 소속과 성명을 밝히고 그 이유와 목적을 설명하며, 동행 장소를 밝혀야 하며(경직법 제3조 제4항), ④ 동행 시 가족이나 친지에게 즉시 연락할 수 있는 기회를 주어야 하며, 변호인의 도움을 받을 권리가 있음을 알려야 한다(경직법 제3조 제5항). 이 경우 수사기관의 동행요구에 의하여 동행한 상대방은 변호인과의 접견교통권을 가진다.

(다) **소지품검사** 외표정도 검사는 허용한다. 거동수상자에 대해 질문할 때에는 흉기소지여부를 조사할 수 있다고 규정하고 있다(경직법 제3조 제3항). 흉기를 제외한 일반소지품 검사도 허용될 수 있는가에 대해 긍정설과 부정설이 대립한다. 다만 긍정설도 실력행사에 의한 소지품검사는 허용되지 않는다고 보는 것이 다수설의 입장이다.

(라) **자동차검문** 자동차검문에는 교통검문, 경계검문, 긴급수배검문이 있다. ① 교통검문은 도로교통법 위반의 단속을 위한 검문, ② 경계검문은 불특정한 일반범죄 예방과 검거를 목적으로 하는 검문, ③ 긴급수배검문은 특정범죄발생시 검거와 수사정보 수집을 위한 검문 등이 있다.

---

19) 유형력의 행사 허용 : (i) 정지를 위하여 길을 막거나 추적하거나, (ii) 몸에 손을 대는 정도, (iii) 앞을 가로 막는 경우, (iv) 자전거 핸들이나 짐반이를 잡는 정도, (v) 배후에서 어깨에 손을 얹는 정도 등

20) 임의동행은 6시간을 초과할 수 없다(제3조 제6항), 그리고 가족에게 연락할 기회를 부여하고 변호인의 조력을 받을 수 있다는 것을 고지해야 한다(제3조 제5항).

판례연구

1	[1] 임의동행은 상대방의 동의 또는 승낙을 그 요건으로 하는 것이므로 경찰관으로부터 임의동행 요구를 받은 경우 상대방은 이를 거절할 수 있을 뿐만 아니라 임의동행 후 언제든지 경찰관서에서 퇴거할 자유가 있다 할 것이고, 경찰관직무집행법 제3조 제6항이 임의동행한 경우 당해인을 6시간 초과하여 경찰관서에 머물게 할 수 없다고 규정하고 있다고 하여 그 규정이 임의동행한 자를 6시간 동안 경찰관서에 구금하는 것을 허용하는 것은 아니다(대판 97도1240). [2] 피고인이 송도파출소까지 임의동행한 후 조사받기를 거부하고 파출소에서 나가려고 하다가 경찰관이 이를 제지하자 이에 항거하여 그 경찰관을 폭행한 사실을 인정한 다음, 경찰관이 임의동행한 피고인을 파출소에서 나가지 못하게 한 것은 적법한 공무집행행위라고 볼 수 없고, 따라서 피고인이 그 경찰관을 폭행한 행위는 공무집행방해죄가 성립하지 않는다(대판 97도1240). 〈연습〉 경찰관 甲이 불심검문 중 현행범이 아닌 乙에게 임의동행을 요구하였으나 乙이 거절하고, 甲이 강제로 연행하려고 하자 乙이 강제적인 임의동행을 거부하는 방법으로서 甲을 폭행하면 공무집행방해죄가 성립한다.(×)
2	검문 중이던 경찰관들이, 자전거를 이용한 날치기 사건 범인과 흡사한 인상착의의 피고인이 자전거를 타고 다니는 것을 발견하고 정지를 요구하였으나 멈추지 않아, 앞을 가로막고 검문에 협조해 달라고 하였음에도 불응하고 그대로 전진하자, 따라가서 재차 앞을 막고 검문에 응하라고 요구하였는데, 이에 피고인이 경찰관들의 멱살을 잡아 밀치는 등 항의하여 공무집행방해 등으로 기소된 사안에서, 경찰관들의 행위는 적법한 불심검문에 해당한다고 보아야 하는데도, 이와 달리 보아 피고인에게 무죄를 선고한 원심판결에 법리오해의 위법이 있다(대판 2010도6203).
3	상해사건 신고를 받고 출동한 경찰관이 현장에서 배씨를 상대로 인적사항을 묻자 욕설을 하고 폭행해 전치 2주의 상해를 입힌 사건에서 경찰관들이 정복을 입고 있었기 때문에 직무수행중이라는 점을 의심하지 않았고 신분확인요구도 안했다는 점 등에 비추어 보면 경찰관이 피고인에게 인적사항을 질문한 것은 직무수행을 위한 것이라는 점에 의문이 없는 상황이었다. 피고인은 공무원증 제시를 요구하거나 답변을 거부하면 충분한 것임에도 불구하고 욕설과

	함께 폭력을 행사해 경찰관에게 상해를 입힌 이상, 경찰관들이 공무원증을 제시하지 않았다고 하더라도 공무원의 직무집행을 방해한 것으로 봄이 상당하다(대판 2004도4029). 〈연습〉 경찰관이 경찰관직무집행법 제3조상의 직무질문을 할 당시 경찰복을 입고 있었다면, 상대방이 요구하더라도 경찰관에게는 상대방에게 자신의 신분을 표시하는 증표를 제시하거나 소속과 성명을 밝힐 의무가 없다.(×)

3) 변사자 검시

(1) 의의

변사자의 검시란 사람의 사망이 범죄로 인한 것인가의 여부를 판단하기 위하여 검사가 변사체의 상황을 조사하는 것을 말한다(제222조 제1항).[21]

(2) 성질

검시결과 범죄혐의가 인정되면 수사가 개시되므로 변사자 검시는 수사가 아니라 수사의 단서에 지나지 않는다. 따라서 영장이 필요치 않다. 검시를 통하여 범죄혐의가 인정되면 수사를 개시하게 되며, 검시 후의 사체해부는 검증에 속하므로 원칙적으로 영장을 요하나, 긴급한 경우 영장 없이 검증을 할 수 있다.

(3) 방법

검사는 사법경찰관에게 검시를 명할 수 있다. 검사를 통해 범죄혐의가 인정되면 수사를 개시하게 되며, 검시 후의 사체해부는 검증에 속하므로 원칙적으로 영장을 요하나, 긴급을 요하는 때에는 영장 없이 검증을 할 수 있다.

21) 검사는 변사자 검시를 사법경찰관에게 명할 수 있다(제222조 제2항).

검사와 사법경찰관의 상호협력과 일반적 수사준칙에 관한 규정
[대통령령 시행 2021. 1. 1.]

제17조(변사자의 검시 등) ① 사법경찰관은 변사자 또는 변사한 것으로 의심되는 사체가 있으면 변사사건 발생사실을 검사에게 통보해야 한다.
② 검사는 법 제222조제1항에 따라 검시를 했을 경우에는 검시조서를, 검증영장이나 같은 조 제2항에 따라 검증을 했을 경우에는 검증조서를 각각 작성하여 사법경찰관에게 송부해야 한다.
③ 사법경찰관은 법 제222조제1항 및 제3항에 따라 검시를 했을 경우에는 검시조서를, 검증영장이나 같은 조 제2항 및 제3항에 따라 검증을 했을 경우에는 검증조서를 각각 작성하여 검사에게 송부해야 한다.
④ 검사와 사법경찰관은 법 제222조에 따라 변사자의 검시를 한 사건에 대해 사건 종결 전에 수사할 사항 등에 관하여 상호 의견을 제시·교환해야 한다.

판례연구

형법 제163조의 변사자라 함은 부자연한 사망으로서 그 사인이 분명하지 않은 자를 의미하고 그 사인이 명백한 경우는 변사자라 할 수 없으므로, 범죄로 인하여 사망한 것이 명백한 자의 사체는 같은 법조 소정의 변사체검시방해죄의 객체가 될 수 없다(대판 2003도1331).
〈연습〉 범죄로 인하여 사망한 것이 명백한 자의 사체는 변사체검시방해죄의 객체가 된다.(×)

4) 고소

(1) 의의

고소란 범죄의 피해자 또는 그와 일정한 관계에 있는 고소권자가 수사기관에 대하여 범죄사실을 신고하여 범인의 처벌을 구하는 의사표시를 말한다.[22] 따라서 단순한 범죄 신고나 수사기관이 아닌 법원에 진정서를 제출하는 것은 고소가 아니다. 고소는 수사의 단서이나, 친고죄에 있어서는 소송조건이 된다.

판례연구

고소의 의의	
1	고소는 서면 또는 구술로써 검사 또는 사법경찰관에게 하여야 하는 것이므로 피해자가 피고인을 심리하고 있는 법원에 대하여 간통사실을 적시하고 피고인을 엄벌에 처하라는 내용의 진술서를 제출하거나 증인으로서 증언하면서 판사의 신문에 대해 피고인의 처벌을 바란다는 취지의 진술을 하였다 하더라도 이는 고소로서의 효력이 없다(대판 84도709). 〈연습〉 수사기관이 아닌 법원에 진정서를 제출하거나 범인의 처벌을 구하는 의사표시를 하더라도 고소의 효력이 발생한다.(×)
2	고소는 고소인의 의사가 수사기관에 대하여 일정한 범죄사실을 지정 신고하여 범인의 소추처벌을 구하는 의사표시가 있었다고 볼 수 있을 정도면 그것으로 충분하고, 범인의 성명이 불명이거나 또는 오기가 있었다거나 범행의 일시 · 장소 · 방법 등이 명확하지 않거나 틀리는 것이 있다고 하더라도 그 효력에는 아무 영향이 없다(대판 84도1704).
3	고소인은 범죄사실을 특정하여 신고하면 족하고 범인이 누구인지 나아가 범인 중 처벌을 구하는 자가 누구인지를 적시할 필요도 없는바, 친고죄의 경우에 있어서도 행위자의 범죄에 대한 고소가 있으면 족하고, 나아가 양벌규정에 의하여 처벌받는 자에 대하여 별도의 고소를 요한다고 할 수는 없다(대판 94도2423).
4	고소인이 사건 당일 간통의 범죄사실을 신고하면서 현장에 출동한 경찰관에게 고소장을 교부하였다고 하더라도, 송파경찰서에 도착하여 최종적으로 고소장을 접수시키지 아니하기로 결심하고 고소장을 반환받은 것이라면, 고소의 효력이 발생되었다고 할 수 없다(대판 2007도4977).
5	고소가 어떠한 사항에 관한 것인가의 여부는 고소장에 붙인 죄명에 구애될 것이 아니라 고소의 내용에 의하여 결정되어야 할 것이므로 고소장에 명예훼손죄의 죄명을 붙이고 그 죄에 관한 사실을 적었으나 그 사실이 모욕죄를 구

22) 제3자가 수사기관에 범죄사실을 신고하는 고발과 구별되며, 자기의 범죄사실을 신고하는 자수와도 구별된다.

	성하는 경우 위 고소는 모욕죄에 대한 고소로서의 효력을 갖는다(대판 81도 1250).

(2) 고소권자

(가) 피해자 피해자는 자연인에 한하지 않고 법인은 물론 법인격 없는 단체도 포함된다. 피해자는 직접 피해자에 한하며 간접피해자는 포함되지 않는다. 예컨대 강간당한 피해자의 남편, 절도피해자에 대한 채권자, 피살자의 부인 등이 있다.

(나) 피해자의 법정대리인 독립대리권이며, 법정대리인의 지위는 고소 시에 있어야 한다. 그리고 재산관재인, 파산관재인, 법인의 대표자는 피해자의 법정대리인에 포함되지 않는다.

(다) 피해자가 사망한 경우에는 그 배우자 · 직계존속 또는 형제자매 피해자가 사망한 때에는 그 배우자, 직계친족 또는 형제자매가 고소할 수 있다. 단, 피해자의 명시한 의사에 반하지 못한다. 신분관계의 존부는 사망 시를 기준으로 한다.

(라) 피해자의 법정대리인이 피의자이거나 법정대리인의 친족이 피의자인 때는 피해자의 친족 법정대리인이 딸에 대하여 강제추행을 한 경우 생모의 고소가 가능하다. 이때의 대리권은 독립대리권이다.

(마) 지정고소권자 친고죄의 경우 고소권자가 없는 경우 이해관계인의 신청이 있으면 검사는 10일 이내에 고소할 수 있는 자를 지정해야 한다(제228조). 이해관계인은 법률상 또는 사실상의 이해관계인을 불문하나, 단순한 감정상의 이해관계인은 제외된다. 예컨대 고아인 약혼녀가 강간당한 후 자살한 경우 약혼자를 고소권자로 지정할 수 있다.

판례연구

고소권자	
1	저작재산권을 양도받은 사람은 그 양도에 관한 등록 여부에 관계없이 그 저작재산권을 침해한 사람을 고소할 수 있다(대판 2002도4849).
2	무효심결 확정 전의 고소라 하더라도 그러한 특허권에 기한 고소는 무효심결이 확정되면 고소권자에 의한 적법한 고소로 볼 수 없다 할 것이고, 이러한 고소를 기초로 한 공소는 공소제기의 절차가 법률의 규정에 위반되어 무효인 때에 해당한다고 할 수 있다(대판 2007도6325).
3	형사소송법 제225조 제1항이 규정한 법정대리인의 고소권은 무능력자의 보호를 위하여 법정대리인에게 주어진 고유권이므로, 법정대리인은 피해자의 고소권 소멸 여부에 관계없이 고소할 수 있고, 피해자의 명시한 의사에 반하여도 행사할 수 있다(대판 99도3784). 〈연습〉 법정대리인의 고소권은 무능력자의 보호를 위하여 법정대리인에게 주어진 고유권이므로, 피해자의 고소권 소멸 여부에 관계없이 고소할 수 있다. 다만, 피해자의 의사를 존중한다는 측면에서 피해자의 명시한 의사에 반하여는 행사할 수 없다.(×)
4	모자관계는 호적에 입적되어 있는 여부와는 관계없이 자의 출생으로 법률상 당연히 생기는 것이므로 고소당시 이혼한 생모라도 피해자인 그의 자의 친권자로서 독립하여 고소할 수 있다(대판 87도1707).
5	모자관계는 호적에 입적되어 있는 여부와는 관계없이 자의 출생으로 법률상 당연히 생기는 것이므로 피고인의 생모가 피고인의 그 딸에 대한 강제추행 등 범죄사실에 대하여 고소를 제기한 것은 피해자의 친족에 의한 피해자의 법정대리인에 대한 적법한 고소라 할 것이다(대판 86도1982).
6	피고인 甲의 배우자 乙이 식물인간 상태가 되어 금치산선고를 받아 피고인 甲이 乙의 후견인이 된 경우, 乙의 어머니인 丙이 피고인 甲을 상대로 제기한 고소는 간통죄의 공소제기 요건으로서 적법하다(대판 2009도12446).
7	피고인이 피해자를 부축하여 병원으로 데려갈 때 피고인보고 미안하다는 말을 했다 하더라도 그것만으로 피해자에게 분명히 피고인의 처벌을 희망하지 아니하는 의사가 있었다고 할 수는 없으므로 피해자의 동생이 한 이 사건 고소를 피해자의 명시한 의사에 반하는 무효의 것이라고는 할 수 없다(대판 85도1288).

8	범죄피해자의 고소권은 형사절차상의 법적인 권리에 불과하므로 원칙적으로 입법자가 그 나라의 고유한 사법문화와 윤리관, 문화전통을 고려하여 합목적적으로 결정할 수 있는 넓은 입법형성권을 갖는다(헌재 2008헌바56).

(3) 고소방법

(가) 고소의 방식 서면 또는 구술로 검사 또는 사법경찰관에게 하여야 한다(제237조 제1항). 사법경찰관이 고소를 받은 경우 신속히 조사하여 관계 서류와 증거물을 검사에 송부하여야 한다(제283조). 검사가 고소 또는 고발에 의하여 범죄를 수사할 때에는 고소 또는 고발을 수리한 날로부터 3월 이내에 수사를 완료하여 공소제기여부를 결정하여야 한다(제257조). 고소조서는 처벌희망의 의사표시로 족하므로 독립된 조서일 필요는 없다. 단, 전화나 팩스에 의한 고소는 조서작성이 없는 한 유효한 고소로 볼 수 없다.

판례연구

고소의 방식	
1	수사기관이 고소권자에 대한 진술조서에 범인의 처벌을 요구하는 의사표시가 포함되어 있고 그 의사표시가 조서에 기재되면 고소는 적법하게 이루어진 것이다(대판 85도190).
2	피해자로부터 고소를 위임받은 대리인은 수사기관에 구술에 의한 방식으로 고소를 제기할 수도 있다(대판 2000도4595).
3	형사소송법 제236조의 대리인에 의한 고소의 경우, 대리권이 정당한 고소권자에 의하여 수여되었음이 실질적으로 증명되면 충분하고, 그 방식에 특별한 제한은 없으므로, 고소를 할 때 반드시 위임장을 제출한다거나 '대리'라는 표시를 하여야 하는 것은 아니고, 또 고소기간은 대리고소인이 아니라 정당한 고소권자를 기준으로 고소권자가 범인을 알게 된 날부터 기산한다(대판 2001도3081). 〈연습〉 고소 또는 그 취소는 피해자의 법정대리인이 아닌 제3자로 하여금 피해자를 대리하여 하게 할 수 있고, 이 경우 고소기간은 고소권자가 아니라 대

	리고소인을 기준으로 대리고소인이 범인을 알게 된 날로부터 기산한다.(×) 〈연습〉 대리인에 의한 고소의 경우, 대리권이 정당한 고소권자에 의하여 수여되었음이 실질적으로 증명되었더라도 고소를 할 때는 반드시 위임장을 제출하거나 대리라는 표시를 하여야 한다.(×)

(나) **고소의 대리** 고소 또는 그 취소의 대리가 가능하다.(제236조)

(4) 고소의 기간[23)]

(가) **친고죄** 범인을 안 날로부터 6개월을 경과하면 고소하지 못한다(제230조 제1항). 이는 국가형벌권의 행사를 사인이 처벌희망 의사표시에 의해 장기간 좌우되는 사태를 막기 위한 것이다. 상대적 친고죄의 경우에는 신분관계 있는 범인을 알게 된 날이 기준이 된다.[24)]

(나) **비친고죄** 제한 없다. 단, 고소할 수 없는 불가항력의 사유가 있는 때에는 그 사유가 없어진 날로부터 기산한다. 고소권자가 수인인 경우 1인의 기간 해태는 타인의 고소에 영향이 없다(제231조). 즉, 고소를 할 수 있는 자가 여러 명인 경우 한 사람이 그 고소를 할 수 있는 기간을 지키지 못하였다 해도 다른 사람에게 아직 고소할 수 있는 기간이 남아 있다면, 그 다른 사람은 유효하게 고소할 수 있다.

판례연구

고소의 기간	
1	간통 피고인인 남편을 상대로 제기한 이혼소송에서 상간자의 출산사실과 임신기간 및 그 태아의 친부가 피고인이라는 사실을 알게 된 경우, 이 때 위 간통사실을 알았다고 봄이 상당하여 그때로부터 6월의 고소 기간을 기산하여야 한다(대판 2010도4680).

23) 고소기간은 범인을 알게 된 날로부터 기산한다.

24) 친고죄의 경우 고소할 수 없는 불가항력의 사유가 있는 때에는 그 사유가 없어진 날로부터 기산한다. 또한 결혼목적 약취·유인죄는 약취, 유인된 자가 혼인을 한 경우에 고소는 혼인의 무효 또는 취소의 재판이 확정 된 날로부터 기간이 진행된다.

2	법정대리인의 고소기간은 법정대리인 자신이 범인을 알게 된 날로부터 진행한다(대판 87도857).
3	피해자가 범행을 당할 때에는 나이 어려 고소능력이 없었다가(11세) 그 후에 비로소 고소능력이 생겼다면 그 고소기간은 고소능력이 생긴 때로부터 기산되어야 한다(대판 87도4962).
4	강간 피해 당시 14세의 정신지체아가 범행일로부터 약 1년 5개월 후 담임교사 등 주위 사람들에게 피해사실을 말하고 비로소 그들로부터 고소의 의미와 취지를 설명 듣고 고소에 이른 경우, 위 설명을 들은 때 고소능력이 생겼다고 본 사례(대판 2007도4962).
5	피고소인의 주소를 알지 못하였던 사유는 형사소송법 제230조 제1항 단서 소정 고소할 수 없는 불가항력의 사유에 해당한다고 볼 수 없다(대판 77도42).
6	업무상 위력에 의한 간음죄의 경우 해고될 것이 두려워 고소를 하지 않은 것이 고소할 수 없는 불가항력적 사유에 해당한다고 할 수 없다(대판 85도1273).
7	피고인이 백화점 내 점포에 입점 시켜 주겠다고 속여 피해자로부터 입점비 명목으로 돈을 편취하였다며 사기로 기소된 사안에서, 피고인의 딸과 피해자의 아들이 혼인하여 피고인과 피해자가 사돈지간이라고 하더라도 민법상 친족으로 볼 수 없는데도, 친고죄라고 판단한 후 피해자의 고소가 고소기간을 경과하여 부적법하다고 보아 공소를 기각한 원심판결 및 제1심판결에 친족의 범위에 관한 법리오해의 위법이 있다(대판 2011도2170).

(5) 고소불가분의 원칙

(가) 의의 고소의 효력은 불가분이라는 원칙을 고소불가분의 원칙이라고 한다. 고소불가분의 원칙은 친고죄에 대해서만 적용된다. 즉, 친고죄에 있어서 고소의 효력이 미치는 범위에 관한 원칙이다.

(나) 객관적 불가분의 원칙 하나의 범죄사실 일부에 대한 고소나 그 취소는 그 범죄사실의 전부에 대하여 효력이 발생한다는 원칙이다.

① 단순일죄의 경우 이 원칙이 예외 없이 적용된다. 상대적 친고죄인 공갈죄의 수단인 폭행 또는 협박의 고소는 공갈죄에 대하여 효력이 미친다. 따

라서 공갈죄에 대해 고소가 없을 경우 그 일부인 폭행·협박만 분리하여 기소할 수 없다.

② **과형상 일죄의 경우**(상상적 경합) (i) 모두 친고죄이고 피해자가 동일한 경우에는 적용된다. 예컨대 동일피해자에 대한 비밀침해죄와 모욕죄가 상상적 경합인 경우에 모욕죄에 대한 고소는 비밀침해죄에 대한 고소로서 효력이 있다. (ii) 모두 친고죄이고 피해자가 다른 경우에는 적용되지 않는다. 예컨대 1개의 문서로 甲·乙·丙을 모욕한 경우 甲의 고소는 乙·丙에 대한 범죄사실에 효력이 없다.[25] (iii) 일부만이 친고죄인 경우에도 적용되지 않는다. 예컨대 사자명예훼손죄(친고죄)와 명예훼손죄(비친고죄)가 상상적 경합인 경우 명예훼손죄에 대한 고소의 효력은 사자명예훼손죄에 미치지 않는다. 즉 비친고죄에 대한 고소는 친고죄에 대해 효력이 없다.

③ **수죄의 경우**(실체적 경합) 객관적 불가분의 원칙은 1개의 범죄사실을 전제로 하는 원칙이므로 수죄, 즉 경합범에 대해서는 적용되지 않는다. 비동거친족 간의 재산범죄가 수죄로서 실체적 경합인 경우, 어느 하나의 죄에 대한 고소는 다른 죄에 대해서는 효력이 없다.

(다) 주관적 불가분의 원칙

① **의의** 친고죄의 공범 중 1인 또는 수인에 대한 고소와 그 취소는 다른 공범자에 대하여도 효력이 있다는 원칙이다(제233조). 여기의 공범에는 임의적 공범뿐만 아니라 필요적 공범도 포함한다.

② **적용범위** 절대적 친고죄에는 언제나 적용된다. 상대적 친고죄에는 비신분자에 대한 고소의 효력은 신분자에게 미치지 않고 신분자에 대한 고소취소는 비신분자에게는 효력이 없다. 다만 친족 2인 이상이 공범인 경우 1인에 대한 고소는 다른 친족에게도 효력을 미친다. 반의사불벌죄와 즉시고발사건은 고소불가분의 원칙이 적용되지 않는다(판례).

---

25) 피해자의 의사를 존중하는 친고죄의 취지상 이 원칙이 적용되지 않는다.

판례연구

고소불가분의 원칙	
1	강간죄의 목적을 달하려고 일정한 장소에 인치하기 위한 수단이 되었다 하여 그 감금행위가 강간죄에 흡수되어 범죄를 구성하지 않는다고 할 수 없고, 위 감금행위가 독립한 별개의 죄가 되는 이상 피해자가 강간죄의 고소를 취소하였다 하더라도 이는 위 감금죄에 대하여는 아무런 영향을 미치지 아니한다(대판 84도1550).
2	공소가 제기된 수개의 간통행위 중 일부 간통행위에 대하여만 배우자의 고소가 있고 다른 일부 간통행위에 대하여는 배우자의 고소가 없는 경우에 고소가 없는 간통행위에 대하여까지 고소의 효력이 미칠 수는 없다(대판 89도54).
3	상대적 친고죄에 있어서의 피해자의 고소취소는 친족(신분)관계가 없는 공범자에게는 그 효력이 미치지 아니한다(대판 64도481). 〈연습〉 상대적 친고죄의 경우 신분관계가 있는 자에 대한 고소취소는 비신분자에게도 효력이 있다.(×)
4	상간자를 달리하여 간통행위를 한 경우에도 고소 및 고소의 취소는 다른 상간자에게는 그 효력이 미치지 않는다(대판 80도1310).
5	친고죄에서 공범 중 일부에 대하여만 처벌을 구하고 나머지에 대하여는 처벌불원의 의사를 표시한 고소는 처음부터 공범 중 일부만의 처벌을 원하는 것이므로 부적법한 것으로서 무효이거나, 위 처벌불원 의사의 표시를 통하여 고소를 취소한 것으로 볼 수 있다(대판 2008도7462).
6	친고죄의 경우에 있어서도 행위자의 범죄에 대한 고소가 있으면 족하고, 나아가 양벌규정에 의하여 처벌받는 자에 대하여 별도의 고소를 요한다고 할 수는 없다(대판 94도2423).
7	제233조에서 고소와 고소취소의 불가분에 관한 규정을 함에 있어서는 반의사불벌죄에 이를 준용하는 규정을 두지 아니한 것은 처벌을 희망하지 아니하는 의사표시나 처벌을 희망하는 의사표시의 철회에 관하여 친고죄와는 달리 공범자 간에 불가분의 원칙을 적용하지 아니하고자 함에 있다고 볼 것이지, 입법의 불비로 볼 것은 아니다(대판 93도1689).
8	고발에 있어서는 이른바 고소·고발 불가분의 원칙이 적용되지 아니하므로, 고발의 구비 여부는 양벌규정에 의하여 처벌받는 자연인인 행위자와 법인에

	대하여 개별적으로 논하여야 한다(대판 2004도4066).
9	동일한 부가가치세의 과세기간 내에 행하여진 조세포탈기간이나 포탈액수의 일부에 대한 조세포탈죄의 고발이 있는 경우 그 고발의 효력은 그 과세기간 내의 조세포탈기간 및 포탈액수 전부에 미친다(대판 2009도3282).
10	공정거래위원회가 공정거래법위반행위자 중 일부에 대하여 공정거래위원회의 고발이 있다고 하여 나머지 위반행위자에 대하여도 위 고발의 효력이 미친다고 볼 수 없고, 나아가 공정거래법 제70조의 양벌규정에 따라 처벌되는 법인이나 개인에 대한 고발의 효력이 그 대표자나 대리인, 사용인 등으로서 행위자인 사람에게까지 미친다고 볼 수도 없다(대판 2008도5757).

(6) 고소의 취소

(가) 의의 일단 제기된 고소를 철회하는 법률행위적 소송행위를 말한다. 비친고죄의 경우 수사의 종결과 양형판단의 자료로 기능을 하나, 친고죄의 경우에는 피해자의 권리구제에 중대한 역할을 하고 있다.

(나) 방식 고소의 취소는 구술과 서면으로 공소제기 전에는 수사기관에, 공수제기 후에는 법원에 해야 한다. 사법경찰관이 고소의 취소를 받은 때에는 신속히 조사하여 관계서류와 증거물을 검사에게 송부하여야 한다(제239조).

(다) 시기 비친고죄의 고소는 언제든지 취소할 수 있으나 친고죄의 고소취소는 제1심 판결 선고 전까지 취소가능하다(제232조 제1항). 반의사불벌죄의 경우 처벌희망의 의사표시 철회에도 제1심 판결선고 전까지 할 수 있으며, 즉시고발사건의 고발 취소도 제1심 판결선고 전까지 할 수 있다. 항소심에서 비친고죄가 친고죄로 공소장이 변경된 때에도 친고죄의 고소취소를 할 수 없다.[26]

(라) 재고소 고소를 취소한 자는 다시 고소할 수 없다(제232조 제2항).

26) 항소심에서 공갈죄를 검사가 협박죄로 변경하여 법원이 이를 허가하였으나, 피해자가 피고인의 처벌을 원치 않는다는 뜻을 재판부에 진술한 경우 법원은 실체재판을 해야 한다.

(마) 효과 친고죄에서 고소가 취소되면 소송조건이 결여되므로 공소제기 전이라면 불기소처분, 공소제기 후라면 공소기각판결의 사유가 된다. 고소취소에 대해서도 고소불가분의 원칙이 적용된다.

판례연구

고소의 취소	
1	피해자의 부친이 피해자 사망 후에 피해자를 대신하여 그 피해자가 이미 하였던 고소를 취소하더라도 이는 적법한 고소취소라 할 수 없다(대판 69도376).
2	폭행죄에 있어 피해자가 사망한 후에 그 상속인이 피해자를 대신하여 처벌불원의 의사표시를 할 수는 없다. 따라서 피해자의 상속인들이 제1심판결 선고 전에 피고인에 대한 처벌불원의 의사표시를 하였다고 하더라도 효력이 없다(대판 2010도2680). 〈연습〉 반의사불벌죄에서 피해자가 사망한 경우에는 그 상속인이 피해자를 대신하여 처벌불원의 의사표시를 할 수 있다.(×)
3	반의사불벌죄에 있어서 피해자의 피고인 또는 피의자에 대한 처벌을 희망하지 않는다는 의사표시 또는 처벌을 희망하는 의사표시의 철회는 의사능력이 있는 피해자(14세 10개월)가 단독으로 이를 할 수 있고, 거기에 법정대리인의 동의가 있어야 한다거나 법정대리인에 의해 대리되어야만 한다고 볼 것은 아니다(대판(전합) 2009도6058). 〈연습〉 반의사불벌죄에서 의사능력 있는 미성년자인 피해자가 처벌희망 여부에 관한 의사표시를 함에는 법정대리인의 동의가 필요하다.(×)
4	항소심에서 공소장의 변경에 의하여 또는 법원 직권에 의하여 친고죄가 아닌 범죄를 친고죄로 인정하였더라도 항소심에 이르러 비로소 고소인이 고소를 취소하였다면 이는 친고죄에 대한 고소취소로서의 효력은 없다(대판(전합) 96도1922). 〈연습〉 친고죄가 아닌 피고사건이 항소심 계속 중에 친고죄로 공소 사실이 변경되고 항소심에서 비로소 고소가 취소된 경우에는 친고죄에 대한 유효한 고소취소가 있다고 보아야 한다.(×)
5	항소심에 이르러 비로소 반의사불벌죄가 아닌 죄에서 반의사불벌죄로 공소장

	변경이 있었다 하여 항소심인 제2심을 제1심으로 볼 수는 없다(대판 85도2518). 〈연습〉 항소심에 이르러 비로소 반의사불벌죄가 아닌 상해죄에서 반의사불벌죄인 폭행죄로 공소장이 변경된 경우에는 예외적으로 항소심에도 처벌을 희망하는 의사표시를 철회할 수 있다.(×)
6	제232조 제1항이 항소심 단계에서 고소취소 된 사람을 자의적으로 차별하는 것이라고 할 수는 없다(헌재 2008헌바40).
7	조세범처벌법 위반 사건에 대한 세무공무원의 고발 취소는 제1심판결 선고 전에 한하여 취소할 수 있다고 해석함이 타당하다(대판 4290형상58).
8	교통사고처리특례법 제3조 제2항 본문 소정의 죄를 범한 자에 대하여 피해자가 수사단계에서 피고인의 처벌을 희망하는 의사표시를 하였다가 제1심판결 선고 후에 이르러 피고인과 화해를 하고 처벌희망의 의사를 철회하였다면 그 철회는 효력이 없다(대판 83도893).
9	간통 사건의 상소심에서 법률 위반을 이유로 제1심 공소기각판결을 파기하고 사건을 제1심법원에 환송하였는데 환송 후의 제1심판결 선고 전 간통죄의 고소가 취소된 경우 형사소송법 제327조 제5호에 의하여 판결로써 공소를 기각하여야 한다(대판 2009도9112). 〈연습〉 항소심이 제1심의 공소기각 판결이 위법함을 이유로 제1심판결을 파기하고, 사건을 제1심으로 다시 환송한 경우, 이미 제1심 판결이 한번 선고되었던 이상 파기환송 후 다시 진행된 제1심 절차에서 고소취소는 허용되지 않는다.(×)
10	강간치상죄로 공소가 제기된 사건에 있어서 그 치상의 점에 관하여 증명이 없더라도 법원으로서는 공소장 변경절차 없이 강간의 점에 대하여 심리판단할 수 있다고 할 것인데, 다만 이 경우에 있어서 공소제기 전에 그 소추요건인 고소의 취소가 없었다면, 형사소송법 제327조 제2호에 의하여 공소기각의 판결을 선고하여야 할 것이지 범죄의 증명이 없다고 하여 무죄의 선고를 할 수는 없다(대판 2001도6777). 〈연습〉 강간치상죄로 공소가 제기된 사건에 있어서 공소제기 전에 고소의 취소가 있었다고 하더라도 치상의 점에 관하여 증명이 없는 경우에는 무죄를 선고하여야 한다.(×)
고소취소 또는 철회를 인정한 경우	
1	당사자 간에 원만히 합의되어 민·형사상 문제를 일체 거론하지 않기로 하는

	합의서 및 관대한 처분을 바란다는 취지의 탄원서가 제1심 법원에 제출되었다면 이는 결국 고소취소가 있은 것으로 보아야 한다(대판 81도1171).
2	어떠한 민·형사상의 책임도 묻지 아니한다는 취지의 가해자와 피해자 사이의 합의서가 경찰에 제출되었다면, 고소를 취소한 것으로 봄이 상당하다(대판 2001도6777).
3	고소권자가 검사에 의한 피해자 진술조서 작성 시 고소를 취소하겠다고 명백히 하고 또 고소취소 후에는 다시 고소할 수 없다는 점도 알고 있다고 진술하였음이 인정된다면 그 고소는 적법하게 취소되었다 할 것이다(대판 83도1431).
4	반의사불벌죄에 있어서 피해자가 처벌을 희망하지 아니하는 의사표시나 처벌을 희망하는 의사표시의 철회를 하였다고 인정하기 위해서는 피해자의 진실한 의사가 명백하고 믿을 수 있는 방법으로 표현되어야 하고, 한 번 명시적으로 표시된 이후에는 다시 처벌을 희망하지 아니하는 의사표시를 철회하거나 처벌을 희망하는 의사를 표시할 수 없다고 할 것이다(대판 2007도3405).
5	피고인과 친족관계에 있는 피해자에 대한 흉기휴대 공갈의 '폭력행위 등 처벌에 관한 법률 위반죄'를 친고죄로 보고, 제1심판결 선고 전에 피고인의 처벌을 바라지 아니하는 의사가 표시된 합의서가 제출되었다면 형사소송법 제327조 제5호에 의하여 공소를 기각하여야 한다(대판 2010도5795).
6	피해자가 피고인과 사이에 피고인이 교통사고로 인한 피해자의 치료비 전액을 부담하는 조건으로 민·형사상 문제 삼지 아니하기로 합의하고 피고인으로부터 합의금 일부를 수령하면서 피고인에게 합의서를 작성·교부하고, 피고인이 그 합의서를 수사기관에 제출한 경우, 이후 피고인이 피해자에게 약속한 치료비 전액을 지급하지 아니한 경우 민사상 치료비에 관한 합의금지급 채무가 남는 것은 별론으로 하고 처벌불원의사를 철회할 수 없다(대판 2001도4283).
고소취소 또는 철회를 부정한 경우	
1	고소인이 합의서를 피고인에게 작성하여준 것만으로는 고소가 적법하게 취소된 것으로 볼 수 없다(대판 83도516). 〈연습〉 가해자와 피해자간의 처벌불원 취지의 합의서를 경찰에 제출하는 것만으로도 고소취소의 효력은 인정된다.(○)
2	피해자가 고소장을 제출하여 처벌을 희망하는 의사를 분명히 표시한 후 고소를 취소한 바가 없다면 고소 전에 피해자가 처벌을 원치 않았다 하더라도 그

	후에 한 피해자의 고소는 유효하다(대판 93도1620). 〈연습〉 피해자가 고소 이전에 이미 피고인과 원만히 합의하면서 향후 피고인을 상대로 민·형사상 어떠한 이의도 제기하지 않기로 약정함으로써 고소권 포기의 의사를 표시한 이상, 그 이후 수사기관에 고소장을 제출하여 피고인의 처벌을 희망하는 의사를 분명히 표시하였다 하더라도 적법한 고소로서의 효력이 없다.(×)
3	고소인이 경찰관에게 서면으로 고소장을 제출함으로써 고소를 하였고, 이에 따라 수사가 개시되었으나, 고소인이 피고인들과 대화를 해보고 정식으로 고소장을 접수할 것인지 결정하겠다고 밝히면서 경찰관으로부터 고소장을 회수하였다면 이는 고소취소에 해당한다고 볼 수 없다(대판 2007도4977).
4	검사가 작성한 피해자에 대한 진술조서 기재 중 '피의자들의 처벌을 원하는가요?'라는 물음에 대하여 '법대로 처벌하여 주기 바랍니다.'로 되어 있고 이어서 '더 할 말이 있는가요?'라는 물음에 대하여 '젊은 사람들이니 한 번 기회를 주시면 감사하겠습니다.'로 기재되어 있다면 피해자의 진술취지는 법대로 처벌하되 관대한 처분을 바란다는 취지로 보아야 하고 처벌의사를 철회한 것으로 볼 것이 아니다(대판 80도2210).
5	피고인 등이 피해자를 부축하여 병원으로 데려갈 때 피고인 보고 미안하다는 말을 했다 하더라도 그것만으로는 피해자에게 분명히 피고인의 처벌을 희망하지 아니하는 의사가 있었다고 할 수는 없다(대판 85도1288).
6	민·형사 간 어떠한 이의도 제기하지 않을 것을 합의한다는 합의서 제출 후에 고소인이 법정에 나와 고소취소의 의사가 없다고 진술하였다면 위 합의서가 고소인의 자유의사에 의하여 작성되었는가의 여부에 관계없이 고소는 취소되지 아니한 것이다(대판 80도1448).
7	"상호간에 원만히 해결되었으므로 이후에 민·형사 간 어떠한 이의도 제기하지 아니할 것을 합의한다."는 취지의 합의서가 제1심 법원에 제출되었으나 고소인이 제1심에서 고소취소의 의사가 없다고 증언하였다면 위 합의서의 제출로 고소취소의 효력이 발생하지 아니한다(대판 81도1968).
8	증인으로 출석하라는 소환장을 송달받고서 "업무출장 관계로 출석할 수 없으니 기일을 변경하여 주시기 바랍니다. 공소외 2를 고소취하 하였는데 무엇 때문에 또 증인을 부르시나요? 제발 생업에 종사할 수 있도록 선처하여 주시기 바랍니다."라는 내용의 서면만으로는 처벌을 희망하는 의사표시를 철회하는 피해자의 진정한 의사가 표시되었다고 볼 수 없을 것이다(대판 2001도1809).

9	피해자인 동생이 '이씨(형)가 상해를 가한 것만 처리해줬으면 한다. 상해한 것만 고소하겠다.'고 경찰에 진술한 것만으로는 피해자가 피고인에 대해 명예훼손의 공소사실에(동생 이 모씨의 집 현관출입문에 '군 입대 후 돈을 주고 제대시켰다'는 등의 내용이 적힌 편지를 붙여 동생의 명예를 훼손) 관한 처벌을 희망하지 않는 의사를 표시했다거나 처벌을 희망하는 의사를 철회했다고 볼 수 없다(대판 2009도11610).

(7) 고소의 제한

(가) 배우자의 고소 혼인해소 또는 이혼소송을 제기한 후에만 고소가 가능하다(제229조 제1항). 이 경우 다시 혼인을 하거나 이혼소송을 취하한 때에는 고소는 취소된 것을 간주한다(제229조 제2항). 간통죄의 위헌결정으로 현재는 문제되지 않는다.

(나) 자기 또는 배우자의 직계존속 자기 또는 배우자의 직계존속에 대해서는 고소할 수 없다(제224조). 다만 성폭력특별법에 의한 성폭력범죄에 대하여는 자기 또는 배우자의 직계존속도 고소할 수 있다(성폭력특별법 제18조).

판례연구

	고소의 제한
1	외국에서 거행된 혼인이 그 외국법이 정하는 방식에 따라 거행된 경우는 그로써 혼인은 유효하게 성립된 것으로 인정되고, 호적법에 따른 신고가 없는 경우에도 간통죄에 있어서의 배우자에 해당한다(대판 83도41).
2	아내가 재판상 이혼원인에 해당하는 부정한 행위를 하였다고 하더라도 그러한 사정만으로 아내의 간통죄 고소가 고소권을 남용한 것으로서 위법하다고 볼 수도 없다(대판 2002도2312). 〈연습〉 부정한 행위를 한 아내가 남편의 간통행위에 대하여 고소한 것은 고소권의 남용으로서 위법하다.(×)
3	고소인이 피고소인의 인장을 임의로 새겨 일방적으로 혼인신고를 하고 동일 이혼심판청구를 한 후 간통고소를 제기하였다면 그 혼인신고는 당사자 간의

	합의에 따른 것으로 볼 수 없으므로 간통고소는 부적법하다(대판 83도 431).
4	간통죄로 고소당시 이혼조정신청만이 있었고 그것이 가사심판법 제21조 제4항에 의하여 이혼조정신청을 한 때에 이혼심판청구가 있는 것으로 간주되었다고 인정할만한 자료가 없다면 간통죄의 고소는 그 효력이 없다(대판 66도 790).
5	협의이혼 의사확인 신청서를 제출하였더라도 그 신청을 취하한 경우에는 이혼의사의 합치가 있었다고 보기 어렵고, 그 후 그 일방이 이혼소송을 제기하였다가 그 취하서를 제출하였다면 간통행위에 대한 종용이 있었다고 볼 수 없다(대판 2008도984).
6	고소인이 피고인과 이혼하였다가 피고인에 대한 간통죄의 재판이 종결되기 전에 다시 피고인과 혼인한 경우 간통고소는 혼인관계의 부존재라는 유효조건을 상실하여 소추조건을 결하게 되므로, 공소제기 절차가 법률의 규정을 위반하여 무효인 때에 해당한다(대판 2009도7681). 〈연습〉 간통피고사건에 대하여 항소심 계속 중에 고소인이 피고인과 다시 혼인하더라도 간통고소의 효력에는 영향이 없다.(×)
7	고소당시에는 피고인만이 고소인을 상대로 이혼심판청구를 하였을 뿐이고, 고소인은 이 사건 공소가 제기된 후에 비로소 피고인을 상대로 이혼심판청구를 한 이상 고소인의 고소는 이 공소제기 절차는 법률의 규정에 위반하여 무효인 때에 해당한다(대판 82도2074).
8	협의상 이혼의 확인을 받은 것만으로는 혼인이 해소되었다고 볼 수도 없어 협의상 이혼의 확인을 받고 이에 의한 이혼신고를 하기 전에 한 고소는 위 법조에 위반된 고소라 하겠으나 위 고소가 있은 뒤 위 협의상 이혼의 확인에 의한 협의이혼신고를 하여 혼인이 해소되었다면 위 고소는 혼인의 해소 시부터 장래를 향하여 유효한 고소가 된다(대판 86도482).
9	형사소송법 제229조 제2항 소정의 이혼소송을 취하한 때라 함은 쌍방불출석의 경우와 같이 절차상의 흠결로 인해서 그 이혼심판청구의 취하가 있는 것으로 간주된 때에도 이에 포함된다 할 것이다. 취하간주 후 다시 동일한 원인으로 이혼심판청구를 제기하였다고 하더라도 친고죄(간통죄)의 공소제기요건에 생긴 흠결은 보정될 수 없다(대판 74도2577).

고소권의 포기
고소권은 공법상의 권리라고 할 것이므로 그 권리의 성질상 법이 특히 명문으로

<table>
<tr><td colspan="2">인정하는 경우를 제외하고는 자유처분을 할 수 없다고 함이 상당하다(대판 67도471).
〈연습〉 피해자가 장차 고소권을 행사하지 아니한다는 의사표시도 그 효력을 인정할 수 있다.(×)
〈연습〉 고소권자는 고소 전에 고소권을 포기할 수도 있다.(×)</td></tr>
<tr><td colspan="2">반의사불벌죄</td></tr>
<tr><td>1</td><td>第233조에서 고소와 고소취소의 불가분에 관한 규정을 함에 있어서는 반의사불벌죄에 이를 준용하는 규정을 두지 아니한 것은 처벌을 희망하지 아니하는 의사표시나 처벌을 희망하는 의사표시의 철회에 관하여 친고죄와는 달리 공범자 간에 불가분의 원칙을 적용하지 아니하고자 함이 있다고 볼 것이지, 입법의 불비로 볼 것은 아니다(대판 93도1689).
〈연습〉 반의사불벌죄에 있어서 처벌을 희망하지 아니하는 의사표시나 처벌을 희망하는 의사표시의 철회에 관하여 형사소송법 第233조 소정의 고소불가분의 원칙이 준용된다.(×)</td></tr>
<tr><td>2</td><td>항소심에 이르러 비로소 반의사불벌죄가 아닌 죄에서 반의사불벌죄로 공소장 변경이 있었다 하여 항소심인 제2심을 제1심으로 볼 수는 없다(대판 85도2518).
〈연습〉 항소심에 이르러 비로소 반의사불벌죄가 아닌 상해죄에서 반의사불벌죄인 폭행죄로 공소장이 변경된 경우에는 항소심에서도 처벌을 희망하는 의사표시를 철회할 수 있다.(×)</td></tr>
<tr><td>3</td><td>교통사고처리특례법 제3조 제2항 본문 소정의 죄를 범한 자에 대하여 피해자가 수사단계에서 피고인의 처벌을 희망하는 의사표시를 하였다가 제1심판결 선고 후에 이르러 피고인과 화해를 하고 처벌희망의 의사를 철회하였다면 그 철회는 효력이 없다(대판 83도893).</td></tr>
<tr><td>4</td><td>반의사불벌죄에 있어서 피해자가 처벌을 희망하지 아니하는 의사표시나 처벌을 희망하는 의사표시의 철회를 하였다고 인정하기 위해서는 피해자의 진실한 의사가 명백하고 믿을 수 있는 방법으로 표현되어야 하고, 한 번 명시적으로 표시된 이후에는 다시 처벌을 희망하지 아니하는 의사표시를 철회하거나 처벌을 희망하는 의사를 표시할 수 없다고 할 것이다(대판 2007도3405).</td></tr>
<tr><td>5</td><td>반의사불벌죄에 있어서 처벌불원의 의사표시의 부존재는 소극적 소송조건으로서 직권조사사항이라 할 것이므로 당사자가 항소이유로 주장하지 아니하였다고 하더라도 원심은 이를 직권으로 조사·판단하여야 할 것이다(대판 2002도</td></tr>
</table>

	158). 〈연습〉 반의사불벌죄에서 처벌불원의 의사표시의 부존재에 관하여 당사자가 항소이유로 주장하지 아니한 이상 법원은 이를 직권으로 조사·판단할 수 없다.(×)
6	피해자가 제1심에서 처벌불원의사를 표시한 후에도 항소심에서 공소사실을 폭행에서 상해로 변경하는 공소장변경을 할 수 있고, 이 경우 항소심이 변경된 공소사실인 상해의 점에 대해 심리·판단하여 유죄로 인정한 것은 정당하다(대판 2001도2233).
7	피해자가 피고인과 사이에 피고인이 교통사고로 인한 피해자의 치료비 전액을 부담하는 조건으로 민·형사상 문제 삼지 아니하기로 합의하고 피고인으로부터 합의금 일부를 수령하면서 피고인에게 합의서를 작성·교부하고, 피고인이 그 합의서를 수사기관에 제출한 경우, 이후 피고인이 피해자에게 약속한 치료비 전액을 지급하지 아니한 경우 민사상 치료비에 관한 합의금지급 채무가 남는 것은 별론으로 하고 처벌불원의사를 철회할 수 없다(대판 2001도4283).
8	반의사불벌죄에서 피고인 또는 피의자의 처벌을 희망하지 않는다는 의사표시 또는 처벌희망 의사표시 철회의 유무나 그 효력 여부에 관한 사실은 엄격한 증명의 대상이 아니라 이른바 자유로운 증명의 대상이다(대판 2010도5610).
9	피고인과 친족관계에 있는 피해자에 대한 흉기휴대 공갈의 폭력행위 등 처벌에 관한 법률 위반죄에 있어 제1심판결 선고 전에 피고인의 처벌을 바라지 아니하는 의사가 표시된 합의서가 제출되었다면 공소기각의 판결을 하여야 한다(대판 2010도5795).

5) 고발

(1) 의의

고발이란 고소권자와 범인이외의 제3자가 수사기관에 대해 범죄사실을 신고하여 범죄인의 처벌을 희망하는 의사표시를 말한다. 고발은 수사의 단서에 불과하지만 예외적으로 소송조건으로서 성질을 갖는 경우도 있다. 예컨대 공무원의 고발을 기다려 죄를 논하게 되는 즉시고발사건[27]에 대해서는 소송조건이 된다.

(2) 방식

고발은 범죄가 있다고 사료되면 누구든지 할 수 있다(제234조 제1항). 고발은 서면 또는 구술로서 검사 또는 사법경찰관에게 하여야 한다. 검사 또는 사법경찰관이 구술에 의한 고발을 받은 때에는 조서를 작성하여야 한다. 사법경찰관이 고발을 받은 때에는 신속히 조사하여 관계서류와 증거물을 검사에게 송부하여야 한다(제238조). 고발은 대리가 허용되지 아니한다.

(3) 제한

자기 또는 배우자의 직계존속은 고발하지 못한다. 고발은 취소한 후에도 다시 할 수 있다.

[보충정리] 〈고소와 고발〉

구분	고소	고발
주체	고소권자	고발권자
대리	허용	불허용
기간	범인을 안 날로부터 6월	무제한
취소	제1심 판결 선고 전	무제한
취소 후 재고소 · 재고발	불허용	허용
고소불가분의 원칙	허용	적용 없음, 즉고발사건의 경우 객관적 불가분은 적용됨

27) 도주염려가 있거나 징역형에 해당하는 등의 경우에 즉시 고발하는 사건으로 이 때 고발서에 통고불이행이나 즉시고발이라는 고발이유를 기재해야 한다. 예컨대 관세법, 조세범처벌법, 출입국관리법, 물가안정에 관한 법률, 전투경찰대설치법, 독점규제 및 공정거래에 관한 법률 등이 있다.

판례연구

1	고발이란 범죄사실을 수사기관에 고하여 그 소추를 촉구하는 것으로서 범인을 지적할 필요가 없는 것이고 또한 고발에서 지정한 범인이 진범인이 아니더라도 고발의 효력에는 영향이 없는 것이므로, 고발인이 농지전용행위를 한 사람을 甲으로 잘못 알고 甲을 피고발인으로 하여 고발하였다고 하더라도 乙이 농지전용행위를 한 이상 乙에 대하여도 고발의 효력이 미친다(대판 94도458).
2	조세범처벌법 위반 사건에 대한 세무공무원의 고발 취소는 제1심판결 선고 전에 한하여 취소할 수 있다고 해석함이 타당하다(대판 4290형상58).
3	검사의 불기소처분에는 확정재판에 있어서의 확정력과 같은 효력이 없어 일단 불기소처분을 한 후에도 공소시효가 완성되기 전이면 언제라도 공소를 제기할 수 있으므로, 세무공무원 등의 고발이 있어야 공소를 제기할 수 있는 조세범처벌법 위반죄에 관하여 일단 불기소처분이 있더라도 세무공무원 등이 종전에 한 고발은 여전히 유효하다. 따라서 나중에 공소를 제기함에 있어 세무공무원 등의 새로운 고발이 있어야 하는 것은 아니다(대판 2009도6614).
4	통고처분을 할 것인지의 여부는 관세청장 또는 세관장의 재량에 맡겨져 있고, 따라서 관세청장 또는 세관장이 관세범에 대하여 통고처분을 하지 아니한 채 고발하였다는 것만으로는 그 고발 및 이에 기한 공소의 제기가 부적법하게 되는 것은 아니다(대판 2006도1993).
5	조세범처벌절차법 소정의 즉시고발을 함에 있어서 고발사유를 고발서에 명기하지 아니한 경우에도 그를 무효라고 할 수 없다(대판 73도2711).
6	조세범칙 사건에 대하여 관계 세무공무원의 즉시고발이 있으면 그로써 소추의 요건은 충족되는 것이고, 법원은 본안에 대하여 심판하면 되는 것이지 즉시고발 사유에 대하여 심사할 수 없다(대판 2007도7482).
7	법인세는 사업연도를 과세기간으로 하는 것이므로 그 포탈범죄는 각 사업연도마다 1개의 범죄가 성립하고, 일죄의 관계에 있는 범죄사실의 일부에 대한 공소제기 및 고발의 효력은 그 일죄의 전부에 대하여 미친다(대판 2002도5411).
8	[1] 누구든지 범죄가 있다고 생각하는 때에는 고발할 수 있는 것이므로 어떤 사람이 범죄를 고발하였다는 사실이 주위에 알려졌다고 하여 그 고발사실 자체만으로 고발인의 사회적 가치나 평가가 침해될 가능성이 있다고 볼 수는

	없다. 다만, 그 고발의 동기나 경위가 불순하다거나 온당하지 못하다는 등의 사정이 함께 알려진 경우에는 고발인의 명예가 침해될 가능성이 있다. [2] 甲이 제3자에게 乙이 丙을 선거법 위반으로 고발하였다는 말만 하고 그 고발의 동기나 경위에 관하여 언급하지 않았다면, 그 자체만으로는 乙의 사회적 가치나 평가를 침해하기에 충분한 구체적인 사실이 적시되었다고 보기 어렵다(대판 2009도6687).
9	관세범에 관한 세관장의 고발은 구체적인 범죄사실에 대하여 범죄의 처벌을 구하는 의사표시이나 이는 관세법 소정의 어떤 태양의 범죄인지를 판명할 수 있는 정도로 표시하면 족하다(대판 2009도6687).

6) 자수

(1) 의의

범인이 수사기관에 자신의 범죄사실을 신고하여 자신에 대한 처벌을 희망하는 의사표시를 말한다.

(2) 구별개념

자수는 수사기관에 대한 의사표시라는 점에서, 반의사불벌죄의 경우에 피해자에게 자신의 범죄사실을 고백하는 자복과 구별된다.

(3) 방식

자수의 시기에는 제한이 없다. 범죄사실이 발각된 후 또는 지명수배를 받은 후라 할지라도 체포 전에 자발적으로 신고한 이상 자수에 해당한다. 자수의 방식은 고소·고발의 방식에 관한 규정이 준용된다(제240조).

판례연구

1	범죄사실과 범인이 누구인가가 발각된 후라 하더라도 범인이 자발적으로 자기의 범죄사실을 수사기관에 신고할 경우에는 이를 자수로 보아야 한다(대판 65도597).
2	지명수배를 받은 후라 할지라도 범인이 체포되기 전에 자발적으로 자기의 범죄사실을 수사기관에 신고한 이상 자수로 보아야 한다(대판 68도754).
3	신문지상에 혐의사실이 보도되기 시작하였는데도 수사기관으로부터 공식소환이 없으므로 자진출석하여 사실을 밝히고 처벌을 받고자 담당 검사에게 전화를 걸어 조사를 받게 해달라고 요청하여 출석기간을 지정받은 다음 자진출석하여 혐의사실을 모두 인정하는 내용의 진술서를 작성하고 검찰 수사과정에서 혐의사실을 모두 자백한 경우 피고인은 수사책임 있는 관서에 자기의 범죄사실을 자수한 것으로 보아야 한다(대판 94도619).
4	자수의 신고방법에는 특별한 제한이 없으므로 제3자를 통하여서도 이를 할 수 있다(대판 64도252).
5	자수란 죄를 범한 후 수사책임이 있는 관서에 자기의 범죄사실을 신고함을 말하는 것이므로, 자기의 범죄사실을 신고한 이상 그 신고에 있어 범죄사실의 세부적인 형태에 있어 다소의 차이가 있다 하여도 이를 자수로 보았음에 위법이 있다고 할 수 없다(대판 68도1780).
6	범인이 수개의 범죄사실 중 일부라도 수사기관에 자진 신고한 이상, 그 동기가 투명치 않고 그 후 공범을 두둔하더라도 그 자수한 부분에 대하여는 자수의 효력이 있다(대판 69도779). 〈연습〉 범인이 수 개의 범죄사실 중 일부를 수사기관에 자진 신고하였으나 그 동기가 투명치 않고 그 후 공범을 두둔하였다면 그 자수한 부분 범죄사실에 대하여 자수의 효력이 없다.(×)
7	자수서를 소지하고 수사기관에 자발적으로 출석하였으나 자수서를 제출하지 아니하고 범행사실도 부인하였다면 자수가 성립하지 아니하고, 그 이후 구속까지 된 상태에서 자수서를 제출하고 범행사실을 시인한 것을 자수에 해당한다고 인정할 수 없다(대판 2003도3133).
8	수사기관의 직무상의 질문 또는 조사에 응하여 범죄사실을 진술하는 것은 자백일 뿐 자수로는 되지 않는다고 할 것이다(대판 2002도1893).
9	세관 검색 시 금속 탐지기에 의해 대마 휴대 사실이 발각될 상황에서 세관

	검색원의 추궁에 의하여 대마 수입 범행을 시인한 경우, 자발성이 결여되어 자수에 해당하지 않는다(대판 98도4560). 〈연습〉 세관 검색 시 금속 탐지기에 의해 대마 휴대 사실이 발각될 상황에서 세관 검색원의 추궁에 의하여 대마 수입 범행을 시인한 경우, 자수에 해당한다.(×)
10	법률상 자수가 성립하려면 범인이 수사기관에 대하여 자발적으로 자기의 범죄사실을 신고하여야 하는 것이므로 내심으로 자수할 것을 결심한 바 있었다 하여 자수로 볼 수 없다(대판 86도792).
11	경찰관에게 검거되기 전에 친지에게 전화로 자수의사를 전달하였더라도 그것만으로는 자수로 볼 수 없다(대판 85도1489).
12	제3자에게 자수의사를 경찰서에 전달하여 달라고 말한 경우를 자수로 볼 수 없다(대판 66도1662).
13	기소 전 피내사자로 조사받을 당시 혐의를 부인했다면 조사가 끝난 후에 범행을 자백했더라도 자수로 볼 수 없다(대판 2009도882).
14	[1] 범죄사실을 부인하거나 죄의 뉘우침이 없는 자수는 그 외형은 자수일지라도 법률상 형의 감경사유가 되는 진정한 자수라고는 할 수 없다. [2] 수 개의 범죄사실 중 일부에 관하여만 자수한 경우에는 그 부분 범죄사실에 대하여만 자수의 효력이 있다(대판 94도2130).
15	뇌물수수의 범죄사실을 자발적으로 신고하였으나 그 수뢰액을 실제보다 적게 신고함으로써 적용법조와 법정형이 달라지게 된 경우에는 자수의 성립을 부인하여야 한다(대판 2004도2003).
16	피고인이 자수하였다 하더라도 자수한 자에 대하여는 법원이 임의로 형을 감경할 수 있음에 불과한 것으로서 원심이 자수감경을 하지 아니하였다거나 자수감경 주장에 대하여 판단을 하지 아니하였다 하여 위법하다고 할 수 없다(대판 2004도2018).

3. 임의수사

1) 임의수사의 원칙

임의수사는 강제력을 행사하지 않고 상대방의 동의·승낙을 받아서 행하는 수사를 말한다. 수사는 임의수사가 원칙이며, 강제수사는 법률의 규정이 있는 경우에 예외적으로 가능하다(제199조 제1항 단서, 강제처분법정주의)

2) 강제수사의 규제방법

(1) 강제처분법정주의

수사의 강제처분은 법률에 특별한 규정이 없으면 하지 못한, 즉 법률에 규정된 종류·요건·절차에 따라서만 할 수 있다는 원칙을 말하며, 영장주의의 전제가 된다(입법적 규제, 헌법 제12조 제1항)

(2) 영장주의

법원 또는 법관이 발부한 적법한 영장에 의하지 아니하고는 형사절차상의 강제처분을 할 수 없다는 원칙이다(사법적 규제). 이는 수사기관의 강제처분권의 남용을 억제하고 인권을 보장하려는데 그 목적이 있다. 법관발부원칙, 일반영장금지, 사전영장의 원칙 등의 적용을 받는다.

(3) 비례성의 원칙

강제처분은 목적 달성에 적합해야 하고(적합성), 필요최소한도에 그쳐야 하며(최소침해의 원칙), 수사결과 얻어지는 이익과 수사에 의한 법익침해가 부당하게 균형을 잃을 때에는 수사방법으로 허용되어서는 안 된다는 것(균형성)이다.

판례연구

영장주의	
1	교도소에서 소변을 받아 제출하도록 한 것은 교도소의 안전과 질서유지를 위한 것으로 수사에 필요한 처분이 아닐 뿐만 아니라 검사대상자들의 협력이 필수적이어서 강제처분이라고 할 수도 없어 영장주의의 원칙이 적용되지 않는다(헌재 2005헌마277).
2	무인장비에 의한 제한속도 위반차량 단속은 이러한 수사 활동의 일환으로서 정해진 제한속도를 위반하여 차량을 주행하는 범죄가 현재 행하여지고 있고, 그 범죄의 성질·태양으로 보아 긴급하게 증거보전을 할 필요가 있는 상태에서 일반적으로 허용되는 한도를 넘지 않는 상당한 방법에 의한 것이라고 판단되므로, 이를 통하여 운전차량의 차량번호 등을 촬영한 사진을 두고 위법하게 수집된 증거로서 증거능력이 없다고 말할 수 없다(대판 98도2239).
3	수사기관이 수사함에 있어 현재 범행이 행하여지고 있거나 행하여진 직후이고, 증거보전의 필요성 및 긴급성이 있으며, 일반적으로 허용되는 상당한 방법에 의하여 촬영을 한 경우라면 위 촬영이 영장 없이 이루어졌다 하여 이를 위법하다고 단정할 수 없다(대판 99도2317).
4	사법경찰관 사무취급이 행한 검증이 사건발생 후 범행 장소에서 긴급을 요하여 판사의 영장 없이 시행된 것이라면 이는 형사소송법 제216조 제3항에 의한 검증이라 할 것이고 기록상 사후영장을 받은 흔적이 없다면 이러한 검증조서는 유죄의 증거로 할 수 없다(대판 83도3006).
5	도로교통법 제41조 제2항에 규정된 음주측정은 성질상 강제될 수 있는 것이 아니며 궁극적으로 당사자의 자발적 협조가 필수적인 것이므로 이를 두고 법관의 영장을 필요로 하는 강제처분이라 할 수 없다. 따라서 이 사건 법률조항이 주취운전의 혐의자에게 영장 없는 음주측정에 응할 의무를 지우고 이에 불응한 사람을 처벌한다고 하더라도 헌법 제12조 제3항에 규정된 영장주의에 위배되지 않는다(헌재 96헌가11).
6	음주측정을 위하여 당해 운전자를 강제로 연행하기 위해서는 수사상의 강제처분에 관한 형사소송법상의 절차에 따라야 하고, 이러한 절차를 무시한 채 이루어진 강제연행은 위법한 체포에 해당한다. 이와 같은 위법한 체포 상태에서 음주측정요구가 이루어진 경우, 그에 불응하였다고 하여 음주측정거부에 관한 도로교통법 위반죄로 처벌할 수 없다(대판 2004도8404).

3) 임의수사의 방법

(1) 피의자신문

(가) 의의 피의자신문이란 수사기관이 피의자를 신문하여 피의자로부터 진술을 듣는 것을 말한다(제200조 제1항). 법적성질은 진술을 강제할 수 없기 때문에 임의수사에 불과하다.

(나) 방법

① **출석요구** 출석요구는 원칙적으로 서면(출석요구서)의 발부에 의하지만 전화나 구두로 하는 것도 가능하다. 출석요구의 장소는 반드시 수사관서일 필요는 없다. 그러나 피의자는 출석의무가 없으므로 출석을 거부할 수 있고 신문도중에 언제라도 퇴거할 수 있다. 단, 정당한 이유 없이 출석을 거부한 경우 영장에 의한 체포가 가능하다.

② **진술거부권 고지** 진술거부권을 고지하지 않고 작성한 피의자신문조서는 증거능력이 부정된다.

③ **변호인의 참여권** 검사 또는 사법경찰관은 신청권자[28]의 신청에 따라 변호인을 피의자와 접견하게 하거나 정당한 사유가 없는 한 피의자에 대한 변호인을 참여하게 하여야 한다(제243조의2).

판례연구

변호인의 참여권	
1	구금된 피의자는 형사소송법의 접견교통권을 유추·적용하여 피의자신문을 받음에 있어 변호인의 참여를 요구할 수 있고 수사기관은 이를 거절할 수 없는 것으로 보아야 한다(대판 2004도4899). - 송두율교수 사건
2	불구속 피의자가 피의자신문 시 변호인의 조언과 상담을 원한다면, 위법한 조력의 우려가 있어 이를 제한하는 다른 규정이 있고 그가 이에 해당한다고 하

28) 피의자, 그 변호인, 법정대리인, 배우자, 직계친족, 형제자매

	지 않는 한 수사기관은 피의자의 위 요구를 거절할 수 없다(헌재 2000헌마138). - 낙선운동 사건
3	변호인의 피의자신문 참여권을 규정한 형사소송법 제243조의2 제1항에서 '정당한 사유'란 변호인이 피의자신문을 방해하거나 수사기밀을 누설할 염려가 있음이 객관적으로 명백한 경우 등을 말하는 것이므로, 수사기관이 피의자신문을 하면서 위와 같은 정당한 사유가 없는데도 변호인에 대하여 피의자로부터 떨어진 곳으로 옮겨 앉으라고 지시를 한 다음 이러한 지시에 따르지 않았음을 이유로 변호인의 피의자신문 참여권을 제한하는 것은 허용될 수 없다(대결 2008모793).

④ **신문사유** 인정신문[29]이 끝난 후에는 범죄사실과 정상에 관한 필요사항을 신문해야 하며 피의자에게 이익이 되는 사실을 진술할 기회를 주어야 한다(제242조).

⑤ **피의자 신문조서의 작성** 피의자의 진술은 조서에 기재하여야 한다. 작성된 조서는 피의자에게 열람하게 하거나 읽어 들려주어야 한다. 피의자가 조서에 대해 이의를 제기하거나 의견을 진술한 때에는 이를 조서에 추가로 기재하여야 한다. 피의자가 조서에 대해 이의가 없거나 의견이 없음을 진술한 때에는 피의자로 하여금 그 취지를 자필로 기재하고 조서에 간인한 후 기명날인 또는 서명하게 한다.

⑥ **수사과정의 기록** 검사 또는 사법경찰관은 피의자가 조사장소에 도착한 시각, 조사를 시작하고 마친 시각, 그 밖에 조사과정의 진행경과를 확인하기 위하여 필요한 사항을 피의자 신문조서에 기록하거나 별도의 서면에 기록한 후 수사기록에 편철하여야 한다.

⑦ **영상녹화** 피의자의 진술은 영상녹화 할 수 있다(제244조의2). 이 경우 미리 영상녹화 사실을 고지하여야 한다(피의자 또는 변호인의 동의는 불

29) 검사 또는 사법경찰관이 피의자를 신문함에는 먼저 그 성명, 연령, 등록기준지, 주거와 직업을 물어 피의자임을 틀림없이 확인하여야 한다(제241조).

필요). 조사의 개시부터 종료까지의 전 과정 및 객관적 정황을 영상녹화 하여야 한다.

판례연구

영상녹화제도
성폭력범죄의 처벌 등에 관한 특례법 제26조에 의해 촬영된 영상물에 수록된 '피해자의 진술'은 같은 조 제4항에 의해 공판준비 또는 공판기일에서 피해자 또는 조사과정에 동석하였던 신뢰관계에 있는 자의 진술에 의하여 그 성립의 진정함이 인정된 때에는 증거로 할 수 있다(대판 2009도12048).

⑧ **신뢰관계인의 동석** 검사 또는 사법경찰관은 아래의 경우 직권 또는 피의자·법정대리인의 신청에 따라 피의자와 신뢰관계에 있는 자를 동석하게 할 수 있다(제244조의5).[30]

(다) **주체** 검사와 사법경찰관이다.[31] 검사가 신문할 때에는 검찰청수사관·서기관·서기 등을 참여하게 하고 사법경찰관이 신문할 때에는 사법경찰관리를 참여하게 한다(제243조). 이는 조서기재의 정확성과 신문절차의 적법성을 보장하기 위함이다.

판례연구

	피의자신문
1	사법경찰리작성의 진술조서 및 피의자 신문조서는 형사소송법 제196조 제2항과 이에 근거를 둔 사법경찰관리집무규칙 제2조 및 경찰서직제 제6조, 경찰공무원법 제3조에 의하여 사법경찰리가 검사의 지휘를 받고 수사사무를 보조하기 위하여 작성한 서류라 할 것이므로 이를 권한 없는 자의 조서라 할 수 없

30) 1. 피의자가 신체적 또는 정신적 장애로 사물을 변별하거나 의사를 결정·전달할 능력이 미약한 때, 2. 피의자의 연령·성별·국적 등의 사정을 고려하여 그 심리적 안정의 도모와 원활한 의사소통을 위하여 필요한 경우

31) 실무상 사법경찰리도 사법경찰관사무취급일 경우에는 신문의 주체가 될 수 있다.

	다(대판 82도1080). 〈연습〉 사법경찰리는 피의자신문의 주체가 될 수 없다.(×)
2	피고인의 기명만이 있고, 그 날인이나 무인이 없는, 검사 작성의 피고인에 대한 피의자 신문조서는 증거능력이 없다(대판 81도1370).
3	조서말미에 피고인의 서명만이 있고, 그 날인(무인 포함)이나 간인이 없는 검사 작성의 피고인에 대한 피의자신문조서는 증거능력이 없다고 할 것이고, 그 날인이나 간인이 없는 것이 피고인이 그 날인이나 간인을 거부하였기 때문이어서 그러한 취지가 조서말미에 기재되었다거나, 피고인이 법정에서 그 피의자신문조서의 임의성을 인정하였다고 하여 달리 볼 것은 아니다(대판 99도237).
4	검사 작성의 피의자신문조서에 작성자인 검사의 서명날인이 되어 있지 아니한 경우 그 피의자신문조서는 공무원이 작성하는 서류로서의 요건을 갖추지 못한 것으로서 위 법규정에 위반되어 무효이고 따라서 이에 대하여 증거능력을 인정할 수 없다고 보아야 할 것이다(대판 2001도4091).
5	형사소송법 제244조의 규정에 비추어 수사기관이 피의자신문조서를 작성함에 있어서는 그것을 열람하게 하거나 읽어 들려야 하는 것이나 그 절차가 비록 행해지지 안했다 하더라도 그것만으로 그 피의자신문조서가 증거 능력이 없게 된다고는 할 수 없고 같은 법 제312조 소정의 요건을 갖추게 되면 그것을 증거로 할 수 있다(대판 87도2716).
6	수사기관이 피의자를 심문함에 있어서 피의자에게 미리 진술거부권을 고지하지 않은 때에는 그 피의자의 진술은 위법하게 수집된 증거로서 진술의 임의성이 인정되는 경우라도 증거능력이 부인되어야 한다(대판 92도682).
7	피의자의 진술을 녹취 내지 기재한 서류 또는 문서가 수사기관에서의 조사과정에서 작성된 것이라면, 그것이 '진술조서, 진술서, 자술서'라는 형식을 취하였다고 하더라도 피의자신문조서와 달리 볼 수 없고, 피의자에게 미리 진술거부권을 고지하지 않은 때에는 그 피의자의 진술은 위법하게 수집된 증거로서 진술의 임의성이 인정되는 경우라도 증거능력이 부인되어야 한다(대판 2010도1755).
8	범죄의 피의자로 입건된 사람들로 하여금 경찰공무원이나 검사의 신문을 받으면서 자신의 신원을 밝히지 않고 지문채취에 불응하는 경우 벌금, 과료, 구류의 형사처벌을 받도록 하고 있는 경범죄처벌법 조항은 적법절차의 원칙에 위반되지 않는다(헌재 2002헌가17).

9	수사기관에 의한 진술거부권 고지 대상이 되는 피의자 지위는 수사기관이 조사대상자에 대한 범죄혐의를 인정하여 수사를 개시하는 행위를 한 때 인정되는 것으로 보아야 한다. 따라서 이러한 피의자 지위에 있지 아니한 자에 대하여는 진술거부권이 고지되지 아니하였더라도 진술의 증거능력을 부정할 것은 아니다(대판 2011도8125). 〈연습〉 수사기관이 피의자 지위에 있지 아니한 조사대상자에게 진술거부권을 고지하지 않고 얻은 진술은 위법수집증거에 의하여 증거능력이 부정된다.(×)
10	검사가 인지절차를 밟기 전에 수사를 하였다고 하더라도, 그 수사가 장차 인지의 가능성이 전혀 없는 상태 하에서 행해졌다는 등의 특별한 사정이 없는 한, 인지절차가 이루어지기 전에 수사를 하였다는 이유만으로 그 수사가 위법하다고 볼 수는 없고, 따라서 그 수사과정에서 작성된 피의자신문조서나 진술조서 등의 증거능력도 이를 부인할 수 없다(대판 2000도2968).

(2) 참고인 조사(제221조)

(가) 의의 피의자 아닌 제3자로서 수사기관에 진술한 자를 참고인이라 하며, 강제소환당하지 아니하고, 진술의무가 없다. 따라서 진술거부권을 고지할 필요가 없다. 참고인진술조서의 증거능력은 인정된다. 이 경우 그의 동의를 받아 영상녹화할 수 있다.

(나) 방법

① **출석요구** 출석요구의 방법은 피의자신문과 같다. 참고인에게는 진술거부권을 고지할 필요가 없으나, 참고인조사에도 진술거부권은 그대로 보장된다.

② **조사 및 조서작성** 참고인에 대한 조사와 조서작성은 피의자 신문에 준한다. 참고인의 조서를 기재하여야 하고, 참고인으로 하여금 그 조서에 간인한 후 서명 또는 기명·날인 또는 서명하게 한다(제244의4 제2항, 제3항).

③ **수사과정의 기록** 검사 또는 사법경찰관은 참고인이 조사장소에 도착한 시각, 조사를 시작하고 마친 시각, 그 밖에 조사과정의 진행경과를 확인하기

위하여 필요한 사항을 참고인 진술조서에 기록하거나 별도의 서면에 기록한 후 수사기록에 편철하여야 한다(제244조의4 제1항).

④ **신뢰관계인의 동석** 피해자의 연령, 심신상태, 그 밖의 사정을 고려하여 피해자가 현저하게 불안 또는 긴장을 느낄 우려가 인정되는 때에는 직권 또는 피해자·법정대리인의 신청에 따라 피해자와 신뢰관계에 있는 자를 동석하게 할 수 있다(임의적 동석, 제221조 제3항, 제163조의2 제1항). 피해자가 13세 미만이거나 신체적 또는 정신적 장애로 사물을 변별하거나 의사를 결정할 능력이 미약한 경우에 수사에 지장을 초래할 우려가 있는 등 부득이한 경우가 아닌 한 피해자와 신뢰관계 있는 자를 동석하게 하여야 한다(필요적 동석, 제163조의2 제2항).

판례연구

신뢰관계에 있는 자의 동석
신뢰관계자의 동석은 검사 또는 사법경찰관이 피의자의 건강 상태 등 여러 사정을 고려하여 재량에 따라 판단하여야 할 것이나, 동석을 허락하는 경우에도 동석한 사람으로 하여금 피의자를 대신하여 진술하도록 하여서는 안 된다. 만약 동석한 사람이 피의자를 대신하여 진술한 부분이 조서에 기재되어 있다면 그 부분은 피의자의 진술을 기재한 것이 아니라 동석한 사람의 진술을 기재한 조서에 해당하므로, 그 사람에 대한 진술조서로서의 증거능력을 취득하기 위한 요건을 충족하지 못하는 한 이를 유죄 인정의 증거로 사용할 수 없다(대판 2009도1322). 〈연습〉 검사 또는 사법경찰관이 피의자를 신문하면서 피의자와 신뢰관계에 있는 자를 동석하게 한 경우, 경우에 따라 동석한 사람으로 하여금 피의자를 대신하여 진술하도록 할 수 있으며, 이 경우 동석한 사람이 피의자를 대신하여 진술한 부분이 조서에 기재되어 있다면 그 부분은 피의자의 진술을 기재한 것이 된다.(×) 〈연습〉 피의자와 동석한 신뢰관계에 있는 자가 피의자를 대신하여 진술한 부분이 조서에 기재되어 있는 경우, 그 부분은 동석한 사람에 대한 진술조서로서의 증거능력을 취득하기 위한 요건을 충족하지 않았다 하더라도 이를 유죄 인정의 증거로 사용할 수 있다.(×)

(3) 감정 · 통역 · 번역의 위촉

(가) 의의 검사 또는 사법경찰관은 수사에 필요한 때에 수사상 감정, 통역 또는 번역을 위촉할 수 있다(제221조 제2항). 임의수사의 일종이므로 위촉받은 자의 수락여부, 출석여부, 퇴거 등은 위촉받은 자의 자유이므로 이를 강제할 수 없다(거부하면 다른 사람으로 대체).

(나) 방법 검사는 감정을 위촉하는 경우에 감정유치처분(제172조 제3항)이 필요할 때에는 판사에게 감정유치를 청구하여야 한다(제221조의3 제1항). 감정위촉을 받은 자는 검사의 청구로 판사의 허가를 얻어(감정처분허가장) 타인의 주거, 간수자가 있는 가옥, 건조물, 항공기, 선거 내에 들어갈 수 있고 신체의 검사, 사체의 해부, 분묘의 발굴, 물건의 파괴 등 감정에 필요한 처분을 할 수 있다(제173조 제1항). 감정 · 통역 · 번역의 내용을 분명히 하기 위하여 감정인 · 통역인 · 번역인을 참고인으로 조사할 수 있다. 이 경우 조서를 작성해야 한다(제48조, 제50조).

(4) 사실조회(공무소 조회)

수사기관은 수사에 관하여 공무소 기타 공사단체에 조회하여 필요한 사항의 보고를 요구할 수 있다(제199조 제2항). 예컨대 전과조회, 신원조회 등이다. 상대방은 보고의무가 있으나 의무이행을 강제할 방법은 없다. 따라서 임의수사의 일종이다.

(5) 전문수사자문위원제도

검사는 공소제기 여부와 관련된 사실관계를 분명하게 하기 위하여 필요한 경우 직권이나 피의자 또는 변호인의 신청에 의하여 전문수사자문위원을 지정하여 수사절차에 참여하게 하고 자문을 들을 수 있다(제245조의2).

4) 임의수사의 적법성

(1) 임의동행

(가) 의의 수사기관이 피의자의 동의를 얻어 수사기관까지 동행하는 것을 말한다. 피해자의 동의를 전제로 한 임의수사로서 허용된다(제200조)

(나) 적법성의 판단기준 임의동행과 강제연행의 구별은 동행의 시간과 장소, 동행의 방법, 동행 후의 신문방법, 체포 또는 구속영장의 유무, 식사·휴식·용변의 감시·퇴거희망이나 동행거부의 유무를 종합하여 판단하여야 한다(판례). 또한 동행거절권을 고지하지 않은 경우도 위법한 임의동행으로 보고 있다(판례). 임의동행 형식의 경우에도 강제성을 띤 경우는 강제수사이다. 즉 체포 또는 구속에 해당한다. 이 때 미란다 원칙을 준수해야 한다.

판례연구

임의동행	
1	[1] 수사관이 동행에 앞서 피의자에게 동행을 거부할 수 있음을 알려 주었거나 동행한 피의자가 언제든지 자유로이 동행과정에서 이탈 또는 동행 장소로부터 퇴거할 수 있었음이 인정되는 등 오로지 피의자의 자발적인 의사에 의하여 수사관서 등에의 동행이 이루어졌음이 객관적인 사정에 의하여 명백하게 입증된 경우에 한하여, 그 적법성이 인정되는 것으로 봄이 상당하다. 형사소송법 제200조 제1항에 의하여 검사 또는 사법경찰관이 피의자에 대하여 임의적 출석을 요구할 수는 있겠으나, 그 경우에도 수사관이 단순히 출석을 요구함에 그치지 않고 일정 장소로의 동행을 요구하여 실행한다면 위에서 본 법리가 적용되어야 하고, 한편 행정경찰 목적의 경찰활동으로 행하여지는 경찰관직무집행법 제3조 제2항 소정의 질문을 위한 동행요구도 형사소송법의 규율을 받는 수사로 이어지는 경우에는 역시 위에서 본 법리가 적용되어야 한다. [2] 사법경찰관이 피고인을 수사관서까지 동행한 것이 사실상 강제연행, 즉 불법 체포에 해당하고, 불법 체포로부터 6시간 상당이 경과한 후에 이루어진

	긴급체포 또한 위법하므로 피고인이 불법체포 된 자로서 형법 제145조 제1항에 정한 '법률에 의하여 체포 또는 구금된 자'가 아니어서 도주의 주체가 될 수 없다고 한 사례(대판 2005도6810). 〈연습〉 수사관이 피의자에게 동행거부권을 고지하지 않는 등 임의동행이 사실상 강제연행에 해당하더라도 임의동행 이후 긴급체포의 절차를 밟았다면, 긴급체포가 반드시 불법이라고 볼 수 없으므로 법원은 긴급체포의 요건을 따로 심리하여 불법여부를 밝혀야 한다.(×)
2	음주측정은 이미 행하여진 주취운전이라는 범죄행위에 대한 증거 수집을 위한 수사절차로서의 의미를 가지는 것인데, (구)도로교통법 상의 규정들이 음주측정을 위한 강제처분의 근거가 될 수 없으므로 위와 같은 음주측정을 위하여 당해 운전자를 강제로 연행하기 위해서는 수사상의 강제처분에 관한 형사소송법상의 절차에 따라야 하고, 이러한 절차를 무시한 채 이루어진 강제연행은 위법한 체포에 해당한다. 이와 같은 위법한 체포 상태에서 음주측정 요구가 이루어진 경우, 그에 불응하였다고 하여 음주측정거부에 관한 도로교통법 위반죄로 처벌할 수 없다(대판 2004도8404).

[보충정리] 〈수사상 임의동행과 불심검문에서의 임의동행 구별〉

구분	수사상 임의동행	불심검문에서의 임의동행
대상	피의자	거동 불심자
근거	형사소송법	경찰관직무집행법
성질	사법경찰작용(수사)	경찰행정작용
목적	피의자 신문	불심검문(직무질문)
변호인과의 접견교통권	인정	인정

(2) 보호실 유치

피의자의 의사와 관계없이 수사기관에서 강제로 유치하는 강제유치와 피의자의 승낙을 받아 유치하는 승낙유치로 나눌 수 있다. 경찰관은 정신착란자 · 주취자 · 미아 · 병자 등의 긴급구호를 요하는 자를 24시간 이내에 경찰관서에 보호조치를 취할 수 있다(경직법 제4조). 이러한 경우를 제외하고는 강제유치는 물론 승낙유치도 구속과 다를 바 없기 때문에 위법한 구금이 된다.

판례연구

	보호실 유치
1	경찰서에 설치되어 있는 보호실은 영장대기자나 즉결대기자 등의 도주방지와 경찰업무의 편의 등을 위한 수용시설로서 사실상 설치, 운영되고 있으나 현행법상 그 설치근거나 운영 및 규제에 관한 법령의 규정이 없고, 일단 그 장소에 유치되는 사람은 그 의사에 기하지 아니하고 일정장소에 구금되는 결과가 되므로, 경찰관직무집행법상 정신착란자, 주취자, 자살기도자 등 응급의 구호를 요하는 자를 24시간 초과하지 아니하는 범위 내에서 경찰관서에 보호조치할 수 있는 시설로 제한적으로 운영되는 경우를 제외하고는 구속영장을 발부받음이 없이 피의자를 보호실에 유치함은 영장주의에 위배되는 위법한 구금이다(대판 93도958).
2	(구)윤락행위등방지법 및 같은법시행령 등 관계 규정에 의하더라도 경찰관서에서 '요보호여자'를 경찰서 보호실에 강제로 유치할 수 있는 아무런 근거 규정이 없을 뿐 아니라, 경찰관직무집행법 제4조 제1항, 제4항의 규정에 의하면 경찰서 보호실에의 유치는 정신착란자, 주취자, 자살기도자 등 응급의 구호를 요하는 자를 24시간을 초과하지 아니하는 범위 내에서 경찰관서에서 보호조치하기 위한 경우에만 제한적으로 허용될 뿐이라고 할 것이어서, (구)윤락행위등방지법 제7조 제1항 소정의 '요보호여자'에 해당한다 하더라도 그들을 경찰서 보호실에 유치하는 것은 영장주의에 위배되는 위법한 구금에 해당한다(대판 96다28578).
3	임의동행은 상대방의 동의 또는 승낙을 그 요건으로 하는 것이므로 경찰관으로부터 임의동행 요구를 받은 경우 상대방은 이를 거절할 수 있을 뿐만 아니라 임의동행 후 언제든지 경찰관서에서 퇴거할 자유가 있다할 것이고, 경찰관직무집행법 제3조 제6항이 임의동행 한 경우 당해인을 6시간을 초과하여 경찰관서에 머물게 할 수 없다고 규정하고 있다고 하여 그 규정이 임의동행 한 자를 6시간 동안 경찰관서에 구금하는 것을 허용하는 것은 아니다(대판 97도

	1240). 〈연습〉 경찰관직무집행법에 의하여 임의동행한 때에는 조사 후에도 6시간 내에서 구금하는 것은 허용된다.(×)
4	형사소송법이나 경찰관직무집행법 등의 법률에 정하여진 구금 또는 보호유치 요건에 의하지 아니하고는 즉결심판 피의자라는 사유만으로 피의자를 구금, 유치할 수 있는 아무런 법률상 근거가 없고, 경찰 업무상 그러한 관행이나 지침이 있었다 하더라도 이로써 원칙적으로 금지되어 있는 인신구속을 행할 수 있는 근거로 할 수 없으므로, 즉결심판 피의자의 정당한 귀가요청을 거절한 채 다음날 즉결심판법정이 열릴 때까지 피의자를 경찰서 보호실에 강제유치시키려고 함으로써 피의자를 경찰서 내 즉결피의자 대기실에 10-20분 동안 있게 한 행위는 형법 제124조 제1항의 불법감금죄에 해당한다.

(3) 승낙수색 · 승낙검증

수사기관이 영장 없이 압수 · 수색하는 데 명백히 동의 · 승낙한 경우에는 임의수사로서 허용된다(다수설).

(4) 거짓말 탐지기의 사용

피해자의 동의가 있는 경우에 한하여 임의수사로 허용된다. 그러나 엄격하게 증거능력을 인정하고 있으며, 증거능력을 갖게 되는 경우라도 검사결과는 피검사자의 진술의 신빙성을 가늠하게 하는 정황증거로서의 기능을 하는 데 그친다(대판 87도968).

판례연구

거짓말탐지기	
1	거짓말탐지기의 검사 결과에 대하여 사실적 관련성을 가진 증거로서 증거능력을 인정할 수 있으려면, 첫째로 거짓말을 하면 반드시 일정한 심리상태의 변동이 일어나고, 둘째로 그 심리상태의 변동은 반드시 일정한 생리적 반응을 일으키며, 셋째로 그 생리적 반응에 의하여 피검사자의 말이 거짓인지 아닌지

	가 정확히 판정될 수 있다는 세 가지 전제요건이 충족되어야 할 것이며, 특히 마지막 생리적 반응에 대한 거짓 여부 판정은 거짓말탐지기가 검사에 동의한 피검사자의 생리적 반응을 정확히 측정할 수 있는 장치이어야 하고, 검사자가 탐지기의 측정내용을 객관성 있고 정확하게 판독할 능력을 갖춘 경우라야만 그 정확성을 확보할 수 있는 것이므로, 이상과 같은 여러 가지 요건이 충족되지 않는 한 거짓말탐지기 검사 결과에 대하여 형사소송법상 증거능력을 부여할 수는 없다(대판 2005도130).
2	거짓말 탐지기의 검사는 전제조건이 증거에 의하여 확인되었을 경우에만 형사소송법 제313조 제2항에 의하여 이를 증거로 할 수 있는 것이고 위와 같은 조건이 모두 충족되어 증거능력이 있는 경우에도 그 검사결과는 검사를 받는 사람의 진술의 신빙성을 가늠하는 정황증거로서의 기능을 하는데 그친다(대판 87도968).

(5) 마취분석

약품작용에 의하여 진실을 진술하게 하는 것을 말한다. 마취분석은 피의자의 승낙이 있어도 허용되지 않는다.

5) 임의수사와 강제주사의 한계영역

(1) 감청

(가) 의의 수사기관이 타인의 대화를 본인의 부지중에 청취하는 것을 말한다. 법적 성질에 대하여 도청은 개인의 프라이버시에 대한 침해가 있다는 점에서 강제수사라는 견해가 통설이다.

(나) 범죄수사를 위한 통신제한 조치(통신비밀보호법 제5조, 제6조)

① 인정요건 통신비밀보호법 제5조에 규정된 중범죄[32]에 대한 범죄를 계획 또는 실행하고 있거나 실행하였다고 의심할 만한 충분한 이유가 있고 다른 방법으로는 그 범죄의 실행을 저지르거나 범인의 체포 또는 증거의 수집

32) 공갈죄, 강간죄, 강제추행죄(업무상위력·미성년자 등에 대한 간음 제외), 방화와 실화의 죄(실화죄, 연소죄 제외), 협박죄(존속협박, 강요죄 제외), 사기죄×, 상해죄×,

이 어려운 경우에 한하여 허가할 수 있다.

② **허가절차** 검사는 서면으로 통신제한조치를 받을 당사자의 쌍방 또는 일방의 주소지 · 소재지, 범죄지 또는 공범관계에 있는 자의 주소지 · 소재지, 범죄지 또는 공범관계에 있는 자의 주소지 · 소재지를 관할하는 지방법원 또는 지원에 통신제한조치의 허가를 청구할 수 있다.

③ **허가내용** 법원은 청구가 이유가 있을 경우 허가서를 검사에게 발부한다. 기간은 2개월을 초과하지 못한다. 그러나 허가요건이 존속하는 경우 2개월 연장을 청구할 수 있다.

(다) 국가안보를 위한 통신제한 조치(통신비밀보호법 제7조)

① **허가절차** 통신의 일방 또는 쌍방당사자가 내국인인 때에는 고등법원 수석부장판사의 허가를 받아야 한다. 대한민국에 적대하는 국가, 반국가활동의 혐의가 있는 외국의 기관 · 단체와 외국인 등인 경우에는 서면으로 대통령의 승인을 얻어야 한다.

② **허가내용** 통신제한 조치의 기간은 4개월을 초과하지 못하고, 요건이 존속하는 경우에는 고등법원 수석부장판사의 허가 또는 대통령의 승인을 얻어 4월의 범위 이내에서 통신제한 조치의 기간을 연장할 수 있다.

(라) 긴급통신제한 조치(통신비밀보호법 제8조)

① **허가절차** 국가안보를 위협하는 음모행위, 직접적인 사망이나 심각한 상해의 위험을 야기할 수 있는 범죄 또는 조직범죄 중 중요한 범죄의 계획이나 실행 등 긴박한 상황에 있고 법원의 허가를 얻을 수 없는 긴급한 사유가 있는 때 검사, 사법경찰관 또는 정보수사기관의 장은 법원의 허가 없이 통신제한조치를 할 수 있으며, 대통령의 승인을 얻을 시간적 여유가 없거나 통신제한조치를 긴급히 실시하지 아니하면 국가안전보장에 위해를 초래할 수 있다고 판단되는 때에는 소속 장관의 승인을 얻어 통신제한 조치를 할 수 있다.

② **허가내용** 이 경우 긴급통신제한 조치를 한 때부터 36시간 이내에 법원의 허가나 대통령의 승인을 받지 못한 때에는 즉시 이를 중지하여야 한다.

판례연구

감청	
1	통신제한조치기간의 연장을 허가함에 있어 총연장기간 또는 총연장횟수의 제한이 없을 경우 수사와 전혀 관계없는 개인의 내밀한 사생활의 비밀이 침해당할 우려도 심히 크기 때문에 기본권 제한의 법익균형성 요건도 갖추지 못하였다. 따라서 이 사건 법률조항은 헌법에 위반된다 할 것이다(헌재 2009헌가30).
2	피고인이 범행 후 피해자에게 전화를 걸어오자 피해자가 증거를 수집하려고 그 전화내용을 녹음한 경우, 그 녹음테이프가 피고인 모르게 녹음된 것이라 하여 이를 위법하게 수집된 증거라고 할 수 없다(대판 97도240).
3	3인 간의 대화에 있어서 그 중 한 사람이 그 대화를 녹음하는 것은 통신비밀보호법 제3조 제1항 위반이 아니다(대판 2006도4981).
4	제3자의 경우는 설령 전화통화 당사자 일방의 동의를 받고 그 통화내용을 녹음하였다 하더라도 그 상대방의 동의가 없었던 이상, 통신비밀보호법의 취지에 비추어 이는 동법 제3조 제1항 위반이 된다고 해석하여야 할 것이다(대판 2002도123).
5	음식점 내부에 감시용 카메라와 도청마이크 등을 설치하여 타인간의 대화를 녹음하려 시도하거나 청취한 사안에서, 위 음식점 내에서 이루어진 타인간의 대화는 통신비밀보호법 제3조 제1항의 '공개되지 아니한 타인간의 대화'에 해당한다(대판 2007도9053).
6	통신제한조치허가서에 의하여 허가된 통신제한조치가 '전기통신 감청 및 우편물 검열'뿐인 경우 그 후 연장결정서에 당초 허가 내용에 없던 '대화녹음'이 기재되어 있다 하더라도 이는 대화녹음의 적법한 근거가 되지 못한다(대판 99도2317).
7	통신비밀보호법상의 감청이란 그 대상이 되는 전기통신의 송·수신과 동시에 이루어지는 경우만을 의미하고, 이미 수신이 완료된 전기통신의 내용을 지득

	하는 등의 행위는 포함되지 않는다. 따라서 수신이 완료된 문자 메시지 내용을 열람하는 행위는 통신비밀보호법 위반으로 처벌할 수 없다(대판 2012도4644).

(2) 사진촬영

법적 성질에 대해 사적 공간에서의 촬영은 강제수사지만 공개된 장소에서의 촬영은 임의수사라는 견해가 있으나 사진촬영은 피촬영자의 초상권을 침해함으로 강제처분이다. 단 수사기관이 범죄를 수사함에 있어 현재의 범행이 행하여지고 있거나 행하여진 직후이고, 증거보전의 필요성 및 긴급성이 있으며, 일반적으로 허용되는 상당한 방법에 의하여 촬영을 한 경우라면 영장없이 할 수 있다.

판례연구

1	무인장비에 의한 제한속도 위반차량 단속은 이러한 수사활동의 일환으로서 도로에서의 위험을 방지하고 교통의 안전과 원활한 소통을 확보하기 위하여 도로교통법령에 따라 정해진 제한속도를 위반하여 차량을 주행하는 범죄가 현재 행하여지고 있고, 그 범죄의 성질·태양으로 보아 긴급하게 증거보전을 할 필요가 있는 상태에서 일반적으로 허용되는 한도를 넘지 않는 상당한 방법에 의한 것이라고 판단되므로, 이를 통하여 운전 차량의 차량번호 등을 촬영한 사진을 두고 위법하게 수집된 증거로서 증거능력이 없다고 말할 수 없다(대판 98도3329).
2	누구든지 자기의 얼굴 기타 모습을 함부로 촬영당하지 않을 자유를 가지나 이러한 자유도 국가권력의 행사로부터 무제한으로 보호되는 것은 아니고 국가의 안전보장·질서유지·공공복리를 위하여 필요한 경우에는 상당한 제한이 따르는 것이고, 수사기관이 범죄를 수사함에 있어 현재 범행이 행하여지고 있거나 행하여진 직후이고, 증거보전의 필요성 및 긴급성이 있으며, 일반적으로 허용되는 상당한 방법에 의하여 촬영을 한 경우라면 위 촬영이 영장 없이 이루어졌다 하여 이를 위법하다고 단정할 수 없다(대판 99도2317).

(3) 임의제출물의 압수

임의제출물의 압수는 그 점유이전이 임의적이므로 임의수사라는 견해가 있으나, 일단 제출된 후에는 제출자가 임의로 취거할 수 없다는 점에서 강제수사라고 봄이 타당하다.

(4) 음주측정

경찰공무원은 교통의 안전과 위험방지를 위하여 필요하다고 인정하거나 술에 취한 상태에서 자동차 등을 운전하였다고 인정할 만한 상당한 이유가 있는 때에는 운전자가 술에 취하였는지의 여부를 호흡조사에 의하여 측정할 수 있고 운전자는 경찰공무원의 측정에 응하되 술에 취하였는지의 여부를 측정한 결과에 불복하는 운전자에 대하여는 그 운전자의 동의를 얻어 혈액채취 등의 방법으로 다시 측정할 수 있다. 단, 술에 취한 상태에 있다고 인정할 만한 상당한 이유가 있는데 측정에 응하지 않는 경우 현행법상 긴급체포가 가능하다.

판례연구

음주측정	
1	경찰관이 음주운전 단속시 운전자의 요구에 따라 곧바로 채혈을 실시하지 않은 채 호흡측정기에 의한 음주측정을 하고 1시간 12분이 경과한 후에야 채혈을 하였다는 사정만으로는 위 행위가 법령에 위배된다거나 객관적 정당성을 상실하여 운전자가 음주운전 단속과정에서 받을 수 있는 권익이 현저하게 침해되었다고 단정하기 어렵다(대판 2006다32132)
2	물로 입 안을 헹굴 기회를 달라는 피고인의 요구를 무시한 채 호흡측정기로 측정한 혈중알코올 농도 수치가 0.05%로 나타난 사안에서, 피고인이 당시 혈중알코올 농도 0.05% 이상의 술에 취한 상태에서 운전하였다고 단정할 수 없다(대판 2005도7034)
3	도로교통법 제41조 제2항에 규정된 음주측정은 성질상 강제될 수 있는 것이 아니며 궁극적으로 당사자의 자발적 협조가 필수적인 것이므로 이를 두고 법

	관의 영장을 필요로 하는 강제처분이라 할 수 없다. 따라서 이 사건 법률조항이 주취운전의 혐의자에게 영장없는 음주측정에 응할 의무를 지우고 이에 불응한 사람을 처벌한다고 하더라도 헌법 제12조 제3항에 규정된 영장주의에 위배되지 아니한다(헌재결 96헌가11).
4	위법한 강제연행 상태에서 호흡측정 방법에 의한 음주측정을 한 다음 강제연행 상태로부터 시간적·장소적으로 단절되었다고 볼 수도 없고 피의자의 심적 상태 또한 강제연행 상태로부터 완전히 벗어났다고 볼 수 없는 상황에서 피의자가 호흡측정 결과에 대한 탄핵을 하기 위하여 스스로 혈액채취 방법에 의한 측정을 할 것을 요구하여 혈액채취가 이루어졌다고 하더라도 그 사이에 위법한 체포 상태에 의한 영향이 완전하게 배제되고 피의자의 의사결정의 자유가 확실하게 보장되었다고 볼 만한 다른 사정이 개입되지 않은 이상 불법체포와 증거수집 사이의 인과관계가 단절된 것으로 볼 수는 없다. 따라서 그러한 혈액채취에 의한 측정 결과 역시 유죄 인정의 증거로 쓸 수 없다(대판 2010도2094).
5	음주종료 후 4시간 정도 지난 시점에서 물로 입 안을 헹구지 아니한 채 호흡측정기로 측정한 혈중알코올 농도 수치가 0.05%로 나타난 사안에서, 위 증거만으로는 피고인이 혈중알코올 농도 0.05% 이상의 술에 취한 상태에서 자동차를 운전하였다고 인정하기 부족하다(대판 2009도1856).

§3. 강제처분과 강제수사

1. 서 설

1) 강제처분의 의의

강제처분이란 소송의 진행과 형벌의 집행을 확보하기 위하여 강제력을 행사하는 것을 말한다. 강제처분은 광의로는 강제의 요소를 포함하는 형사절차상의 일체의 처분을 의미하나 협의에 있어서는 광의의 강제처분 중에서 증거조사에 관한 처분 즉 증인신문, 감정, 통역, 번역, 법원의 검증은 제외된다. 형소법상의 강제처분은 보통 협의의 의미로 사용된다.

2) 강제처분의 종류

(1) 주체에 따른 분류

(가) 수사기관

① 피의자에 대한 체포, 구속, 압수 · 수색

② 참고인에 대한 구인(국가보안법 제18조)

(나) 수소법원

① 피고인에 대한 구속, 감정유치, 소환

② 공판정 외에서의 압수 · 수색, 제출명령

③ 증인에 대한 구인

④ 감정 · 통역 · 번역

(다) 수임판사

① 증거보전에서의 압수 · 수색

② 증인신문의 청구에서의 증인신문

(2) 대상에 따른 분류

(가) 대인적 강제처분 체포, 구속, 소환, 신체수색, 감정유치, 신체검증

(나) 대물적 강제처분 압수 · 수색, 검증, 제출명령

(3) 강제처분과 인권보장제도

(가) 사전적 구제제도 영장주의, 구속전 피의자심문제도, 구속기간의 제한, 재체포 · 재구속의 제한, 자백배제법칙, 자백보강법칙, 진술거부권, 변호인제도, 무죄추정의 원칙

(나) 사후적 구제제도 체포 · 구속적부심, 보석, 구속의 집행정지, 구속취소, 준항고, 구속장소감찰제도, 형사보상청구권

2. 체 포

1) 체포영장에 의한 체포

(1) 의의

죄를 범하였다고 의심할 만한 상당한 이유가 있는 피의자를 단시간 동안 일정한 장소에 인치하는 제도를 말한다. 임의동행이나 보호실유치와 같은 탈법적인 수사관행의 근절과 불필요한 구속을 억제하기 위하여 도입된 제도이다.

(2) 요건

(가) 범죄혐의의 상당성 피의자자 죄를 범하였다고 의심할 만한 상당한 이유가 있어야 한다. 즉 범죄혐의가 있어야 하는데 이 경우 범죄혐의는 객관적 혐의가 있어야 한다.

(나) 체포사유 정당한 이유 없이 출석요구에 응하지 아니하거나 응하지 아니할 우려가 있어야 한다(제200조2의 제1항). 다만 다액 50만 원 이하의 벌금, 구류, 과료에 해당하는 경미사건에 관하여는 피의자가 일정한 주거가 없는 경우 또는 정당한 이유 없이 출석요구에 응하지 아니하는 경우에 한하여 체포할 수 있다(동조 동항 단서).

(다) 체포의 절차

① 체포영장의 청구 체포영장은 검사가 청구하고 관할 지방법원판사가 발부한다. 사법경찰관은 검사의 청구로 관할 지방법원판사의 체포영장을 발부받아 피의자를 체포할 수 있다(제200조의2 제1항).[33] 체포영장을 집행하는 사법경찰관리는 피의자에 대하여 범죄사실의 요지, 체포의 이유와 변호인을 선임할 수 있음을 고지하여 변명할 기회를 주어야 한다(제72조). 체포 후 피의자 등은 체포적부심사를 청구할 수 있다(제214조의2 제1항). 피의자를 체포한 후 그를 다시 구속하고자 할 때에는 체포한 때로부터 48시간 내에 구속영장(제201조)을 청구하여야 하고 그 기간 내에 구속영장을 청구하지 아니한 때에는 즉시 석방하여야 한다.

형사소송법

제221조의5(사법경찰관이 신청한 영장의 청구 여부에 대한 심의) ① 검사가 사법경찰관이 신청한 영장을 정당한 이유 없이 판사에게 청구하지 아니한 경우

33) 사법경찰관이 신청한 영장을 검사가 정당한 이유없이 청구하지 않을 경우에는 그 검사 소속의 지방검찰정 소재를 관할하는 고등검찰청에 영장청구 여부에 대한 심의를 신청할 수 있다.

> 사법경찰관은 그 검사 소속의 지방검찰청 소재지를 관할하는 고등검찰청에 영장 청구 여부에 대한 심의를 신청할 수 있다.
> ② 제1항에 관한 사항을 심의하기 위하여 각 고등검찰청에 영장심의위원회(이하 이 조에서 "심의위원회"라 한다)를 둔다.
> ③ 심의위원회는 위원장 1명을 포함한 10명 이내의 외부 위원으로 구성하고, 위원은 각 고등검찰청 검사장이 위촉한다.
> ④ 사법경찰관은 심의위원회에 출석하여 의견을 개진할 수 있다.
> ⑤ 심의위원회의 구성 및 운영 등 그 밖에 필요한 사항은 법무부령으로 정한다.

② **영장발부** 체포영장의 청구를 받은 지방법원판사는 상당하고 인정할 때에는 체포영장을 발부한다(제200조의2 제2항). 체포영장 발부시에는 피의자심문은 인정되지 않는다(영장형식심사). 체포영장을 발부하지 않을 때에는 청구서에 그 취지 및 이유를 기재하고 서명날인하여 청구한 검사에게 교부한다(동조 제3항). 영장의 유효기간은 7일로 한다. 다만 법원 또는 법관이 상당하다고 인정하는 때에는 7일을 넘는 기간을 정할 수 있다(규칙 제178조).

(라) 체포 후의 조치

① **체포통지** 피의자를 체포한 때에는 변호인이 있는 경우에는 변호인에게, 변호인이 없는 경우에는 피의자가 지정한 자에게 피의사건명, 체포일시·장소, 피의사실 요지, 체포의 이유와 변호인을 선임할 수 있는 취지를 알려야 한다(제200조의6, 제87조 제1항). 체포의 통지는 지체 없이 서면으로 하여야 하고(동조 제2항), 늦어도 24시간 이내에 하여야 한다(규칙 제51조 제3항). 통지할 자가 없어 통지를 못한 경우에는 그 취지를 기재한 서면을 기록에 철하여야 한다(동조 제2항). 체포영장에 의해 체포된 피의자에게도 체포적부심사청구권이 인정된다(제214의2 제1항).

② **구속영장의 신청 및 청구** 검사는 체포한 피의자를 구속하고자 할 때에

는 48시간 이내에 구속영장을 청구하여야 한다.

③ **석방** 48시간 내에 구속영장을 청구하지 아니하거나 구속영장을 청구하였으나 영장청구가 기각되어 구속영장을 발부받지 못한 때에는 즉시 석방하여야 한다.

④ **법원통지** 체포영장을 발부받은 후 피의자를 체포하지 아니하거나 체포한 피의자를 석방한 때에는 지체없이 검사는 영장을 발부한 법원에 그 사유를 서면으로 통지해야 한다(규칙 제96조의19).

판례연구

1	사법경찰관 등이 체포영장을 소지하고 피의자를 체포하기 위하여는 체포 당시에 피의자에 대한 범죄사실의 요지, 구속의 이유와 변호인을 선임할 수 있음을 말하고 변명할 기회를 주어야 하는데, 이와 같은 고지는 체포를 위한 실력행사에 들어가기 이전에 미리 하여야 하는 것이 원칙이나, 달아나는 피의자를 쫓아가 붙들거나 폭력으로 대항하는 피의자를 실력으로 제압하는 경우에는 붙들거나 제압하는 과정에서 하거나, 그것이 여의치 않은 경우에라도 일단 붙들거나 제압한 후에 지체 없이 행하여야 한다(대판 2004도3212).
2	검사의 체포영장 또는 구속영장 청구에 대한 지방법원판사의 재판은 형사소송법 제402조의 규정에 의하여 항고의 대상이 되는 '법원의 결정'에 해당하지 아니하고, 제416조 제1항의 규정에 의하여 준항고의 대상이 되는 '재판장 또는 수명법관의 구금 등에 관한 재판'에도 해당하지 아니한다(대결 2006모646).
3	피고인이 경찰관들과 마주하자마자 도망가려는 태도를 보이거나 먼저 폭력을 행사하며 대항한 바 없는 등 경찰관들이 체포를 위한 실력행사에 나아가기 전에 체포영장을 제시하고 미란다 원칙을 고지할 여유가 있었음에도 애초부터 미란다 원칙을 체포 후에 고지할 생각으로 먼저 체포행위에 나선 행위는 적법한 공무집행이라고 보기 어렵다(대판 2017도10866).

(2) 긴급체포[34]

(가) 의의 중대한 죄를 범하였다고 의심할 만한 상당한 이유가 있는 피의자를 수사기관이 체포영장 없이 체포하는 것을 말한다(제200의3 제1항). 현행범인 체포와 함께 체포에 있어서 영장주의의 예외가 인정되는 경우이다.

(나) 긴급체포의 요건

① **사건의 중대성** 피의자가 사형, 무기, 장기 3년 이상의 징역이나 금고에 해당하는 죄를 범하였다고 의심할 만한 상당한 이유가 있을 때

② **긴급체포의 필요성** 피의자가 증거를 인멸할 염려가 있거나 도망 또는 도망할 염려가 있을 때

③ **긴급성** 긴급을 요하여 지방법원판사의 체포영장을 받을 수 없을 때

판례연구

긴급체포에서의 긴급성
피고인이 마약에 관한 죄를 범하였다고 의심할 만한 상당한 이유가 있었더라도, 경찰관이 이미 피고인의 신원과 주거지 및 전화번호 등을 모두 파악하고 있었고, 당시 마약 투약의 범죄 증거가 급속하게 소멸될 상황도 아니었던 점 등의 사정을 감안하면, 긴급체포가 미리 체포영장을 받을 시간적 여유가 없었던 경우에 해당하지 않아 위법하다(대판 2016도5814).

(다) **요건의 판단기준** 긴급체포의 요건을 갖추었는지 여부는 사후에 밝혀진 사정을 기초로 판단하는 것이 아니라 체포 당시의 상황을 기초로 판단해야 한다.

---

34) 검사 또는 사법경찰관은 긴급체포의 요건을 갖춘 때에는 그 사유를 고지하고 영장 없이 피의자를 체포할 수 있다(제200의 3 제1항). 사법경찰관이 긴급체포한 경우에는 즉시 검사의 승인을 받아야 한다(제200조의3 제2항).

판례연구

긴급체포의 요건판단
긴급체포의 요건을 갖추었는지 여부는 사후에 밝혀진 사정을 기초로 판단하는 것이 아니라 체포 당시의 상황을 기초로 판단하여야 하고, 위법한 체포에 의한 유치 중에 작성된 피의자신문조서는 위법하게 수집된 증거로서 특별한 사정이 없는 한 이를 유죄의 증거로 할 수 없다(대판 2006도148). 〈연습〉 긴급체포의 요건을 갖추었는지 여부는 체포 당시의 상황을 기초로 판단하는 것이 아니라, 사후에 밝혀진 사정을 기초로 판단하여야 한다.(×)

(라) 긴급체포의 절차

① **범죄사실 등의 고지** 피의자를 체포하는 경우에는 피의사실의 요지, 체포의 이유와 변호인을 선임할 수 있음을 말하고 변명의 기회를 주어야 한다(제200조의5).

② **압수·수색·검증** 피의자를 긴급체포할 때 영장 없이 피의자를 수색하거나, 체포현장에서 압수·수색·검증할 수 있다(제216조 제1항). 긴급체포된 피의자가 소유, 소지, 보관한 물건에 대해서는 체포한 때로부터 24시간이내에 영장 없이 압수·수색·검증할 수 있다(제217조 제1항).

③ **무기사용** 피의자에 대한 긴급체포시 상당한 이유가 있으면 경찰관은 무기를 사용할 수 있다(경직법 제11조).

(마) 체포 후의 조치

① **긴급체포서 작성** 검사 또는 사법경찰관은 피의자를 긴급체포한 경우 즉시 긴급체포서를 작성해야 한다(제200조의3 제3항). 긴급체포서에는 범죄사실의 요지, 긴급체포의 사유 등을 기재하여야 한다(제200조의3 제4항).

② **긴급체포 승인건의** 사법경찰관이 긴급체포한 경우에는 즉시 검사의 승인을 얻어야 한다. 사법경찰관은 12시간 내에 관할 검찰청 또는 지청의 검

사에게 긴급체포를 승인해 달라는 건의를 하여야 한다.[35)]

③ **체포통지** 피의자를 체포한 때에는 변호인이 있는 경우에는 변호인에게, 변호인이 없는 경우에는 변호인 선임권자[36)] 가운데 피의자가 지정한 자에게 피의사건명, 체포일시 · 장소, 범죄사실의 요지, 체포의 이유와 변호인을 선임할 수 있는 취지를 알려야 한다(제200조의6).

④ **구속영장의 청구** 긴급체포한 자를 구속하고자 할 때에는 검사는 지체 없이 관할지방법원판사에게 구속영장을 청구하여야 한다. 구속영장은 피의자를 체포한 때부터 48시간 이내에 청구하여야 하며, 긴급체포서를 첨부하여야 한다(제200조의4 제1항). 48시간 이내에 구속영장을 청구하지 아니하거나 영장을 발부받지 못한 때에는 피의자를 즉시 석방해야 한다(제200조의4 제2항).

(바) 석방의 통지 검사는 제1항에 따른 구속영장을 청구하지 아니하고 피의자를 석방한 경우에는 석방한 날로부터 30일 이내에 서면으로 다음 각호[37)]의 사항을 법원에 통지하여야 한다. 이 경우 긴급체포서의 사본을 첨부하여야 한다(제200조의4 제4항). 사법경찰관은 긴급체포한 피의자에 대하여 구속영장을 신청하지 아니하고 석방한 경우에는 즉시 검사에게 보고하여야 한다(동조 제6항). 긴급체포 후 석방된 자 또는 그 변호인 · 법정대리인 · 배우자 · 직계친족 · 형제자매는 통지서 및 관련 서류를 열람하거나 등사할 수 있다(동조 제5항).

(사) 재체포의 제한 긴급체포 되었다가 석방된 자는 영장없이는 동일한 범

35) 다만, 기소중지된 피의자를 해당 수사관서가 위치하는 특별시 · 광역시 · 도 또는 특별자치도 외의 지역에서 긴급체포하였을 때에는 24시간 이내에 긴급체포에 대한 승인을 건의할 수 있다(사법경찰관리의 수사준칙에 관한 규정 제35조).

36) 제30조(변호인선임권자) 제1항 피고인 또는 피의자는 변호인을 선임할 수 있다. 제2항 피고인 또는 피의자의 법정대리인, 배우자, 직계친족과 형제자매는 독립하여 변호인을 선임할 수 있다.

37) 1. 긴급체포 후 석방된 자의 인적사항, 2. 긴급체포의 일시 · 장소와 긴급체포하게 된 구체적 이유, 3. 석방의 일시 · 장소 및 사유, 4. 긴급체포 및 석방한 검사 또는 사법경찰관의 성명

죄사실에 관하여 체포하지 못한다(제200조의4 제3항).

판례연구

긴급체포	
1	피고인에 대한 고소사건을 담당하던 경찰관은 피고인의 소재 파악을 위해 피고인의 거주지와 피고인이 경영하던 공장 등을 찾아가 보았으나, 피고인이 공장 경영을 그만 둔 채 거주지에도 귀가하지 않는 등 소재를 감추자 법원의 압수수색영장에 의한 휴대전화 위치추적 등의 방법으로 피고인의 소재를 파악하려고 하던 중, 2004. 10. 14. 23:00경 주거지로 귀가하던 피고인을 발견하고, 피고인이 계속 소재를 감추려는 의도가 다분하고 증거인멸 및 도망의 염려가 있다는 이유로 피고인을 사기 혐의로 긴급체포한 사실은 피고인에 대한 긴급체포가 위법한 체포에 해당하지 않는다(대판 2005도7569)
2	검사가 참고인 조사를 받는 줄 알고 검찰청에 자진출석한 변호사사무실 사무장을 합리적 근거 없이 긴급체포하자 그 변호사가 이를 제지하는 과정에서 위 검사에게 상해를 가한 것이 정당방위에 해당한다(대판 2006도148).
3	피고인은 현직 군수직에 종사하고 있어 검사로서도 위 피고인의 소재를 쉽게 알 수 있었고, 1999.11.29. 피고인 3의 위 진술 이후 시간적 여유도 있었으며, 위 피고인도 도망이나 증거인멸의 의도가 없었음은 물론, 언제든지 검사의 소환조사에 응할 태세를 갖추고 있었고, 그 사정을 위 서진학으로서도 충분히 알 수 있었다 할 것이어서, 위 긴급체포는 현저히 합리성을 잃었다고 할 것이므로, 이러한 위법한 긴급체포에 의한 유치 중에 작성된 이 사건 각 피의자신문조서는 이를 유죄의 증거로 하지 못한다고 할 것이다(대판 2000도5701).
4	사법경찰관이 피고인을 수사관서까지 동행한 것이 사실상의 강제연행, 즉 불법 체포에 해당하고, 불법 체포로부터 6시간 상당이 경과한 후에 이루어진 긴급체포 또한 위법하다(대판 2005도6810). 〈연습〉 사법경찰관이 피고인을 수사관서까지 동행한 것이 사실상의 강제연행, 즉 불법체포에 해당하더라도 불법체포로부터 6시간 상당이 경과한 후에 이루어진 긴급체포는 하자가 치유된 것으로 적법하다.(×)
5	검사는 피의자가 자진출석하여 참고인으로 조사를 받은 중 무고의 혐의가 있어 피의자신문을 하려하자 귀가를 요구하는 피의자에게 중한 범죄혐의가 인

	정될 수 있는 경우에는 긴급체포가 가능하다(대판 98도785).
6	경찰관들이 미란다 원칙상 고지사항의 일부만 고지하고 신원확인절차를 밟으려는 순간 범인이 유리조각을 쥐고 휘둘러 이를 제압하려는 경찰관들에게 상해를 입힌 경우, 그 제압과정 중이나 후에 지체 없이 미란다 원칙을 고지하면 되는 것이므로 위 경찰관들의 긴급체포업무에 관한 정당한 직무집행을 방해한 경우이다(대판 2007도7961).
7	경찰관이 이른바 전화 사기죄 범행의 혐의자를 긴급체포하면서 그가 보관하고 있던 다른 사람의 주민등록증, 운전면허증 등을 압수한 사안에서, 이는 (구)형사소송법 제217조 제1항에서 규정한 해당 범죄사실의 수사에 필요한 범위 내의 압수로서 적법하다(대판 2008도2245).

(3) 현행범인의 체포

(가) 의의 현행범인 또는 준현행범인은 누구나 영장 없이 체포할 수 있다(제212조). 범죄의 실행중이거나 실행직후인 자를 현행범인이라고 한다. 범죄의 실행중이란 실행에 착수하여 종료하지 못한 상태를 말하며, 범죄의 실행직후란 범죄의 실행행위를 종료한 직후를 말한다. 준현행범인이란 현행범은 아니지만 현행범인으로 간주되는 자[38)]를 말한다(제211조 제2항).

(나) 요건

① **범죄·범인의 명백성** 체포의 시점에서 특정범죄의 범인임이 명백하여야 한다. 형식상 죄를 범한 것처럼 보일지라도 위법성조각사유나 책임조각사유가 존재하여 범죄불성립이 명백한 경우에는 현행범인으로 체포할 수 없다(가벌성). 친고죄의 경우 고소가 없어도 체포할 수 있으나, 고소의 가능성이 없는 때에는 체포할 수 없다.

② **체포의 필요성**(체포사유) 현행범인의 영장주의의 예외를 인정함은 사안

38) 현행범인으로 간주되는 자(§211 ②)는 1. 범인으로 불리며 추적되고 있을 때, 2. 장물이나 범죄에 사용되었다고 인정하기에 충분한 흉기나 그 밖의 물건을 소지하고 있을 때, 3. 신체나 의복류에 증거가 될 만한 뚜렷한 흔적이 있을 때, 4. 누구냐고 묻자 도망하려고 할 때

의 긴급성 때문이지 체포요건의 완화시키기 위한 것은 아니므로 현행범인이라도 긴급체포의 경우처럼 증거인멸, 도망하거나 도망할 염려가 있는 경우에 한하여 체포가 허용된다(적극설: 판례).

③ **비례성** 다액 50만 원 이하의 벌금, 구류 또는 과료에 해당하는 죄의 현행범인에 대해서는 범인의 주거가 분명하지 아니한 경우에만 그 체포가 허용된다.

(다) 절차

① **주체** 현행범체포는 누구든지 할 수 있다(다만, 사인은 체포의무는 없고 체포권한만 있다). 사인도 현행범을 영장 없이 체포할 수 있다.

② **체포시의 압수·수색·검증** 사법경찰관리는 현행범을 체포하기 위하여 영장 없이 압수·수색·검증을 할 수 있다(제216조 제1항 2호). 불가피한 경우에 필요최소한의 범위에서 무기를 사용할 수 있다(경직법 제11조).

③ **체포후의 절차** 일반인이 현행범을 체포한 경우에는 즉시 검사 또는 사법경찰관리에게 인도하여야 한다(제213조 제1항). 사법경찰관리가 현행범인을 인도받은 때에는 체포자의 성명, 주거, 체포의 사유를 물어야 하고 필요한 때에는 경찰관서에 동행을 요구할 수 있다(제213조 제2항). 현행범을 체포한 후 48시간 내에 구속영장을 청구하지 아니한 때에는 즉시 피의자를 석방하여야 한다(제213조의2).

④ **통지의무** 피의자를 체포한 때에는 변호인이 있는 경우에는 변호인에게, 변호인이 없는 경우에는 변호인 선임권자[39] 가운데 피의자가 지정한 자에게 피의사건명, 체포일시·장소, 범죄사실의 요지, 체포의 이유와 변호인을 선임할 수 있는 취지를 알려야 한다(제200조의6). 체포의 통지는 서면으로 하여야 하며, 늦어도 24시간 이내에 하여야 한다. 급속을 요하는 경우에는

39) 제30조(변호인선임권자) 제1항 피고인 또는 피의자는 변호인을 선임할 수 있다. 제2항 피고인 또는 피의자의 법정대리인, 배우자, 직계친족과 형제자매는 독립하여 변호인을 선임할 수 있다.

전화 또는 무선전송기 기타 상당한 방법에 의하여 통지할 수 있다. 다만, 이 경우에도 체포통지는 다시 서면으로 하여야 한다(규칙 제51조).

⑤ **구속영장의 청구** 체포한 피의자를 구속하고자 할 때에는 체포한 때로부터 48시간 내에 구속영장을 청구하여야 하고 그 기간 내에 구속영장을 청구하지 아니한 때에는 즉시 석방하여야 한다(제200조의2 제5항).

판례연구

현행범체포	
1	피고인이 무학여고 앞길에서 피해자 주한식의 자동차를 발로 걷어차고 그와 싸우는 범행을 한 지 겨우 10분 후에 지나지 않고, 그 장소도 범행 현장에 인접한 위 학교의 운동장인 경우 피고인을 체포하려고 한 행위는 현행범의 체포행위로서 적법하다(대판 93도926).
2	목욕탕 탈의실에서 피해자를 구타한 후 목욕탕 탈의실 의자에 앉아 있다가 옷을 입고 있던 피의자를 경찰관이 현행범으로 체포한 것은 적법한 현행범체포에 해당한다(대판 2005도7158).
3	교사가 교장실에 들어가 불과 약 5분 동안 식칼을 휘두르며 교장을 협박하는 등의 소란을 피운 후 40여분 정도가 지나 경찰관들이 출동하여 교장실이 아닌 서무실에서 그를 연행하려 한 경우 그를 "범죄의 실행의 즉후인 자"로서 현행범인이라고 단정한 원심판결에는 현행범인에 관한 법리오해의 위법이 있다(대판 91도1314).
4	제천경찰서 청전지구대 소속 경장 공소외인이 피고인이 음주운전을 종료한 후 40분 이상이 경과한 시점에서 길가에 앉아 있던 피고인에게서 술 냄새가 난다는 점만을 근거로 피고인을 음주운전의 현행범으로 체포한 것은 피고인이 '방금 음주운전을 실행한 범인이라는 점에 관한 죄증이 명백하다고 할 수 없는 상태'에서 이루어진 것으로서 적법한 공무집행이라고 볼 수 없다(대판 2007도1249).
5	경찰관이 주민의 신고를 받고 현장에 도착했을 때에는 이미 싸움이 끝난 상태였다면 경찰관이 임의동행을 거부하는 피고인을 체포하려는 행위는 적법한 공무집행이라 볼 수 없다(대판 89도1934).
6	순찰 중이던 경찰관이 교통사고를 낸 차량이 도주하였다는 무전연락을 받고

	주변을 수색하다가 범퍼 등의 파손상태로 보아 사고차량으로 인정되는 차량에서 내리는 사람을 발견한 경우, 형사소송법 제211조 제2항 제2호 소정의 '장물이나 범죄에 사용되었다고 인정함에 충분한 흉기 기타의 물건을 소지하고 있는 때'에 해당하므로 준현행범으로서 영장 없이 체포할 수 있다(대판 99도4341).
7	운전자가 운전을 종료하여 더 이상 자동차를 음주한 상태로 운전하지 않을 것임이 명백한 경우에는 비록 그가 음주운전의 직후에 있었다는 점에서 도로교통법상 음주운전의 현행범에 해당된다 하더라도 위와 같은 운전으로 인한 교통안전과 위험방지의 필요성은 소멸되었다고 할 수밖에 없다(대판 94도2172).
8	경찰관이 피고인을 불심검문 끝에 임의동행을 요구하고 도망치는 피고인을 체포하려는 행위가 적법한 공무집행 다시 말하여 구속영장의 집행으로 하는 것인지 또는 현행범으로 체포하려는 것인지 알 수 없다면 위 행위가 적법한 공무집행행위였다고 단정할 수 없다(대판 77도2111).
9	경찰관의 현행범인 체포경위 및 그에 관한 현행범인체포서와 범죄사실의 기재에 다소 차이가 있더라도, 그것이 논리와 경험칙상 장소적·시간적 동일성이 인정되는 범위 내라면 그 체포행위가 공무집행방해죄의 요건인 적법한 공무집행에 해당한다(대판 2008도3640).
10	피고인의 차를 손괴하고 도망하려는 피해자를 도망하지 못하게 멱살을 잡고 흔들어 피해자에게 전치 14일의 흉부찰과상을 가한 경우, 정당행위에 해당한다(대판 98도3029).
11	피고인이 공소외인과 시비 중 주먹으로 그 얼굴을 4, 5회 치고 그 배를 발로 찬 후 멱살을 잡고 그를 인근 파출소로 끌고 감으로써 폭행을 하였다면 설사 피고인도 공소인으로부터 얻어맞고 그를 파출소로 끌고 갔다 하여도 그것이 현행범을 체포한 것에 해당한다고 할 수 없다(대판 69도1846).

3. 구 속

1) 구속의 의의

구속이란 피의자 또는 피고인의 신체의 자유를 제한하는 대인적 강제처분을 말한다. 구속은 구인과 구금을 포함하는 개념으로 구인은 피의자·피고인을 일정한 장소에 인치하는 강제처분을 말하며, 구금은 피의자·피고인을 교도소 또는 구치소에 감금하는 강제처분을 말한다. 구속은 피의자·피고인의 출석을 보장하고 증거인멸에 의한 수사와 심리의 방해를 제거하며, 확정된 형벌의 집행을 확보하기 위한 제도이다.

2) 구속의 요건

(1) 범죄의 혐의

피의자·피고인이 죄를 범하였다고 의심할만한 상당한 이유가 있어야 한다. 즉 범죄혐의가 있어야 한다. 범죄혐의는 수사기관의 주관적 혐의로는 부족하고(객관적 혐의), 유죄판결에 대한 고도의 개연성이 있어야 한다.

(2) 구속사유

(가) 다음 각 호[40]의 경우 구속할 수 있다.

(나) 구속의 심사 법원 제1항의 구속사유를 심사함에 있어서 범죄의 중대성, 재범의 위험성, 피해자 및 중요 참고인 등에 대한 위해 우려 등을 고려하여야 한다(제70조 제2항).

(3) 비례성 원칙

구속은 사건의 의미와 기대되는 형벌에 비추어 상당한 경우에만 허용되어

---

40) 1. 피고인이 일정한 주거가 없는 때, 2. 피고인이 증거를 인멸할 염려가 있는 때, 3. 피고인이 도망하거나 도망할 염려가 있는 때.

야 한다. 경미사건인 다액 50만 원 이하의 벌금, 구류 또는 과료에 해당하는 사건에 관하여는 주거부정인 경우를 제한 외에는 구속할 수 없다(제70조 제3항).

3) 구속의 절차

(1) 피의자의 구속영장

(가) 의의 피의자를 구속함에는 검사가 지방법원판사에게 구속영장을 청구하여야 한다. 사법경찰관은 검사에게 신청하여 검사의 청구로 법관이 발부한 영장에 의하여 구속할 수 있다.

(나) 절차 청구[41] → 구속 전 피의자심문제도(영장실질심사제도) → 발부[42][43] → 집행.[44] 구속영장의 집행 시 반드시 피의자에게 이를 제시하여야 한다(제219조, 제85조 제1항). 이 때 구속의 이유와 변호인을 선임할 수 있음을 말하고 변명의 기회를 주어야 한다(제209조, 제90조). 구속 시 변호인이 있는 경우에는 변호인에게, 변호인이 없는 경우에는 피의자가 지정한 자에게 사건명 · 구속일시와 장소 · 범죄사실의 요지 · 구속의 이유와 변호인을 선임할 수 있는 취지를 지체 없이 통지하여야 한다(제209조, 제90조).

(2) 구속 전 피의자심문제도(영장실질심사제도)

(가) 의의 구속 전 피의자심문제도는 구속영장의 청구를 받은 판사가 피

---

41) 피의자를 구속하기 위해서는 검사가 관할 지방법원판사에게 구속영장을 청구하여야 한다. 사법경찰관도 검사에게 신청하여 검사의 청구로 법관이 발부한 영장에 의하여 피의자를 구속할 수 있다(제201조 제1항). 구속영장의 청구는 서면에 의하여야 하고, 구속의 필요성을 인정할 수 있는 자료를 제출하여야 한다(제201조 제2항).

42) 피의자에 대한 영장청구를 기각한 결정에 대해서는 항고나 준항고가 허용되지 않는다. 피고인에 대한 구속영장의 발부결정에 대하여 피고인은 보통항고를 할 수 있다(제403조 제2항)

43) 피의자에 대한 구속영장은 허가장의 성질을 가진다.

44) 구속영장의 집행은 원칙적으로 검사의 지휘에 의하여 사법경찰관리가 행한다. 다만 긴급한 경우 재판장, 수명법관 또는 수탁판사가 구속영장의 집행을 지휘할 수 있으며, 이 경우 법원서기관 등에게 명할 수 있다. 교도소 또는 구치소에 있는 피의자 · 피고인의 경우에는 검사의 지휘에 의해 교도관리가 집행한다.

의자를 직접 심문하여 구속사유를 판단하는 것을 말한다(제201조의2 제1항). 필요적 심문사항이다.

(나) 유형

① **체포된 피의자** 체포된 피의자에 대하여 구속영장을 청구 받은 판사는 지체 없이 피의자를 심문하여야 하는데, 특별한 사정이 없는 한 구속영장이 청구된 날의 다음날까지 심문하여야 한다.

② **체포되지 아니한 피의자** 체포되지 아니한 피의자에 대하여는 죄를 범하였다고 의심할 만한 이유가 있는 경우에 구인을 위한 구속영장을 발부받아 피의자를 심문하여야 한다. 다만 피의자가 도망 등의 사유로 심문할 수 없는 경우에는 그러하지 아니하다(제200조의2 제2항).

(다) 방법과 절차

① **심문기일의 지정과 통지** 체포된 피의자는 구속영장이 청구된 날의 다음날까지 심문해야 한다. 체포되지 않는 피의자는 법원에 인치된 때로부터 가능한 빠른 일시로 지정하여야 한다(규칙 제96조의 12 제2항).

② **피의자의 인치** 체포된 피의자는 체포의 효력을 이용하여 법원에 인치하고, 체포되지 아니한 피의자는 구인을 위한 구속영장을 발부하여 인치한다.

③ **심문기일의 절차** 비공개심문(규칙 제96조의 14) 피의자에 대한 심문절차는 공개하지 아니한다. 다만, 판사는 상당하다고 인정하는 경우에는 피의자의 친족, 피해자 등 이해관계인의 방청을 허가할 수 있다.

④ **심문방법** 판사는 피의자에게 구속영장청구서에 기재된 범죄사실의 요지를 고지하고, 피의자에게 일체의 진술을 하지 아니하거나 개개의 질문에 대하여 진술을 거부할 수 있으며, 이익 되는 사실을 진술할 수 있음을 알려주어야 한다.

⑤ **조서의 작성** 피의자 심문시 법원사무관 등은 심문의 요지 등을 조서로

작성하여야 한다.

⑥ **구속기간의 불산입** 피의자심문을 하는 경우 법원이 구속영장청구서 · 수사 관계서류 및 증거물을 접수한 날부터 구속영장을 발부하여 검찰청에 반환한 날까지의 기간은 검사와 사법경찰관의 구속기간에 산입하지 않는다.

(3) 피고인의 구속영장

(가) 사전청문

① **검사의 영장청구 불요** 법원이 피고인을 구속함에는 검사의 구속영장 청구는 요하지 않는다.

② **사전청문**(제72조) 피고인에 대하여 범죄사실의 요지, 구속의 이유와 변호인을 선임할 수 있음을 말하고 변명할 기회를 준 후가 아니면 구속할 수 없다. 다만, 피고인이 도망한 경우에는 그러하지 아니하다(제72조).

판례연구

1	헌법상 영장제도의 취지에 비추어 볼 때, 헌법 제12조 제3항은 헌법 제12조 제1항과 함께 이른바 적법절차의 원칙을 규정한 것으로서 범죄수사를 위하여 구속 등의 강제처분을 함에 있어서는 법관이 발부한 영장이 필요하다는 것과 수사기관 중 검사만 법관에게 영장을 신청할 수 있다는 데에 그 의의가 있고, 형사재판을 주재하는 법원이 피고인에 대하여 구속영장을 발부하는 경우에도 검사의 신청이 있어야 한다는 것이 그 규정의 취지라고 볼 수는 없다(대결 96모46).
2	형사소송법 제72조는 "피고인에 대하여 범죄사실의 요지, 구속의 이유와 변호인을 선임할 수 있음을 말하고 변명할 기회를 준 후가 아니면 구속할 수 없다."고 규정하고 있는 바, 이는 피고인을 구속함에 있어 법관에 의한 사전청문절차를 규정한 것으로서, 구속영장을 집행함에 있어 집행기관이 취하여야 하는 절차가 아니라 구속영장 발부함에 있어 수소법원 등 법관이 취하여야 하는 절차라 할 것이므로, 법원이 피고인에 대하여 구속영장을 발부함에 있어 사전에 위 규정에 따른 절차를 거치지 아니한 채 구속영장을 발부하였

	다면 그 발부결정은 위법하다고 할 것이나, 위 규정은 피고인의 절차적 권리를 보장하기 위한 규정이므로 이미 변호인을 선정하여 공판절차에서 변명과 증거의 제출을 다하고 그의 변호 아래 판결을 선고받은 경우 등과 같이 위 규정에서 정한 절차적 권리가 실질적으로 보장되었다고 볼 수 있는 경우에는, 이에 해당하는 절차의 전부 또는 일부를 거치지 아니한 채 구속영장을 발부하였다 하더라도 이러한 점만으로 그 발부결정이 위법하다고 볼 것은 아니다(대결 2000모134).

(나) 구속영장 발부

① **구속영장 발부** 법원이 피고인의 구속함에는 구속영장을 발부하여야 한다(제73조). 재판장은 급속을 요하는 경우에는 구속영장 발부나 구속의 촉탁을 할 수 있고, 또는 합의부원으로 하여금 처분을 하게 할 수 있다(제80조). 피고인에 대한 구속의 주체는 법원이므로 구속영장은 명령장의 성질을 가진다.

② **구속의 촉탁** 법원은 피고인의 현재지의 지방법원판사에게 구속을 촉탁할 수 있다. 수탁판사는 구속영장을 발부하여야 한다(제77조). 촉탁에 의하여 구속영장을 발부한 판사는 피고인을 인치한 때로부터 24시간 이내에 그 피고인임에 틀림없는가를 조사하여야 하고 피고인임에 틀림없는 때에는 신속히 지정된 장소에 송치하여야 한다(제78조).

판례연구

구속영장의 발부	
1	검사의 체포영장 또는 구속영장 청구에 대한 지방법원판사의 재판은 형사소송법 제402조의 규정에 의하여 항고의 대상이 되는 '법원의 결정'에 해당하지 아니하고, 제416조 제1항의 준항고의 대상이 되는 '재판장 또는 수명법관의 구금 등에 관한 재판'에도 해당하지 아니한다(대결 2006도646).
2	형사재판을 주재하는 법원이 피고인에 대하여 구속영장을 발부하는 경우에도 검사의 신청이 있어야 한다는 것이 헌법 제12조 제3항과 헌법 제12조 제1항

	규정의 취지라고 볼 수는 없다(대결 96모46).

(다) 집행절차

① **원칙**(검사지휘) 구속영장은 검사의 지휘에 의하여 사법경찰관리가 집행한다. 교도소 또는 구치소에 있는 피고인에 대하여 발부된 구속영장은 검사의 지휘에 의하여 교도관이 집행한다. 검사의 지휘에 의하여 구속영장을 집행하는 경우에는 구속영장을 발부한 법원이 그 원본을 검사에게 송부하여야 한다(규칙 제48조).

② **예외**(재판장 등 집행) 급속을 요하는 경우에는 재판장, 수명법관, 수탁판사가 그 집행을 지휘할 수 있고, 이 경우 법원사무관 등에게 그 집행을 명할 수 있다. 이 경우 법원사무관 등은 그 집행에 관하여 필요한 때에는 사법경찰관리·교도관 또는 법원경위에게 보조를 요구할 수 있으며 관할구역 외에서도 집행할 수 있다.

판례연구

구속영장의 집행	
1	합법적으로 발부된 구속영장이 사법경찰관리에 의해 집행된 경우 검사의 날인 또는 집행지휘서가 없다 하여 곧 불법집행이 되는 것은 아니다(대결 84모22).
2	형사소송법 제72조는 피고인을 구속함에 있어 법관에 의한 사전 청문절차를 규정한 것으로서, 구속영장을 집행함에 있어 집행기관이 취하여야 하는 절차가 아니라 구속영장 발부함에 있어 수소법원 등 법관이 취하여야 하는 절차라 할 것이므로, 법원이 사전에 위 규정에 따른 절차를 거치지 아니한 채 구속영장을 발부하였다면 그 발부결정은 위법하다고 할 것이나, 위 규정은 피고인의 절차적 권리를 보장하기 위한 규정이므로 이미 변호인을 선정하여 공판절차에서 변명과 증거의 제출을 다하고 그의 변호 아래 판결을 선고받은 경우 등과 같이 위 규정에서 정한 절차적 권리가 실질적으로 보장되었다고 볼 수 있는 경우에는, 이에 해당하는 절차의 전부 또는 일부를 거치지 아니한 채 구속영장을 발부한 점만으로 그 발부결정이 위법하다고 볼 것은 아니다(대결 2000

	모134).
3	형사소송법 제88조는 "피고인을 구속한 때에는 즉시 공소사실의 요지와 변호인을 선임할 수 있음을 알려야 한다."고 규정하고 있는 바, 이는 사후 청문절차에 관한 규정으로서 이를 위반하였다 하여 구속영장의 효력에 어떠한 영향을 미치는 것은 아니다(대결 2000모134).

(라) 집행 후 절차

① **고지** 피고인을 구속한 때에는 즉시 공소사실의 요지와 변호인을 선임할 수 있음을 다시 알려야 한다(제88조).

② **집행 후 조치** 구속영장집행사무를 담당한 자가 구속영장을 집행한 때에는 구속영장에 집행 일시와 장소를, 집행할 수 없었을 때에는 그 사유를 각 기재하고 기명날인하여야 한다. 구속영장 집행에 관한 서류는 집행을 지휘한 검사 또는 수탁판사를 경유하여 구속영장을 발부한 법원에 이를 제출하여야 한다(규칙 제49조). 구속영장의 집행을 받은 피고인을 호송할 경우에 필요한 때에는 가장 근접한 교도소 또는 구치소에 임시로 유치할 수 있다(호송 중의 가유치).

③ **구속통지** 피고인을 구속한 때에는 지체 없이 반드시 서면으로 변호인 등에게 구속의 이유 등을 통지하여야 한다(통지대상, 통지내용은 체포와 동일).

④ **영장등본청구권** 피고인, 변호인, 피고인의 법정대리인, 특별대리인, 배우자, 직계친족과 형제자매는 구속영장을 발부한 법원에 구속영장의 등본 교부를 청구할 수 있다(규칙 제50조 제1항). 고소인, 고발인 또는 피해자는 비용을 납부하고 구속영장의 등본 교부를 청구할 수 있다. 다만 그 청구하는 사유를 소명하여야 한다(규칙 제50조 제2항).

4) 구속기간의 제한

(1) 피의자

사법경찰관이 피의자를 구속한 때에는 10일 이내에 피의자를 검사에게 인치하지 아니하면 석방하여야 한다(제202조). 검사가 피의자를 구속한 때 또는 사법경찰관으로부터 피의자를 인치 받은 때에는 10일 이내에 공소를 제기하지 않으면 석방하여야 한다(제203조). 다만, 지방법원 판사는 검사의 신청에 의하여 수사를 계속함이 상당한 이유가 있다고 인정한 때에는 10일을 초과하지 아니하는 한도에서 구속기간의 연장을 1차에 한하여 허가할 수 있다(제205조 제1항)[45) 구속기간의 연장이나 연장신청 기각 결정에 대하여는 항고나 준항고가 허용되지 않는다.

(2) 피고인

(가) 피고인의 구속기간 2월(심급마다 2차에 한하여 2개월 한도에서 연장 가능하다)이다. 따라서 1심의 최대 구속기간은 6개월이고, 2심과 3심은 각각 4개월이다(모두 합하면 18개월이다). 다만, 상소심은 피고인 또는 변호인이 신청한 증거의 조사, 상소이유를 보충하는 서면의 제출 등으로 추가 심리가 필요한 부득이한 경우에는 3차에 한하여 갱신할 수 있다.

(나) 구속기간 산입의 제외(제92조 제3항) ① 피의자 체포기간 ② 감정유치기간, 기피신청에 의한 공판정지 기간 ③ 피고인의 심신상실에 의한 공판절차 정지 기간 ④ 공소장변경과 피고인의 질병에 의한 공판절차 정지 기간 ⑤ 구속의 집행정지기간과 보석기간 ⑥ 위헌법률심판제청에 의한 재판정지 기간

---

45) 국가보안법 제3조 내지 제10조의 죄는 사법경찰관에게 1회, 검사에게 2회에 한하여 구속기간의 연장이 가능하다(국보법 제9조).

판례연구

구속기간	
1	형사소송법 제92조 제1항에서 말하는 '구속기간'은 '법원이 피고인을 구속한 상태에서 재판할 수 있는 기간'을 의미하는 것이지, '법원이 형사재판을 할 수 있는 기간' 내지 '법원이 구속사건을 심리할 수 있는 기간'을 의미한다고 볼 수 없다(헌재 99헌가14).
2	(구)군법회의법 제132조의 제한을 넘어 구속기간을 갱신한 경우에 있어서 구속명령의 효력이 당연히 실효되는 것은 아니다(대판 64도428). 〈연습〉 구속기간의 제한을 넘은 구속이라도 구속영장의 효력이 당연히 실효되는 것은 아니다.(○)
3	군사법원법의 적용대상이 되는 모든 범죄에 대하여 수사기관의 구속기간의 연장을 허용하는 것은 부적절한 방식에 의한 과도한 기본권의 제한으로서, 과잉금지의 원칙에 위반하여 신체의 자유 및 신속한 재판을 받을 권리를 침해하는 것이다(헌재 2002헌마193).
4	국가보안법 제7조(찬양·고무) 및 제10조 불고지의 죄는 구성요건이 특별히 복잡한 것도 아니고 사건의 성질상 증거수집이 어려운 것도 아님에도 불구하고 형사소송법상의 수사기관에 의한 피의자구속기간 30일보다 20일이나 많은 50일을 인정한 것은 피의자의 신체의 자유, 무죄추정의 원칙 및 신속한 재판을 받을 권리를 침해한 것이다(헌재 90헌마82).
5	상소기간 중 또는 상소 중의 사건에 관한 피고인의 구속을 소송기록이 상소법원에 도달하기까지는 원심법원이 하도록 규정한 형사소송규칙 제57조 제1항의 규정이 형사소송법 제105조의 규정에 저촉된다고 보기는 어렵다(대결 2007모460).

(3) 재구속의 제한

검사 또는 사법경찰관에 의하여 구속되었다가 석방된 자는 다른 중요한 증거를 발견한 경우를 제외하고는 동일한 범죄사실에 관하여 재차 구속하지 못한다(제208조 제1항). 1개의 목적을 위하여 동시 또는 수단결과의 관계에서 행하여진 행위는 동일한 범죄사실로 간주한다.

판례연구

재구속의 제한	
1	수소법원의 구속에 관하여는 검사 또는 사법경찰관이 피의자를 구속함을 규율하는 형사소송법 제208조의 규정은 적용되지 아니하므로 구속기간의 만료로 피고인에 대한 구속의 효력이 상실된 후 항소법원이 피고인에 대한 판결을 선고하면서 피고인을 구속하였다 하여 위 법 제208조의 규정에 위배되는 재구속 또는 이중구속이라 할 수 없다(대결 85모12). 〈연습〉 구속기간이 만료되면 구속영장의 효력은 당연히 상실된다.(×)
2	법 제208조 소정의 '구속되었다가 석방된 자'라 함은 구속영장에 의하여 구속되었다가 석방된 경우를 말하는 것이지, 긴급체포나 현행범으로 체포되었다가 사후영장발부 전에 석방된 경우는 포함되지 않는다 할 것이므로, 피고인이 수사 당시 긴급체포 되었다가 수사기관의 조치로 석방된 후 법원이 발부한 구속영장에 의하여 구속이 이루어진 경우 앞서 본 법조에 위배되는 위법한 구속이라고 볼 수 없다(대판 2001도4291). 〈연습〉 피고인이 수사 당시 긴급체포 되었다가 수사기관의 조치로 석방된 후에 법원이 발부한 구속영장에 의하여 구속이 이루어진 경우에는 위법한 구속에 해당한다.(×)
3	제208조의 재구속 제한에 위반하더라도 공소제기 자체가 무효로 되는 것은 아니다(대판 66도1288).

(4) 구속기간의 계산

구속기간 연장 허가결정이 있은 경우에 그 연장기간은 구속기간 만료일 다음 날로부터 기산한다. 피의자를 체포한 후 구속한 경우 구속기간은 피의자를 체포한 날로부터 기산한다. 구속된 피고인의 경우 공소제기일로부터 제1심 법원의 구속기간을 기산하며(제92조 제3항), 불구속피고인의 경우 피고인이 실제로 구속된 날로부터 구속기간을 기산한다(대결 91모76). 구속기간의 계산은 초일을 1일로 산입하며, 기간의 말일이 공휴일 또는 토요일에 해당하는 경우에도 구속기간에 산입한다.

(5) 상소기간 중 구속

상소기간 중 또는 상소중의 사건에 관하여 구속기간의 갱신에 대한 결정은 소송기록이 원심법원에 있는 때에는 원심법원이 하여야 한다(제105조).

(6) 구속기간 경과의 효력

구속기간을 경과하면 구속영장은 그 효력이 상실되므로 그 후의 구속은 불법구속이 된다는 것이 통설과 판례의 태도이다.

5) 구속영장의 효력

(1) 구속영장의 효력범위

구속영장의 효력범위에 대하여는 사건단위설[46]과 인단위설[47]이 대립하나, 구속영장의 효력은 구속영장에 기재된 범죄사실에 대해서만 미친다고 보는 사건단위설이 통설과 판례의 견해이다. 판례는 사건단위설의 입장이나, 인단위설의 입장을 취한 판례도 있다.

판례연구

구속영장의 효력	
1	구속영장의 효력은 구속영장에 기재된 범죄사실 및 그 사실의 기초가 되는 사회적 사실관계가 기본적인 점에서 동일한 공소사실에 미친다고 할 것이고, 이러한 기본적 사실관계의 동일성을 판단함에 있어서는 피고인의 행위와 그 사회적인 사실관계를 기본으로 하되 규범적 요소도 아울러 고려하여야 한다(대결 2001모85). -사건단위설의 입장이다.
2	법원이 피고인에게 구속영장이 발부된 일부 범죄사실에 관한 죄의 형과 나머지 범죄사실에 관한 죄의 형으로 나누어 2개의 형을 선고할 경우, 그 구금일수를 어느 죄에 관한 형에 산입할 것인가의 문제는 법원의 재량에 속하는 사항이라고 봄이 상당하고, 따라서 이를 구속영장이 발부되지 아니한 다른 범죄

46) 구속영장의 효력이 영장에 기재된 범죄사실과 동일성이 인정되는 공소사실에도 미친다.
47) 구속영장의 효력이 피의자가 범한 모든 범죄사실에 미친다.

	사실에 관한 죄의 형에 산입할 수도 있다(대판 86도1875). -인단위설의 입장이다.
3	구속영장에 기재된 장소에 피의자를 구금하여야 한다. 구금 장소의 임의적 변경은 피의자의 방어권이나 접견교통권의 행사에 중대한 장애를 초래하므로 위법하다(대결 95모94).
4	구속기간이 만료될 무렵에 종전 구속영장에 기재된 범죄사실과는 다른 범죄사실로 피고인을 구속하였다는 사정만으로는 그 구속이 위법하다고 단정할 수는 없다(대결 96모46). 〈연습〉 피고인의 구속기간이 만료될 무렵에 종전 구속영장에 기재된 범죄사실과는 다른 범죄사실로 피고인을 구속하였다면 위법하다.(×)
5	피고인이 기소중지처분 된 신용카드사업법 위반 등 피의사실로 27일간 구속되었고, 연이어 사기 등 범행으로 구속되어 사기 등 범행으로 구속기소 되었지만 결과적으로 위 구속기간이 사기 등 범행사실의 수사에 실질상 이용되었다 하더라도 위 구금일수를 사기죄의 본형에 산입할 수는 없다(대판 90도2337).

(2) 이중구속

이중구속이란 이미 구속영장이 발부되어 구속된 피고인·피의자에 대해 다른 사건으로 다시 구속영장을 집행하는 것을 말한다. 부정설이 있으나, 석방에 대비하여 미리 구속할 필요가 있다는 점을 근거로 이중구속은 허용한다(다수설·판례).

(3) 별건구속

별건구속이란 수사기관이 본래 수사하고자 하는 사건(본건)에 대해 구속의 요건이 구비되지 못한 경우에 본건의 수사를 이용할 목적으로 구속요건이 구비된 별건으로 구속하는 경우를 말한다. 허용여부에 대하여 위법설과 적법설이 대립하나 영장주의에 반한다는 점, 구속기간을 탈법적으로 위반할 우려가 있다는 점에서 위법설이 타당하다(다수설).

(4) 검사의 체포 · 구속장소의 감찰(제198조의2)

지방검찰청 검사장 또는 지청장은 불법체포 · 구속의 유무를 조사하기 위하여 검사로 하여금 매월 1회 이상 관할 수사관서의 피의자의 체포 · 구속장소를 감찰케 하여야 한다. 검사는 적법한 절차에 의하지 아니하고 체포 또는 구속된 것이라고 의심할 만한 상당한 이유가 있는 경우에는 즉시 체포 또는 구속된 자를 석방하거나 사건을 검찰에 송치할 것을 명하여야 한다.

6) 접견교통권

(1) 의의

변호인 또는 변호인이 되려는 자는 신체구속을 당한 피의자 · 피고인과 접견하고 서류 또는 물건을 수수할 수 있으며 의사로 하여금 진료하게 할 수 있다(제34조).

(2) 변호인과의 접견교통권

(가) 주체 및 상대방 체포 · 구속된 피의자 · 피고인이 접견교통권의 주체가 되며, 감정유치에 의해 구속된 자, 임의동행으로 연행된 피내사자도 포함된다(판례). 상대방은 변호인 또는 변호인이 되려는 자이다.

(나) 제한 변호인과의 접견교통권은 피의자의 인권보장과 방어준비를 위하여 필수불가결한 권리이므로 법원의 결정이나 수사기관의 처분으로 제한될 수 없고 다만, 변호인의 접견교통권은 법령에 의하여 제한이 가능하다(판례).

(다) 내용 접견의 비밀보장(형의 집행 및 수용자의 처우에 관한 법률 제84조). 교도관이 참여하지 못하며 그 내용을 청취 또는 녹취하지 못한다. 다만 보이는 거리에서 감시할 수 있다. 미결수용자와 변호인 간의 접견은 시간과 횟수를 제한하지 아니한다.

판례연구

접견교통권의 내용	
1	변호인의 구속된 피고인 또는 피의자와의 접견교통권은 피고인 또는 피의자 자신이 가지는 변호인과의 접견교통권과는 성질을 달리하는 것으로서 헌법상 보장된 권리라고는 할 수 없고, 형사소송법 제34조에 의하여 비로소 보장되는 권리이지만, 신체구속을 당한 피고인 또는 피의자의 인권보장과 방어준비를 위하여 필수불가결한 권리이므로, 수사기관의 처분 등에 의하여 이를 제한할 수 없고, 다만, 법령에 의하여서만 제한이 가능하다(대결 2000모112).
2	[1] 구속된 피의자 또는 피고인이 갖는 변호인 아닌 자와의 접견교통권은 피의자 또는 피고인의 방어를 준비하기 위해서도 반드시 보장되지 않으면 안 되는 인간으로서의 기본적인 권리에 해당하므로 이는 성질상 헌법상의 기본권에 속한다고 보아야 할 것이다. [2] 미결수용자의 접견교통권은 헌법재판소가 헌법 제10조의 행복추구권에 포함되는 기본권의 하나로 인정하고 있는 일반적 행동자유권으로부터 나온다고 보아야 할 것이고, 무죄추정의 원칙을 규정한 헌법 제27조 제4항도 그 보장의 한 근거가 될 것이다(헌재 2002헌마193).
3	임의동행의 형식으로 수사기관에 연행된 피의자에게도 변호인 또는 변호인이 되려는 자와의 접견교통권은 당연히 인정되며, 임의동행의 형식으로 연행된 피내사자의 경우에도 이는 마찬가지이다(대결 96모18). 〈연습〉 피내사자의 경우는 변호인과 접견교통권이 인정될 수 없다는 것이 대법원의 입장이다.(×)
4	형사소송법 제34조가 형이 확정되어 집행 중에 있는 수형자에 대한 재심개시의 여부를 결정하는 재심청구절차에는 그대로 적용될 수 없다(대판 96다48831).

(라) 서류 또는 물건의 수수 피의자나 피고인은 변호인으로부터 서류 또는 물건을 수수할 수 있다. 변호인으로부터 수수한 서류의 검열이나 물건의 압수도 허용하지 않는다. 미결수용자와 변호인 간의 서신은 교정시설에서 상대방이 변호인임을 확인할 수 없는 경우를 제외하고는 검열할 수 없다(형의 집행 및 수용자의 처우에 관한 법률 제84조 제3항).

(마) 의사의 진료 피의자나 피고인은 의사의 진료를 받을 수 있다. 인도적 견지에서 요청되는 것이므로 원칙적으로 제한할 수 없다.

(3) 비변호인과의 접견교통권

(가) 접견교통권의 보장 체포 또는 구속된 피의자·피고인은 법률의 범위 내에서 타인과 접견하고 서류 또는 물건을 수수하며 의사의 진료를 받을 수 있다(제89조, 제200조의6, 제209조).

(나) 제한

① 법률에 의한 제한 피의자·피고인의 비변호인의 접견교통권은 법률의 범위 내에서 보장된다. 현재 형의집행 및 수용자의 처우에 관한 법률과 동 시행령에서 제한하고 있다.

② 법원 또는 수사기관의 결정에 의한 제한 법원은 도망하거나 또는 죄증을 인멸할 염려가 있다고 인정할 만한 상당한 이유가 있는 때에는 직권 또는 검사의 청구에 의하여 결정으로 구속된 피의자·피고인과 비변호인과의 접견을 금하거나 수수할 서류 기타 물건의 검열, 수수의 금지 또는 압수를 할 수 있다(제91조, 제209조). 접견금지는 전면적·개별적, 조건부·기한부 금지도 가능하다. 단, 의류, 양식, 의료품의 수수를 금지 또는 압수할 수 없다.

판례연구

	접견교통권의 제한
1	형사소송법 제34조가 규정한 변호인의 접견교통권은 신체구속을 당한 피고인이나 피의자의 인권보장과 방어준비를 위하여 필수불가결한 권리이므로, 법령에 의한 제한이 없는 한 수사기관의 처분은 물론, 법원의 결정으로도 이를 제한할 수 없는 것이다(대결 89모37).
2	변호인과의 자유로운 접견은 신체구속을 당한 사람에게 보장된 변호인의 조력을 받을 권리의 가장 중요한 내용이어서 국가안전보장, 질서유지, 공공복리 등 어떠한 명분으로도 제한될 수 있는 성질의 것이 아니다(헌재 91헌마111).

	〈연습〉 변호인과 자유로운 접견은 국가안전보장 등의 이유로 제한될 수 있다는 것이 헌법재판소의 입장이다.(×)

(4) 접견교통권의 침해에 대한 구제

(가) 접견교통권의 침해유형 변호인과의 접견을 부당하게 지연하거나, 접견 중 비밀침해, 서신검열, 접견의 횟수제한, 재접견 거부, 의류, 양식, 의료품 수수의 금지 등이 있다.

(나) 구제수단

① 항고 · 준항고 법원의 접견교통권 제한결정에 대해서는 보통항고(제402조)를 할 수 있고, 수사기관의 접견교통권 침해에 대해서는 준항고(제417조)로 다툴 수 있다.

② 증거능력의 부정 접견교통권이 침해된 가운데 수집된 피의자 · 피고인의 자백이나 증거물은 위법수집증거로서 증거능력이 부정된다.

③ 헌법소원 헌법소원의 제기는 준항고의 절차를 밟아 접견불허처분의 취소결정이 있었음에도 불구하고 재차 접견을 불허한다면 헌법소원도 허용된다.

④ 항소이유 수사기관의 접견교통권 침해는 원칙적으로 상소이유가 될 수 없다. 수소법원이 접견교통권을 침해하여 피고인의 방어준비에 지장을 초래한 경우에는 상대적 항소이유가 된다(제361조의5 제1호).

⑤ 행정소송 교도소, 구치소에 의한 접견교통권 침해는 행정심판, 행정소송, 국가배상 등의 방법으로 구제받을 수 있다.

판례연구

접견교통권의 침해	
1	미결수용자(피의자, 피고인)의 변호인 접견에도 행형법 제18조 제3항에 따라서 교도관이 참여할 수 있게 한 것은 신체구속을 당한 미결수용자에게 보장된 변호인의 조력을 받을 권리를 침해하는 것이어서 헌법에 위반된다(헌재 91헌마111). 〈연습〉 미결수용자와 변호인과의 접견에는 교도관이 참여할 수 있다.(×)
2	접견신청일이 경과하도록 접견이 이루어지지 아니한 것은 실질적으로 접견불허가 처분이 있는 것과 동일시된다고 할 것이다(대결 91모24).
3	구금 장소의 임의적 변경은 청구인의 방어권이나 접견교통권의 행사에 중대한 장애를 초래하는 것이므로 위법하다(대결 95모94).
4	불법구금, 구금 장소의 임의적 변경 등의 위법사유가 있다고 하더라도 그 위법한 절차에 의하여 수집된 증거를 배제할 이유는 될지언정 공소제기의 절차 자체가 위법하여 무효인 경우에 해당한다고 볼 수 없다(대판 96도561).
5	피고인이 구속되어 국가안전기획부에서 조사를 받다가 변호인의 접견신청이 불허되어 이에 대한 준항고를 제기 중에 검찰로 송치되어 검사가 피고인을 신문하여 제1회 피의자신문조서를 작성한 후 준항고절차에서 위 접견불허처분이 취소되어 접견이 허용된 경우에는 그 피의자신문조서는 증거능력이 없다(대판 90도1586).
6	금치기간 중의 접견허가 여부가 교도소장의 재량행위에 속한다고 하더라도 피징벌자가 금치처분 자체를 다툴 목적으로 소제기 등을 대리할 권한이 있는 변호사와의 접견을 희망한다면 이는 행형법시행령 제145조 제2항에 규정된 예외적인 접견허가사유인 '처우상 특히 필요하다고 인정하는 때'에 해당하고, 그 외 제반 사정에 비추어 교도소장이 금치기간 중에 있는 피징벌자와 변호사와의 접견을 불허한 조치는 피징벌자의 접견권과 재판청구권을 침해하여 위법하다(대판 2003다50184).
7	[1] 변호인이 피의자를 접견할 때 국가정보원 직원이 승낙 없이 사진촬영을 한 것은 접견교통권 침해에 해당한다. [2] 변호인이 되려는 변호사는 국가정보원에게 변호인이 되려는 의사를 표시함에 있어, 국가정보원이 그 의사를 인식하는 데 적당한 방법을 사용하면 되고, 반드시 문서로서 그 의사를 표시하여야 할 필요는 없다(대판 2002다

	56628).
8	변호인접견 전에 작성된 검사의 피고인에 대한 피의자신문조서가 증거능력이 없다고 할 수 없다(대판 90도1613).
9	변호인의 접견교통의 상대방인 신체구속을 당한 사람이 그 변호인을 자신의 범죄행위에 공범으로 가담시키려고 하였다는 등의 사정만으로 그 변호인의 신체구속을 당한 사람과의 접견교통을 금지하는 것이 정당화될 수는 없다(대결 2006모656).
10	검사의 비변호인과의 접견금지 결정으로 접견이 제한된 상황 하에서 피의자신문조서가 작성되었다는 사실만으로 그 조서가 임의성이 없는 것이라고는 볼 수 없다(대판 84도846). 〈연습〉 비변호인과의 접견이 금지된 상태에서 작성된 피의자신문조서는 당연히 임의성이 부정된다.(×)
11	피청구인의 접견거부처분에 대해 법원에 준항고절차까지 밟아 이를 취소하는 결정이 있었음에도 피청구인이 이를 무시한 채 재차 접견거부처분에 이르렀다면, 보충성 원리의 예외에 해당되어 헌법소원의 청구가 허용된다(헌재 89헌마181).
12	수사기관에서의 구금의 장소, 변호인의 접견 등 구금에 관한 처분이 위법한 것이라는 사실만으로는 그와 같은 위법이 판결에 영향을 미친 것이 아닌 한 독립한 상소이유가 될 수 없다(대판 90도646).
13	형의 집행 및 수용자의 처우에 관한 법률 시행령 제65조는 수용자가 보내려는 모든 서신에 대해 무봉함 상태의 제출을 강제함으로써 수용자의 발송 서신 모두를 사실상 검열 가능한 상태에 놓이도록 하는 것은 기본권 제한 규범이 지켜야 할 침해의 최소성 요건을 위반하는 것이다(헌재 2009헌마333).
14	구금된 피의자는 형사소송법의 접견교통권을 유추 · 적용하여 피의자신문을 받음에 있어 변호인의 참여를 요구할 수 있고 수사기관은 이를 거절할 수 없는 것으로 보아야 한다(대판 2011도8125).
15	불구속 피의자가 피의자신문 시 변호인의 조언과 상담을 원한다면, 위법한 조력의 우려가 있어 이를 제한하는 다른 규정이 있고 그가 이에 해당한다고 하지 않는 한 수사기관은 피의자의 위 요구를 거절할 수 없다(헌재 2003모402).

7) 체포 · 구속적부심사제도

(1) 의의

체포영장이나 구속영장에 의해 체포 또는 구속된 피의자에 대하여 법원이 체포 · 구속의 적부를 심사하여 체포 또는 구속이 부적법하거나 부당한 경우에 피의자를 석방하는 제도를 말한다(제214조의2 제1항).

(2) 심사의 청구

(가) 청구권자

① **청구권자** 피의자, 피의자의 변호인, 법정대리인, 배우자, 직계친족, 형제자매, 동거인, 가족 또는 고용주이다(제214조의2 제1항). 청구권자는 체포서 및 체포 · 구속영장 또는 그 청구서를 보관하고 있는 검사, 사법경찰관 또는 법원사무관 등에게 그 등본의 교부를 청구할 수 있다(규칙 제101조).

② **청구의 고지** 수사기관은 피의자와 청구권자 중 피의자가 지정하는 자에게 적부심을 청구할 수 있음을 고지해야 한다(제214조의2 제2항).

(나) 청구사유 및 방법 청구사유는 제한 없으며, 관할법원에 서면으로 한다(규칙 제176조).

(다) 서류의 열람 체포 · 구속적부심에 참여할 변호인은 지방법원 판사에게 제출된 구속영장청구서 및 고소 · 고발장, 피의자의 진술을 기재한 서류와 피의자가 제출한 서류를 열람할 수 있다(규칙 제104조의2).

(3) 법원의 심사

(가) 심사법원 지방법원 합의부 또는 단독판사가 한다. 체포영장 또는 구속영장을 발부한 법관은 관여하지 못한다. 다만 체포영장 또는 구속영장을 발부한 법관 외에는 심문 · 조사 · 결정을 할 판사가 없는 경우에는 그러하지 아니한다(제214조의2 제11항).

(나) 심문기간의 지정·통지 및 출석 구속적부심사의 청구를 받은 법원은 지체 없이 심문기일을 지정하여야 한다. 심문기일을 지정한 법원은 즉시 청구인, 변호인, 검사 및 피의자를 구금하고 있는 관서의 장에게 심문기일과 장소를 통지하여야 한다(규칙 제104조 제1항). 사건을 수사 중인 수사기관은 심문기일까지 수사관계 서류와 증거물을 법원에 제출해야 하고, 피의자를 구금하고 있는 관서의 장은 심문기일에 피의자를 출석시켜야 한다.

(다) 심문기일의 절차 심사법원은 심문기일에 피의자를 심문하고 수사관계 서류와 증거물을 조사한다(제214조의2 제2항, 제3항). 법원은 청구서가 접수된 때부터 48시간 이내에 심문과 조사를 하여야 한다. 피의자는 판사의 심문 도중에도 변호인의 조력을 받을 수 있다. 체포 또는 구속된 피의자, 변호인, 청구인은 피의자에게 유리한 자료를 제출할 수 있다. 법원은 피의자 심문을 합의부원에게 명할 수 있다.

(라) 국선변호인의 선정 체포 또는 구속된 피의자에게 변호인이 없을 때에는 제33조의 규정을 준용하여 국선변호인을 선임하여야 한다(제214조의2 제10항).

(4) 법원의 결정[48)]

(가) 기각결정 법원의 심사의 결과 청구가 이유 없다고 인정한 때에는 그 청구를 기각하여야 한다. 다음의 경우[49)]에는 심문 없이 결정으로 청구를 기각할 수 있다.

(나) 석방결정 법원이 적부심사의 청구가 이유 있다고 인정한 때에는 결정으로 체포 또는 구속된 피의자를 석방을 명하여야 한다. 심사청구 후 공소제기가 있는 경우에도 또한 같다. 체포 또는 구속적부심사결정에 의하여

48) 적부심사 청구에 대한 결정은 피의자에 대한 심문이 종료된 때로부터 24시간 이내에 결정하여야 한다(규칙 제105조).

49) 1. 청구권자가 아닌 자가 청구하는 경우, 2. 동일한 체포영장 또는 구속영장의 발부에 대하여 재청구한 때, 3. 공범 또는 공동피의자의 순차청구가 수사방해의 목적임이 명백한 때.

석방된 피의자가 도망하거나 죄증을 인멸하는 경우를 제외하고는 동일한 범죄사실에 관하여 재차 체포 또는 구속하지 못한다.

(다) 항고의 금지 체포 · 구속적부심사에 관한 법원의 결정에 대하여는 기각결정과 석방결정을 불문하고 항고가 허용되지 않는다(214조의2 제8항).

(5) 보증금납입조건 피의자 석방

(가) 의의 피의자가 구속적부심사를 청구한 경우에 법원이 피의자에 대하여 보증금납입을 조건으로 구속된 피의자를 석방하는 제도이다.[50)]

(나) 절차 법원의 직권 재량 보석으로 보증금 납입을 조건으로 하여 납입후가 아니면 집행하지 못한다. 청구권은 인정되지 않는다. 체포된 피의자도 대상자에 해당하는지에 대해 견해가 대립하나, 구속된 피의자에게만 인정되고 체포된 피의자는 인정되지 않는다는 것이 판례의 입장이다.

(다) 법원의 석방결정

① 석방결정 법원은 구속된 피의자(심사청구 후 공소제기된 자를 포함)에 대하여 피의자의 출석을 보증할 만한 보증금의 납입을 조건으로 하여 결정으로 석방을 명할 수 있다(제214조의2 제5항).

② 보증금 결정 및 집행절차 ㉠ 보증금의 결정 및 집행절차는 피고인 보석의 규정을 준용한다(제214조의2 제7항). ㉡ 보석허가결정은 보석금을 납입한 후가 아니면 집행하지 못하며, 법원은 유가증권 또는 피의자 이외의 자가 제출한 보증서로서 보증금에 갈음할 것을 허가할 수 있다. ㉢ 석방을 결정하는 경우에는 주거의 제한, 법원 또는 검사가 지정하는 일시 · 장소에 출석할 의무, 기타 적당한 조건을 부가할 수 있다(제214조의2 제6항). ㉣ 다음의 경우[51)]가 있는 때에는 보증금 납입조건부 피의자 석방을 명할 수 없다.

---

50) 피의자보석은 구속적부심사청구 피의자에 대해서만 인정되고, 체포적부심사를 청구의 피의자에 대해서는 인정되지 않는다(판례). 보증금납입조건부 피의자석방제도는 구속적부심사를 청구한 피의자만을 대상으로 하고 있고, 피의자에게 보석청구권을 인정하지 않는 법원의 직권보석이며, 필요적 보석을 원칙으로 하는 보석과는 달리 법원의 재량보석이다.

(라) 보증금의 몰수

① **임의적 몰수** 법원 또는 검사의 청구에 의해 보증금의 전부 또는 일부를 몰수할 수 있다. 1. 재체포 · 재구속시 몰수할 수 있다. 2. 공소가 제기된 후 법원이 동일한 범죄사실에 관하여 피고인을 재차 구속할 때.

② **필요적 몰수** 피의자 보석으로 석방된 자가 동일한 범죄사실에 관하여 형의 선고를 받고 확정판결 후 집행을 위한 소환에 정당한 이유 없이 출석불응, 도망한 때 직권 또는 검사의 청구에 의하여 보증금의 전부 또는 일부를 몰수한다.

③ **보증금 환부** 규정 없다.

(마) **재체포 · 재구속의 제한** 석방된 피의자가 도망한 때, 도망하거나 죄증을 인멸할 염려가 있다고 믿을 만한 충분한 이유가 있는 때, 출석 요구를 받고 정당한 이유 없이 출석하지 아니한 때, 법원이 정한 조건을 위반한 때를 제외하고 재체포 · 재구속은 불가하다(제214조의 3 제2항).

(바) **항고** 명문의 규정은 없으나 기소 후 보석결정에 대하여 항고가 인정되는 것과의 균형상 항고할 수 있다고 한다(판례).

판례연구

1	형사소송법 제214조의2 제1항은 체포영장 또는 구속영장에 의하여 체포 또는 구속된 피의자 등이 체포 또는 구속의 적부심사를 청구할 수 있다고 규정하고 있는바, 형사소송법의 위 규정이 체포영장에 의하지 아니하고 체포된 피의자의 적부심사청구권을 제한한 취지라고 볼 것은 아니므로 긴급체포 등 체포영장에 의하지 아니하고 체포된 피의자의 경우에도 헌법과 형사소송법의 위 규정에 따라 그 적부심사를 청구할 권리를 가진다(대결 97모21).
2	우리 형사소송법상 구속적부심사의 청구인적격을 피의자 등으로 한정하고 있

51) 1. 죄증을 인멸할 염려가 있다고 믿을만한 충분한 이유가 있는 때, 2. 피해자, 당해 사건의 재판에 필요한 사실을 안다고 인정되는 자 또는 그 친족의 생명 · 신체나 재산에 해를 가할 염려가 있다고 믿을만한 충분한 이유가 있는 때

	어서 청구인이 구속적부심사청구권을 행사한 다음 검사가 법원의 결정이 있기 전에 기소하는 경우 헌법상 독립된 법관으로부터 심사를 받고자 하는 청구인의 '절차적 기회'가 반대 당사자의 '전격기소'라고 하는 일방적 행위에 의하여 제한되어야 할 합리적인 이유가 없으므로 이 사건 법률조항은 헌법에 합치되지 아니한다(헌재 2002헌바104).
3	형사소송법은 수사단계에서의 체포와 구속을 명백히 구별하고 있고 같은 법 제214조의2에서 체포와 구속을 서로 구별되는 개념으로 사용하고 있는 바, 현행법상 체포된 피의자에 대하여는 보증금 납입을 조건으로 한 석방이 허용되지 않는다(대결 97모21). 〈연습〉 법원은 체포·구속적부심사청구가 있는 경우 피의자의 출석을 보증할 만한 보증금의 납입을 조건으로 석방을 명할 수 있다.(×)
4	구속적부심문조서는 형사소송법 제311조가 규정한 문서에는 해당하지 않는다 할 것이나, 특별한 사정이 없는 한, 피고인이 증거로 함에 부동의 하더라도 형사소송법 제315조 제3호에 의하여 당연히 그 증거능력이 인정된다(대판 2003도5693). 〈연습〉 구속적부심사신문조서는 형사소송법 제311조에 따른 법원 또는 법관 면전에서 작성된 조서로서 당연히 그 능력이 인정된다.(×)

8) 보석

(1) 의의

일정한 보증금납입을 조건으로 구속의 집행을 정지하고 피고인을 석방하는 제도이다. 구속의 효과를 달성하면서 피고인에게 방어의 준비를 할 수 있게 하고 잡거구금의 폐해를 방지하며, 미결구금의 유지에 필요한 국가경비를 절약할 수 있게 한다.

(2) 종류

(가) 청구 유무에 따른 구별 피고인 등의 청구에 의한 청구보석과 법원의 직권에 의한 직권보석이 있다.

(나) 법원의 재량여부에 따른 구별

① **필요적 보석** 필요적 보석 불허사유가 있는 경우[52]를 제외하고는 허가 해야 한다(제95조).

② **임의적 보석** 필요적 보석청구가 없는 경우, 필요적 보석불허사유에 해당된 경우 법원의 직권 또는 청구권자의 청구에 의해 결정으로 보석허가 가능하다(제96조).

(3) 보석의 절차

(가) 보석의 청구

① **청구권자** 피고인, 피고인의 변호인, 법정대리인, 직계혈족, 형제자매와 가족, 동거인, 고용주

② **청구방법** 보석의 청구는 서면으로 하여야 하며, 공소제기 후 재판의 확정 전까지는 심급을 불문하고 할 수 있고, 상소기간 중에도 가능하다. 소송기록이 원심법원에 있는 때에는 원심법원에 청구해야 한다.

(나) 법원의 심리

① **검사의 의견** 법원이 보석에 관한 결정을 함에는 검사의 의견을 물어야 한다. 검사는 지체 없이 의견을 표명하여야 한다. 검사가 지체 없이 의견을 표명하지 아니한 때는 보석허가에 동의한 것으로 간주한다. 검사의 의견표명이 법원을 구속하지 않는다.

② **피고인 심문** 보석청구를 받은 법원은 지체 없이 심문기일을 정하여 구

---

52) 1. 피고인이 사형, 무기 또는 장기 10년이 넘는 징역이나 금고에 해당하는 죄를 범한 때, 2. 피고인이 누범에 해당하거나 상습범인 죄를 범한 때, 3. 피고인이 죄증을 인멸하거나 인멸할 염려가 있다고 믿을 만한 충분한 이유가 있는 때, 4. 피고인이 도망하거나 도망할 염려가 있다고 믿을 만한 충분한 사유가 있는 때, 5. 피고인의 주거가 분명하지 아니한 때, 6. 피고인이 피해자, 당해 사건의 재판에 필요한 사실을 알고 있다고 인정되는 자 또는 그 친족의 생명·신체나 재산에 해를 가하거나 가할 염려가 있다고 믿을 만한 충분한 이유가 있는 때 등이다.

속된 피고인을 심문하여야 한다(규칙 제54조의2 제1항).

(4) 보석보증금의 결정

(가) 결정기한 검사가 의견서를 제출한 날 또는 의견서를 제출하여야 할 기간이 종료한 날로부터 7일 이내에 보석허가여부를 결정하여야 한다(규칙 제55조).

(나) 청구기각 결정 보석청구가 부적법하거나 이유 없는 때에는 보석청구를 기각하는 결정을 해야 한다. 청구를 기각한 결정에 대하여는 보통항고를 할 수 있다(제403조 제2항).

(다) 보석허가 결정

① 보석의 조건 보석청구가 있는 때에는 보석허가의 결정을 하여야 하며, 출석을 보증할 수 있는 조건을 정해야 한다. 보석허가 결정에 대하여 검사는 보통항고를 할 수 있다. 보석을 허가하는 경우 범죄의 성질 · 죄상, 증거의 증명력, 피고인의 전과 · 성격 · 환경 · 자산 등을 고려하여 보증금 결정한다(제98조 제1항).

② 보석조건의 변경 법원은 직권 또는 보석청구권자의 신청에 따라 결정으로 피고인의 보석조건을 변경하거나 일정기간 동안 당해 조건의 이행을 유예할 수 있다(제102조).

(5) 보석의 취소

법원은 직권 또는 검사의 청구에 의하여 취소할 수 있다(제102조 제2항). 취소결정에 대해 항고할 수 없다. 취소사유는 ① 도망한 때 ② 도망하거나 죄증을 인멸할 염려가 있다고 믿을 만한 충분한 이유가 있을 때 ③ 소환을 받고 정당한 사유 없이 출석하지 아니한 때 ④ 피해자, 당해 사건의 재판에 필요한 사실을 알고 있다고 인정되는 자 또는 그 친족의 생명 · 신체 · 재산에 해를 가하거나 가할 염려가 있다고 믿을 만한 충분한 이유가 있는 때 ⑤ 법원이 정한 조건을 위반한 때 등이다. 보석취소에 의하여 피고인을 재구금

해야 하는 경우에 새로운 구속영장은 필요 없으며, 보석취소 결정을 피고인에게 송달할 필요도 없다.

(6) 보석의 실효

보석은 보석의 취소와 구속영장의 실효에 의하여 그 효력이 상실된다. 보석 중인 피고인에 대해 제1심이나 제2심에서 실형이 선고되더라도 아직 확정되지 않았다면 보석이 취소되지 않는 한 보석의 효력은 지속된다.

(7) 보증금의 몰수 · 환부

(가) 몰수

① **임의적 몰수** 법원이 보석을 취소할 때에는 직권 또는 검사의 청구에 따라 결정으로 보증금의 전부 또는 일부를 몰수할 수 있다(제103조 제1항).

② **필요적 몰수** 보석된 자가 확정판결의 집행을 위한 소환에 정당한 이유 없이 출석하지 않거나 도망한 때이다(제103조 제2항).

(나) **환부** 구속 또는 보석을 취소하거나 구속영장의 효력이 소멸된 때 몰수하지 아니한 보증금을 보증금 납입자가 청구한 날로부터 7일 이내에 환부하여야 한다(제104조).

판례연구

1	집행유예기간 중에 있는 피고인의 보석을 허가한 것이 형사소송법 제95조 제2호의 취지에 위배되어 위법이라고 할 수 없다(대결 90모22). 〈연습〉 피고인이 집행유예기간 중에 있을 때에는 보석을 허가할 수 없다.(×)
2	법원이 검사의 의견을 듣지 아니한 채 보석에 관한 결정을 하였다고 하더라도 그 결정이 적정한 이상, 절차상의 하자만을 들어 그 결정을 취소할 수는 없다(대결 97모88). 〈연습〉 법원이 검사의 의견을 듣지 아니한 채 보석에 관한 결정을 하였다면 그 결정은 취소되어야 한다.(×)
3	형사소송규칙 제54조의2는 보석청구를 받은 법원이 지체 없이 심문기일을 정

4	하여 구속피고인을 심문하도록 규정한 것이지 항고심에서도 필요적으로 피고인을 심문하도록 규정한 것이 아니다(대결 91모53).
4	보석허가결정의 취소는 그 취소결정을 고지하거나 결정법원에 대응하는 검찰청 검사에게 결정서를 교부 또는 송달함으로써 즉시 집행할 수 있는 것이고 그 결정등본이 피고인에게 송달(또는 고지)되어야 집행할 수 있는 것은 아니다(대결 83모19).
5	보석보증금을 몰수하려면 반드시 보석취소와 동시에 하여야만 가능한 것이 아니라 보석취소 후에 별도로 보증금몰수결정을 할 수도 있다(대결(전) 2000모22). 〈연습〉 보석보증금을 몰수하려면 반드시 보석취소와 동시에 하여야만 하고 보석취소 후에 별도로 보증금몰수결정을 하는 것은 허용되지 않는다.(×)
6	[1] 보증금몰수사건의 사물관할은 법원조직법 제7조 제4항의 규정에 따라 지방법원 단독판사에게 속하는 것이다(대결 2001모53). [2] 형사소송법 제103조에서 규정하는 "보석된 자"란 보석허가결정에 의하여 석방된 사람 모두를 가리키는 것이지, 판결확정 전에 그 보석이 취소되었으나 도망 등으로 재구금이 되지 않은 상태에 있는 사람이라고 하여 여기에서 제외할 이유가 없다(대결 2001모53).

9) 구속집행정지

(1) 의의

법원은 상당한 이유가 있는 때에는 결정으로 구속 피고인의 구속의 집행을 정지할 수 있다(제101조 제1항). 구속된 피의자에 대하여 상당한 이유가 있을 때에는 검사 또는 사법경찰관은 구속집행을 정지할 수 있다(제209조).

판례연구

구속의 집행정지
구속집행정지결정에 대한 검사의 즉시항고를 인정하는 이 사건 법률조항은 검사의 불복을 그 피고인에 대한 구속집행을 정지할 필요가 있다는 법원의 판단보다

우선시킬 뿐만 아니라, 사실상 법원의 구속집행정지결정을 무의미하게 할 수 있는 권한을 검사에게 부여한 것이라는 점에서 헌법 제12조 제3항의 영장주의 원칙에 위배된다. 또한 헌법 제12조 제3항의 영장주의는 헌법 제12조 제1항의 적법절차 원칙의 특별규정이므로, 헌법상 영장주의 원칙에 위배되는 이 사건 법률조항은 헌법 제12조 제1항의 적법절차 원칙에도 위배된다(헌재 2011헌가36).

(2) 절차

(가) 신청권 당사자에게는 신청권이 없으며, 직권으로만 가능하다. 설령 신청을 하여도 직권발동을 촉구하는 의미밖에 없다.

(나) 피고인 구속의 집행정지 절차 법원이 구속의 집행정지결정을 함에는 검사의 의견을 물어야 한다. 단 급속을 요하는 경우에는 그러하지 아니하다(제101조 제2항). 법원의 구속집행정지결정에 대하여 검사는 즉시항고를 할 수 없다(제101조 제3항; 삭제).[53] 검사는 보통항고 할 수 있다(제403조 제2항). 헌법 제44조에 의하여 구속된 국회의원에 대한 석방요구가 있으면 당연히 구속영장이 정지된다(제101조 제4항). 석방요구의 통고를 받은 검찰총장은 즉시 석방을 지휘하고 그 사유를 수소법원에 통지해야 한다(제101조 제5항).

(다) 피의자 구속의 집행정지 절차 구속된 피의자에 대해서는 검사 또는 사법경찰관이 구속의 집행을 정지할 수 있다. 다만 사법경찰관은 검사의 지휘를 받아야 한다(대통령령 제36조). 피의자에 대하여 구속집행정지결정을 한 경우 지체 없이 검사는 영장을 발부한 법원에 그 사유를 서면으로 통지하여야 한다(제204조).

(라) 취소 보석취소 사유와 동일한 사유가 있을 때 법원은 직권 또는 검사의 청구에 의하여 결정으로 구속의 집행정지를 취소할 수 있다(제102조 제2항). 다만 국회의원에 대한 구속영장의 집행정지는 그 회기 중 취소하지

53) 형사소송법 제102조 제3항은 헌재에 의해 위헌으로 결정됨

못한다(제102조 제2항). 구속된 피의자에 대하여 검사 또는 사법경찰관이 결정으로 구속의 집행정지를 취소할 수 있다(제209조).

10) 구속의 실효

(1) 구속취소

(가) 의의 구속사유가 없거나 소멸된 때 구속을 취소한다. 법원은 직권 또는 검사, 피고인, 변호인과 변호인선임권자(제30조 제2항)의 청구에 의하여 결정으로 구속을 취소하여야 한다(제93조). 피의자에 대하여는 검사 또는 사법경찰관의 결정으로 구속을 취소하여야 한다(제209조).

(나) 절차

① 피고인에 대한 구속취소 구속의 사유가 없거나 소멸된 때에 법원은 직권 또는 검사, 피고인, 변호인과 변호인 선임권자의 청구에 의하여 구속을 취소하여야 한다(제93조, 제209조). 법원이 구속취소의 결정을 함에는 검사의 의견을 물어야 한다. 검사는 지체 없이 의견을 표명해야 한다(제97조 제2항). 구속을 취소하는 결정에 대하여 검사는 즉시항고 할 수 있다(제97조 제3항). 법원은 특별한 사정이 없는 한 보석 또는 구속취소의 청구를 받은 날부터 7일 이내에 그에 관한 결정을 하여야 한다(규칙 제55조).

② 피의자에 대한 구속취소 구속의 사유가 없거나 소멸된 때에 법원은 직권 또는 검사, 피고인, 변호인과 변호인 선임권자의 청구에 의하여 구속을 취소하여야 한다(제93조, 제209조). 다만, 사법경찰관은 검사의 지휘를 받아야 한다(사법경찰관 수사준칙 제36조). 구속취소결정에 대해 검사는 즉시항고를 할 수 있다.

판례연구

구속취소사유에 해당하는 경우	
1	피고인에 대한 형이 그대로 확정된다고 하더라도 잔여형기가 8일 이내이고 또한 피고인의 주거가 일정할 뿐 아니라 증거인멸이나 도망의 염려도 없어 보인다면 피고인을 구속할 사유는 소멸하였다 보아야 할 것이나 구속취소 신청은 이유 있다(대결 83모42).
2	제1심과 항소심판결 선고 전 구금일수만으로도 본형 형기를 초과할 것이 명백하므로 피고인이 현재 집행유예 기간 중에 있더라도 피고인을 구속할 사유는 소멸되었다(대결 91모25).
구속취소사유에 해당하지 않는 경우	
1	형사소송법 제93조에 의한 구속의 취소는 구속영장의 효력이 존속하고 있음을 전제로 하는 것이고, 다른 사유로 이미 구속영장이 실효된 경우(유죄판결이 확정)에는 피고인이 계속 구금되어 있더라도 위 규정에 의한 구속의 취소 결정을 할 수 없다(대결 99초355).
2	체포, 구금 당시에 헌법 및 형사소송법에 규정된 사항(체포, 구금의 이유 및 변호인의 조력을 받을 권리) 등을 고지 받지 못하였고, 구금기간 중 면회거부 등의 처분을 받았다 하더라도 이와 같은 사유는 형사소송법 제93조의 구속취소사유에는 해당하지 아니한다(대결 91모76).
3	항소심이 제1심 판결을 파기하고 징역형을 선고하면서 산입한 제1심판결 선고전의 구금일수와 법정 통산되는 항소심판결 선고 전의 구금일수에 상고제기기간 만료일까지의 구금일수를 합하여도 항소심의 형기에는 미달되는 경우, 피고인에 대한 구속사유가 없거나 소멸되었다고 할 수 없다(대결 91모52).

(2) 구속의 당연실효

(가) 구속기간의 만료 구속기간이 경과하면 구속영장은 그 효력이 상실되므로 그 후의 구속은 불법구속이 된다는 것이 통설이며, 판례도 구속기간이 만료하면 구속영장의 효력은 상실된다고 판시하였다.

(나) 구속영장의 실효 무죄, 면소, 형의 면제, 형의 선고유예, 형의 집행유예, 공소기각 또는 벌금이나 과료를 과하는 판결이 선고된 때에는 구속영장

이 효력을 잃는다(제331조).

(다) 사형 · 자유형의 확정 사형 · 자유형의 판결이 확정된 때에도 구속영장의 효력은 상실된다.

판례연구

구속의 당연 실효	
1	(구)군법회의법 제132조의 제한을 넘어 구속기간을 갱신한 경우에 있어서 구속명령의 효력이 당연히 실효되는 것은 아니다(대판 64도428).
2	구속기간의 만료로 피고인에 대한 구속의 효력이 상실된 후 항소법원이 피고인에 대한 판결을 선고하면서 피고인을 구속하였다 하여 위 법 제208조의 규정에 위배되는 재구속 또는 이중구속이라 할 수 없다(대결 85도12).
3	무죄 등 판결 선고 후 석방대상 피고인이 교도소에서 지급한 각종 지급품의 회수, 수용시의 휴대금품, 영치된 금품의 반환과 환급문제 때문에 임의로 교도관과 교도소에 동행하는 것은 무방하나, 석방절차를 밟는다는 이유로 피고인의 동의를 얻지 않고 의사에 반하여 교도소로 연행하는 것은 헌법 제12조의 규정에 비추어 도저히 허용될 수 없다(헌재 95헌마247).

4. 압수 · 수색 · 검증

1) 압수 · 수색

(1) 의의

압수는 물건의 점유를 취득하는 강제처분이다. 예컨대 압류[54], 영치[55], 제출명령[56]이 있다. 수색은 압수할 물건 또는 체포할 사람의 발견을 목적으

54) 점유취득과정 자체에 강제력이 있는 경우를 말한다.
55) 유류물과 임의제출물을 점유하는 경우를 말한다. 점유자가 점유를 임의로 회복할 수 없다는 점에서 압수의 일종이다.
56) 일정한 물건의 제출을 명하는 법원의 강제처분을 말한다. 수사기관에게는 인정되지 않는 강제처분이다.

로 하는 강제처분이다.

(2) 압수 · 수색의 대상

(가) 압수의 대상 압수의 대상에는 증거물 또는 몰수물(제106조 제1항) 등이 있다. 증거물에 대한 압수는 절차확보라는 의미를 가지는데 반하여, 몰수물에 대한 압수는 형집행에 대비한 판결확보라는 의미를 가진다. 다만 공무상 또는 업무상 비밀보호라는 관점에서 법률로 압수를 제한하는 경우도 있다. ① 군사상 비밀(제219조, 제110조), ② 공무상 비밀(제219조, 제111조), ③ 업무상 비밀(제219조, 제112조).

(나) 수색의 대상 법원 또는 수사기관은 필요한 경우 피의자 · 피고인의 신체, 물건 또는 주거, 기타 장소를 수색할 수 있다(제109조 제1항, 제209조). 피의자 · 피고인이 아닌 자의 신체, 물건, 주거, 기타 장소에 관하여는 압수할 물건이 있음을 인정할 수 있는 경우에 한하여 수색할 수 있다(제109조 제2항).

(3) 압수 · 수색의 요건

(가) 범죄혐의 압수 · 수색도 범죄혐의가 있어야 한다. 혐의정도에 대해서는 구속과 같은 고도의 개연성이 있어야 한다는 견해와 단순한 혐의로도 족하다는 견해가 대립한다.

(나) 필요성 압수 · 수색은 범죄수사에 필요한 때에 할 수 있다(제215조). 압수의 필요성이란 압수의 대상물과 범죄사실과의 관련성이 있음을 의미한다.

(다) 비례성 압수 · 수색을 행하지 않으면 수사의 목적을 달성할 수 없는 경우라야 하며, 필요한 최소한의 범위에 그쳐야 한다.

판례연구

압수수색의 요건	
1	[1] 형사소송법 제215조에 의하면 검사나 사법경찰관이 범죄수사에 필요한 때에는 영장에 의하여 압수를 할 수 있으나, 여기서 '범죄수사에 필요한 때'라 함은 단지 수사를 위해 필요할 뿐만 아니라 강제처분으로서 압수를 행하지 않으면 수사의 목적을 달성할 수 없는 경우를 말한다. [2] 검사가 이 사건 준항고인들의 폐수무단방류 혐의가 인정된다는 이유로 준항고인들의 공장부지, 건물, 기계류 일체 및 폐수운반차량 7대에 대하여 한 압수처분은 수사상의 필요에서 행하는 압수의 본래의 취지를 넘는 것으로 위법하다(대결 2003모126).
2	피청구인(성남 남부경찰서장)이 유치장에 수용되는 자에게 실시하는 신체검사는 일정한 범위 내에서 신체수색의 필요성과 타당성은 인정된다 할 것이나, 이러한 행정목적을 달성하기 위하여 경찰청장이 일선 경찰서 및 그 직원에 대하여 그 직무권한행사의 지침을 발한 피의자유치및호송규칙에 따른 신체검사가 당연히 적법한 것이라고는 할 수 없다(헌재 2000헌마327).
3	출판에 대한 사전검열이 헌법상 금지된 것으로서 어떤 이유로도 행정적인 규제방법으로 사전검열을 하는 것은 허용되지 않으나 출판내용에 형벌법규에 저촉되어 범죄를 구성하는 혐의가 있는 경우에 그 증거물 또는 몰수할 물건으로서 압수하는 것은 재판절차라는 사법적 규제와 관련된 것이어서 행정적인 규제로서의 사전검열과 같이 볼 수 없다(대결 91모1).

(4) 압수 · 수색의 절차

(가) 압수수색 영장의 발부

① **법원의 압수 · 수색** 공판정에서의 압수 · 수색은 영장 필요하지 않으나, 공판정 외에서의 압수 · 수색은 법원이 발부하는 영장이 필요하다(제113조).

② **수사기관의 압수 · 수색** 검사는 지방법원 판사에 청구한다. 사법경찰관은 검사에게 신청하면 검사는 지방법원 판사에게 청구한다. 압수 · 수색영장에는 피고인의 성명, 죄명, 압수할 물건, 수색할 장소, 신체, 물건, 발부연월일, 유효기간과 그 기간을 경과하면 집행에 착수하지 못하며 영장을 반환하

여야 한다는 취지, 기타 대법원규칙으로 정한 사항을 기재하고 재판장 또는 수명법관이 서명 · 날인하여야 한다. 영장의 유효기간은 7일로 한다. 다만 법원 또는 법관이 상당하다고 인정하는 때에는 7일이 넘는 기간을 정할 수 있다(규칙 제178조).

③ **일반영장** 일반영장[57]은 금지된다.

(나) 압수 · 수색영장의 집행

① **영장의 집행** 검사의 지휘에 의거 사법경찰관리가 집행한다. 단, 필요시 재판장은 법원사무관 등에 집행을 명할 수 있다.

② **영장의 집행방법** 반드시 사전영장 제시, 사후 제시에 의한 긴급집행은 인정되지 않는다(구속과는 다름). 압수 · 수색영장을 제시하고 집행에 착수하여 압수 · 수색을 실시하고 그 집행을 종료하였다면 압수 · 수색의 유효기간이 남아있다고 하여 이를 제시하고 다시 압수 · 수색할 수 없다.

③ **당사자 · 책임자 등의 참여** 검사 · 피고인(피의자) 또는 변호인은 압수 · 수색영장의 집행에 참여할 수 있다(제121조, 제219조). 공무소 · 군사용의 항공기 · 선차 내에서의 압수 · 수색영장을 집행함에는 그 책임자를 참여할 것을 통지한다. 타인의 주거, 간수자 있는 가옥 등에서의 압수 · 수색영장을 집행함에는 주거자 · 간수자 등을 참여하게 한다. 여자의 신체 수색은 성년의 여자를 참여케 해야 한다.

④ **야간집행의 제한** 영장에 야간집행 기재가 없으면 야간 집행할 수 없다(제125조, 제219조). 다만, 도박 기타 풍속을 해하는 행위에 상용된다고 인정하는 장소, 여관, 음식점, 기타 야간에 공중의 출입 장소에 대해서는 이러한 제한을 받지 않는다(제126조, 제219조).

57) 압수 · 수색의 대상이 특정되지 않은 영장

판례연구

압수 · 수색의 절차	
1	지방법원 판사가 한 압수영장발부의 재판에 대하여는 위 조항에서 정한 준항고로 불복할 수 없고, 항고의 방법으로도 불복할 수 없다(대결 97모66).
2	수사기관이 압수 · 수색영장을 제시하고 집행에 착수하여 압수 · 수색을 실시하고 그 집행을 종료하였다면 이미 그 영장은 목적을 달성하여 효력이 상실되는 것이고, 동일한 장소 또는 목적물에 대하여 다시 압수 · 수색할 필요가 있는 경우라면 그 필요성을 소명하여 법원으로부터 새로운 압수 · 수색영장을 발부 받아야 하는 것이지, 앞서 발부 받은 압수 · 수색영장의 유효기간이 남아 있다고 하여 이를 제시하고 다시 압수 · 수색을 할 수는 없다(대결 99모161). 〈연습〉 다시 새로운 압수 · 수색영장을 발부받을 필요가 있는 것은 아니다.(×) 〈연습〉 그 집행을 종료한 경우에도 다시 이를 제시하고 압수 · 수색할 수 있다.(×)
3	[1] 법원이나 수사기관은 필요한 때에는 증거물 또는 몰수할 것으로 사료하는 물건을 압수할 수 있으나, 몰수는 반드시 압수되어 있는 물건에 대하여서만 하는 것이 아니므로, 몰수대상 물건이 압수되어 있는가 하는 점 및 적법한 절차에 의하여 압수되었는가 하는 점은 몰수의 요건이 아니다. [2] 이미 그 집행을 종료함으로써 효력을 상실한 압수 · 수색영장에 기하여 다시 압수 · 수색을 실시하면서 몰수대상 물건을 압수한 경우, 압수 자체가 위법하게 됨은 별론으로 하더라도 그것이 위 물건의 몰수의 효력에는 영향을 미칠 수 없다(대판 2003도705).
4	마약수사관이 밀수입된 필로폰을 넘겨받을 상대방인 것처럼 가장해 건네받은 뒤 피고인이 없는 자리에서 압수하는 조치를 취하면서도 사전 또는 사후에 영장을 발부받거나 압수목록을 교부하지 않은 경우 이 압수조서는 형사소송법상 영장주의 원칙에 위배된 증거로서 절차위반행위가 적법절차의 실질적인 내용을 침해하는 정도에 해당해 증거능력이 없다(대판 2009도7419).
5	증거의 압수 후 압수조서의 작성 및 압수목록의 작성 · 교부 절차가 제대로 이행되지 아니한 잘못이 있다 하더라도, 그것이 적법절차의 실질적인 내용을 침해하는 경우에 해당한다거나 앞서 본 위법수집증거의 배제법칙에 비추어 그 증거능력의 배제가 요구되는 경우에 해당한다고 볼 수는 없다(대판 2011도1902).

6	사법경찰리가 작성한 "피고인이 임의로 제출하는 별지 기재의 물건(공소장에 기재된 물건)을 압수하였다"는 내용의 압수조서는, 피고인이 공판정에서 증거로 함에 동의하지 아니하였고 원진술자의 공판기일에서의 증언에 의하여 그 성립의 진정함이 인정된 바도 없다면 증거로 쓸 수 없다(대판 94도1476).
7	검사가 뇌물수수죄로 기소한 후, 공소사건에 관하여 형사소송법 제215조에 따라 수소법원이 아닌 지방법원 판사로부터 압수·수색영장을 발부받아 추가로 뇌물죄로 제공된 수표의 발행전표사본 등을 압수한 것은 위법하다(대판 2009도10412). 〈연습〉 검사가 공소제기 후 피고사건에 관하여 수소법원 이외의 지방법원 판사에게 청구하여 발부받은 영장에 의하여 압수·수색을 하여도 수집한 증거도 유죄의 증거로 할 수 있다.(×)

(다) 압수·수색에 있어서의 영장주의의 예외 적법한 체포·구속 및 긴급체포에 수반한 압수·수색·검증, 피고인 구속 현장에서의 압수·수색, 범죄현장에서의 압수·수색·검증, 유류물 또는 임의제출물의 영치 등은 영장 없이 압수·수색 가능하다.

판례연구

압수·수색의 영장주의의 예외	
1	대학생들인 피고인들이 전경 5명을 불법으로 납치, 감금하고 있으면서 경찰의 수회에 걸친 즉시 석방요구에도 불구하고 불가능한 조건을 내세워 이에 불응하고, 경찰이 납치된 전경들을 구출하기 위하여 압수·수색영장 없이 도서관 건물에 진입한 것은 적법한 공무원의 직무집행이라 할 것이다(대판 90도767).
2	형사소송법 제217조 제2항, 제3항에 위반하여 압수·수색영장을 발부받지 아니하고도 즉시 반환하지 아니한 압수물은 이를 유죄 인정의 증거로 사용할 수 없는 것이고, 헌법과 형사소송법이 선언한 영장주의의 중요성에 비추어 볼 때 피고인이나 변호인이 이를 증거로 함에 동의하였다고 하더라도 달리 볼 것은 아니다(대판 2009도11401). 〈연습〉 사법경찰관이 피의자를 긴급체포하면서 영장 없이 체포현장에서 물건

	을 압수한 후 압수·수색영장을 청구하여 이를 발부받지 아니하고도 즉시 반환하지 아니한 압수물이라고 하더라도, 피고인이 이를 증거로 함에 동의하면 유죄 인정의 증거로 사용할 수 있다.(×)
3	사법경찰관 사무취급이 행한 검증이 사건발생 후 범행 장소에서 긴급을 요하여 판사의 영장 없이 시행된 것이라면 이는 형사소송법 제216조 제3항에 의한 검증이라 할 것임에도 불구하고 기록상 사후 영장을 받은 흔적이 없다면 이러한 검증조서는 유죄의 증거로 할 수 없다(대판 83도3006).
4	사법경찰관사무취급이 작성한 실황조서가 사고발생 직후 사고 장소에서 긴급을 요하여 판사의 영장 없이 시행된 것으로서 형사소송법 제216조 제3항에 의한 검증에 따라 작성된 것이라면 사후영장을 받지 않는 한 유죄의 증거로 삼을 수 없다(대판 88도1399).
5	주취운전이라는 범죄행위로 당해 음주 운전자를 구속·체포하지 아니한 경우에도 필요하다면 그 차량열쇠는 범행 중 또는 범행 직후의 범죄 장소에서의 압수로서 그 압수는 적법하고 형사소송법 제216조 제3항에 의하여 영장 없이 이를 압수할 수 있다(대판 97다54482). 〈연습〉 주취운전이라는 범죄행위로 당해 음주 운전자를 구속·체포하지 아니한 경우에 필요에 따라 그 차량열쇠는 범행 중 또는 범행 직후의 범죄 장소에서의 압수로서 형사소송법 제216조 제3항에 의하여 영장 없이 압수할 수는 없는 것이다.(×)
6	경찰관이 이른바 전화 사기죄 범행의 혐의자를 긴급체포하면서 그가 보관하고 있던 다른 사람의 주민등록증, 운전면허증 등을 압수한 사안에서, 이는 (구)형사소송법 제217조 제1항에서 규정한 압수로서 적법하므로 점유이탈물 횡령죄의 증거로 사용할 수 있다(대판 2008도2245). 〈연습〉 경찰관이 전화사기 범행의 혐의자를 긴급체포하면서 그가 보관하고 있던 타인의 주민등록증, 운전면허증을 압수한 것은 위법하므로 위 혐의자의 점유이탈물횡령죄의 증거로 사용할 수 없다.(×)
7	경찰관이 간호사로부터 진료 목적으로 이미 채혈되어 있던 피고인의 혈액 중 일부를 주취운전 여부에 대한 감정을 목적으로 임의로 제출 받아 이를 압수한 경우, 당시 간호사가 위 혈액의 소지자 겸 보관자인 병원 또는 담당 의사를 대리하여 혈액을 경찰관에게 임의로 제출할 수 있는 권한이 없었다고 볼 특별한 사정이 없는 이상, 그 압수절차가 피고인 또는 피고인의 가족의 동의 및 영장 없이 행하여졌다고 하더라도 이에 적법절차를 위반한 위법이 있다고

	할 수 없다(대판 98도968).
8	검사가 교도관으로부터 그가 보관하고 있던 피고인의 비망록을 뇌물수수 등의 증거자료로 임의로 제출받아 이를 압수한 경우, 그 압수절차가 피고인의 승낙 및 영장 없이 행하여졌다고 하더라도 이에 적법절차를 위반한 위법이 있다고 할 수 없다(대판 2008도1097).
9	피고인이 음주운전 중에 교통사고를 당하여 의식불명 상태에서 병원 응급실로 호송되었는데, 출동한 경찰관이 피고인의 처로부터 채혈동의를 받고서 영장 없이 간호사로 하여금 채혈을 하도록 한 사안에서 사후에 영장을 발부받지도 아니하였다는 등의 이유로 피고인의 혈중알코올농도에 대한 국립과학수사연구소의 감정의뢰회보와 이에 기초한 수사보고 및 주취운전자적발보고서는 위법수집증거로서 증거능력이 없다(대판 2009도10871).

(라) 압수물의 처리

① **압수물의 보관과 폐기** 자청보관[58]이 원칙이며, 위탁보관[59]·대가보관[60]·폐기처분[61]도 가능하다.

② **압수물의 환부[62]와 가환부[63]** 직권 또는 청구에 의해 수사기관 또는 법원의 결정으로 한다.

58) 압수물은 압수한 법원 또는 수사기관이 보관함이 원칙이다.

59) 운반 또는 보관에 불편한 압수물에 관하여 간수자를 두거나 소유자 또는 적당한 자의 승낙을 얻어 보관하게 할 수 있다.

60) 멸실·파손·부패 또는 현저한 가치 감소의 우려가 있거나 보관하기 어려운 압수물은 매각하여 대가를 보관할 수 있다.

61) 위험발생의 염려가 있는 압수물은 폐기처분할 수 있다. 법령상 생산·제조·소지 또는 유통이 금지된 압수물로서 부패의 염려가 있거나 보관하기 어려운 압수물은 소유자 등 권한 있는 자의 동의를 받아 폐기할 수 있다.

62) 압수물을 종국적으로 소유자 또는 제출인에게 반환하는 처분

63) 압수의 효력을 존속시키면서 압수물을 소유자·소지자 또는 보관자 등에게 잠정적으로 환부하는 제도

판례연구

대가보관	
1	압수물이 몰취하여야 할 물건이 아닌 이상 그 물건이 멸실 부패 등의 염려가 있다 하여도 이를 매각하여 그 대금을 보관할 수는 없다(대판 64다1150).
2	압수물이 수사기관에 의하여 매각되고 그 대가가 보관되고 있는 경우에 있어서 동 대가를 추징하지 아니하고 압수된 물건 자체를 몰수하였다 하여 잘못이 없다(대판 66도886).
3	관세법 제198조 제2항에 따라 몰수하여야 할 압수물이 멸실, 파손 또는 부패의 염려가 있거나 보관하기에 불편하여 이를 형사소송법 제132조의 규정에 따라 매각하여 그 대가를 보관하는 경우에는, 몰수와의 관계에서는 그 대가보관금을 몰수 대상인 압수물과 동일시할 수 있다(대판 96도2477).
가환부	
1	압수물이 범죄사실의 증거에 공할 물건인 경우에는 이를 가환부함은 모르되 환부는 할 수 없다(대결 66모58).
2	압수한 물건이 몰수대상이 된다면 그 물건에 대한 압수는 몰수의 집행을 보전하기 위한 의미도 포함된 것이므로 압수물이 피고인 이외의 제3자의 소유인 경우에도 가환부 대상이 될 수 없다(대결 65도21).
3	제417조에서 말하는 압수물 환부에는 가환부를 포함하여 규정한 취지로 보는 것이 상당하며 검사 또는 사법경찰관의 동조 소정의 처분에 대하여 관할법원이 불복의 이유 있다고 인정하면 그 처분의 취소와 변경을 명할 수 있다(대결 66모44).
4	피고인에게 의견을 진술할 기회를 주지 아니한 채 한 가환부결정은 형사소송법 제135조에 위배하여 위법하고 이 위법은 재판의 결과에 영향을 미쳤다 할 것이다(대결 80모3). 〈연습〉 가환부 결정을 함에 있어 피고인에 대한 통지 없이 하였다 하여 위법한 것은 아니다.(×)
환부	
1	검사가 사건을 불기소처분하는 경우에 당해사건에 관하여 압수한 압수물은 피해자에게 환부할 이유가 명백한 경우를 제외하고는 피압수자나 제출인 이외의 누구에게도 환부할 수 없다(대판 68다824).
2	압수한 물품에 대하여 몰수의 선고가 없어 그 압수가 해제된 것으로 간주된

	다고 하더라도 공범자에 대한 범죄수사를 위하여 여전히 그 물품의 압수가 필요하다거나 공범자에 대한 재판에서 그 물품이 몰수될 가능성이 있다면 검사는 그 압수해제 된 물품을 다시 압수할 수도 있다(대결 96모34).
3	몰수는 압수되어 있는 물건에 대해서만 하는 것이 아니므로 검찰에 의하여 압수된 후 피고인에게 다시 환부된 물건에 대하여도 피고인으로부터 몰수할 수 있다(대판 76도4001).
4	본건 약속어음은 범죄행위로 인하여 생긴 위조문서로서 아무도 이를 소유하는 것이 허용되지 않는 물건이므로 몰수가 될 뿐 환부나 가환부할 수 없고 다만 검사는 몰수의 선고가 있은 뒤에 형사소송법 제485조에 의하여 위조의 표시를 하여 환부할 수 있다(대결 84모43).
5	수사단계에서 소유권을 포기한 압수물에 대하여 형사 재판에서 몰수형이 선고되지 않은 경우, 피압수자는 국가에 대하여 민사소송으로 그 반환을 청구할 수 있다(대판 2000다27725).
6	검사가 사건을 불기소처분하는 경우에 당해사건에 관하여 압수한 압수물은 피해자에게 환부할 이유가 명백한 경우를 제외하고는 피압수자나 제출인 이외의 누구에게도 환부할 수 없다(대판 68다824).
7	형사소송법 제134조 소정의 "환부할 이유가 명백한 때"라 함은 사법상 피해자가 그 압수된 물건의 인도를 청구할 수 있는 권리가 있음이 명백한 경우를 의미하고 위 인도청구권에 관하여 사실상, 법률상 다소 의문이 있는 경우는 환부할 명백한 이유가 있는 경우라고는 할 수 없다(대결 84모38).

2) 수사상의 검증

(1) 의의

강제력을 사용하여 사람, 장소, 물건의 성질·형상을 오관의 작용에 의하여 인식하는 강제처분으로 수사상의 검증은 영장이 필요하다.

(2) 구별

① **유형** 검증에는 법원의 검증과 수사기관이 하는 검증이 있다. 법원이나 법관에 의한 검증은 증거조사방법의 일종으로 영장을 요하지 않으나, 수사기관의 검증은 증거확보를 위한 강제처분이므로 원칙적으로 법관의 영장이 필

요하다.

② **실황조사** 실황조사는 수사기관이 범죄현장 기타 장소에 임하여 실제상황을 조사하는 활동을 말한다. 실황조사는 임의수사로서의 검증에 해당한다(영장불필요).

판례연구

사법경찰관 사무취급이 작성한 실황조서가 사고발생 직후 사고장소에서 긴급을 요하여 판사의 영장없이 시행된 것으로서 형사소송법 제216조 제3항에 의한 검증에 따라 작성된 것이라면 사후영장을 받지 않는 한 유죄의 증거로 삼을 수 없다.
〈연습〉 사후영장을 받은 흔적이 없어도 유죄의 증거로 사용할 수 있다(×).

(3) 대상

검증의 대상에는 제한이 없다. 장소, 물건, 서류, 사람의 신체는 물론 사체도 검증의 대상이 된다.

(4) 절차

검증영장의 청구와 발부, 집행은 압수·수색영장의 경우와 같다(제219조).

(가) **검증영장의 발부** 검사가 검증을 하기 위해서는 지방법원 판사가 발부하는 영장이 있어야 한다. 사법경찰관은 검사에게 신청하여 검사의 청구로 발부받은 영장에 의하여 검증할 수 있다.

(나) **검증영장의 집행** 검사, 피의자 또는 변호인은 검증영장의 집행에 참여할 수 있다. 따라서 검증영장을 집행함에는 미리 집행의 일시와 장소를 피의자 등에게 통지하여야 한다. 단, 피의자 등이 참여하지 아니한다는 의사를 명시한 때 또는 급속을 요하는 때에는 예외로 한다. 일몰 전에 검증에 착수한 때에는 일몰 후라도 검증을 계속할 수 있다. 검증을 함에는 신체의 검사, 사체의 해부, 분묘의 발굴, 물건의 파괴, 기타 필요한 처분을 할 수 있다.

(다) **검증조서의 작성** 검증에 관하여는 검증조서를 작성하여야 한다. 검증조서에는 검증목적물의 현상을 명확하게 하기 위하여 도화나 사진을 첨부할 수 있다.

(5) 신체검사

(가) **의의** 신체검사란 신체자체를 검사의 대상으로 하는 강제처분이므로, 신체외부와 착의에 대하여 행하는 신체수색과는 구별된다. 신체검사는 검증으로서의 성질을 가진다.

(나) **절차** 신체검사는 원칙적으로 검증으로서의 성질을 가지므로 검증영장에 의하여야 한다. 피의자를 대상으로 함이 원칙이나, 피의자 아닌 자의 신체검사는 증적의 존재를 확인할 수 있는 현저한 사유가 있는 경우에 한하여 할 수 있다(제141조 제2항). 여자의 신체를 검사하는 경우에는 의사나 성년의 여자를 참여하게 하여야 한다(제141조 제3항).

(6) 체내검사

(가) **의의** 신체내부에 대한 검사를 말한다. 인간의 존엄을 침해할 위험성이 있으므로 허용여부에 대하여 견해가 대립하나, 엄격한 요건 하에서 허용된다는 것이 다수설의 견해이다.

(나) **유형**

① **체내수색** 신체의 내부에 대한 수사기관의 강제수색을 말한다. 신체검사의 성질을 겸유하고 있으므로 압수·수색영장 이외에 신체검증영장도 있어야 한다.

② **체내검증** 신체의 내부에 대한 강제적 검증을 말한다. 신체내부의 강제검증을 위해서는 검증영장을 발부받아야 한다.

③ **연하물의 강제배출** 연하물을 구토제나 설사제 등을 사용하여 강제로 배출하게 하는 것을 말한다. 연하물의 강제배출은 전문적인 지식과 경험이

필요하므로 압수 · 수색영장 외에 감정처분허가장을 요한다.

④ **강제채뇨, 강제채혈** 수사기관이 혈액이나 뇨 등을 강제로 채취하는 것을 말한다. 체내물의 강제채취는 전문적인 지식과 경험이 필요하므로 검증영장 외에 감정처분허가장을 요한다.

판례연구

1	수사보고서에 검증의 결과에 해당하는 기재가 있는 경우, 이를 형사소송법 제312조 제1항의 '검사 또는 사법경찰관이 검증의 결과를 기재한 조서'라고 할 수 없을 뿐만 아니라 이를 같은 법 제313조 제1항의 '피고인 또는 피고인이 아닌 자가 작성한 진술서나 그 진술을 기재한 서류'라고 할 수도 없으므로 그 기재 부분은 증거로 할 수 없다(대판 2000도2933).
2	사법경찰관 사무취급이 행한 검증이 사건발생 후 범행 장소에서 긴급을 요하여 판사의 영장 없이 시행된 것이라면 이는 제216조 제3항에 의한 검증이라 할 것임에도 불구하고 기록상 사후영장을 받은 흔적이 없다면 이러한 검증조서는 유죄의 증거로 할 수 없다(대판 83도3006).
3	사법경찰관 사무취급이 작성한 실황조서가 사고발생 직후 사고 장소에서 긴급을 요하여 판사의 영장 없이 시행된 것으로서 형사소송법 제216조 제3항에 의한 검증에 따라 작성된 것이라면 사후영장을 받지 않는 한 유죄의 증거로 삼을 수 없다(대판 88도1399).

3) 수사상 감정

(1) 수사상 감정위촉

(가) 의의 수사기관이 수사에 필요한 전문지식이나 경험의 부족을 보충하기 위하여 제3자로 하여금 조사시키거나, 전문지식을 적용하여 얻은 판단을 보고하게 하는 것을 말한다. 수사기관으로부터 감정의 위촉을 받은 자를 감정수탁자라고 한다.

(나) 구별개념 수사상 감정위촉은 법원의 증거조사의 방법으로 행해지는

감정과 구별된다. 또한 감정수탁자는 법원으로부터 감정의 명을 받은 감정인과 구별된다.

(다) 성질 수사상 감정위촉은 임의수사이므로 법관의 영장을 요하지 않는다.

(2) 수사상 감정유치

(가) 의의 감정유치란 피의자의 정신 또는 신체를 감정하기 위하여 일정기간 동안 병원, 기타 적당한 장소에 피의자를 유치하는 강제처분을 말한다(제221조의3).

(나) 감정유치의 대상과 요건

① **감정유치의 대상** 수사상 감정유치는 피의자를 대상으로 한다(제3자에 대해서는 불가). 피의자인 이상 구속 중임을 요하지 않는다. 참고인은 허용되지 않는다.

② **감정유치의 요건** 범죄의 혐의와 감정유치의 필요성이 인정될 것을 요한다. 감정유치의 필요성은 정신 또는 신체의 감정을 위하여 계속적인 유치와 감정이 필요한 때에 인정된다.

(다) 감정유치의 절차

① **감정유치의 청구** 검사는 감정을 위촉하는 경우 유치처분이 필요한 때에는 판사에게 이를 청구하여야 한다(제221조의3 제1항). 감정유치의 청구는 감정유치청구서에 의한다(규칙 제113조).

② **감정유치장의 발부** 판사는 청구가 상당하다고 인정하는 때에는 유치처분을 하여야 한다(제221조의3 제2항).

③ **감정유치기간** 감정유치에 필요한 기간에는 제한이 없다. 수사상 감정유치에 있어서 감정유치장의 유치기간을 연장할 때에는 검사의 청구에 의하여 판사가 결정한다(제221조의 3 제6항).

(라) **감정유치와 구속** 감정유치는 감정을 목적으로 하는 것이라고 할지라도 실질적으로 구속에 해당하므로 유치에 관하여는 구속에 관한 규정이 준용된다. 따라서 미결구금일수에 있어서 유치기간은 구속으로 간주한다(제221조의3, 제172조 제3항). 구속 중인 피의자에 대하여 감정유치장이 집행되었을 때에는 유치되어 있는 기간 동안은 구속의 집행을 정지한 것으로 간주한다(제221조의3, 제172조의2). 따라서 감정유치기간은 구속기간에는 포함되지 않는다.

5. 수사상의 증거보전

1) 증거보전

(1) 의의

공판기일에서의 정상적인 증거조사가 있을 때까지 기다려서는 증거의 사용이 불가능하거나 현저하게 곤란할 염려가 있는 경우에 검사, 피고인, 피의자, 변호인의 청구에 의하여 법관이 증거조사를 하여 두는 제도이다(제184조). 피의자, 피고인에게 증거수집·보전권을 보장해줌으로써 피의자·피고인의 지위강화를 통하여 공정한 재판의 이념을 실현하기 위한 제도이다.

(2) 증거보전의 요건

(가) **필요성** 증거보전의 필요성이 있어야 한다. 미리 증거를 보전하지 않으면 그 증거를 사용하기 곤란한 사정이 있어야 한다(제184조 제1항).

(나) **제1회 공판기일 전** 제1회 공판기일 전에 한하여 가능하고 공소제기 전후를 불문한다. 제1회 공판기일 전의 의미에 대하여는 피고인신문이 개시되기 전이라는 견해와 검사의 모두진술이 끝난 때라는 견해(통설)가 대립되고 있다.

(3) 증거보전 절차

(가) 청구권자의 청구 증거보전청구권자는 검사 · 피고인 · 피의자 또는 변호인이다. 변호인의 청구권은 피고인, 피의자의 명시적인 의사에 반하여 행사할 수 있는 독립대리권이다.

(나) 청구방법 서면으로 청구하며 사유를 소명해야 한다. 증거보전청구서에는 사건개요, 증명할 사실, 증거 및 보전방법, 증거보전을 필요로 하는 사유 등을 기재하여야 한다(규칙 제92조).

(다) 보전의 처분

① 지방법원판사의 결정 청구를 받은 판사는 청구가 적법하고 필요성이 있다고 인정할 때에는 결정 없이 재판 없이 증거보전 하여야 한다(증거보전 청구기각 결정에 대해 3일 이내에 항고할 수 있다).

② 판사의 권한 증거보전청구를 받은 판사는 처분에 관해 법원 또는 재판장과 동일한 권한이 있다(제184조 제2항). 따라서 판사는 증인신문의 전제가 되는 소환 · 구인을 할 수 있다. 따라서 증인신문에 있어서 검사 또는 피고인 · 피의자 · 변호인에게 참여권이 보장된다.

(4) 증거보전 후의 절차

(가) 증거물의 처리 증거보전절차에 의하여 압수한 물건 또는 작성한 조서에 대해 검사, 피의자, 피고인 또는 변호인은 증거물의 열람 · 등사 가능(제185조)하다. 이때 판사의 허가를 받아야 한다.

(나) 조서의 증거능력 증거보전절차에서 작성된 조서는 증거능력이 인정된다. 그러나 당사자가 이를 증거로 이용하기 위해서는 수소법원에 증거조사를 신청하여야 하며 수소법원은 증거보전을 한 법원으로부터 증거를 송부받아 증거조사를 하여야 한다.

판례연구

	증거보전
1	형사소송법 제184조에 의한 증거보전은 피고인, 피의자가 형사입건도 되기 전에는 청구할 수 없고, 피의자신문에 해당하는 사항을 증거보전의 방법으로 청구할 수 없다(대판 79도792). 〈연습〉 증거보전절차에 있어서 검사는 증인신문청구는 물론 피의자신문도 청구할 수 있다.(×) 〈연습〉 증거보전을 청구할 수 있는 처분은 피의자 신문·증인신문 감정·검증과 압수·수색에 한한다.(×)
2	증거보전이란 제1심 제1회 공판기일 전에 한하여 허용되는 것이므로 재심청구사건에서는 증거보전절차는 허용되지 아니한다(대결 84모15). 〈연습〉 재심청구사건에서도 증거보전청구가 예외적으로 허용된다.(×)
3	검사는 수사단계에서 피고인에 대한 증거를 미리 보전하기 위하여 필요한 경우에는 판사에게 공동피고인을 증인으로 신문할 것을 청구할 수 있다(대판 86도1646). 〈연습〉 필요적 공범관계에 있는 공동피고인을 증인으로 신문하는 것도 허용되지 않는다.(×)
4	형사소송법 제184조에 의한 증거보전절차에서 증인신문을 하면서, 위 증인신문의 일시와 장소를 피의자 및 변호인에게 미리 통지하지 아니하여 증인신문에 참여할 수 있는 기회를 주지 아니하였고, 또 변호인이 제1심 공판기일에 위 증인신문조서의 증거조사에 관하여 이의신청을 하였다면, 위 증인신문조서는 증거능력이 없다(대판 91도2337).
5	공소제기 전에 검사의 증거보전청구에 의하여 증인신문을 한 법관은 형사소송법 제17조 제7호에 이른바 전심재판 또는 기초되는 조사, 심리에 관여한 법관이라고 할 수 없다(대판 71도974).
6	증인신문조서에 피의자였던 피고인이 당사자로 참여하여 자신의 범행사실을 시인하는 전제하에 위 증인에게 반대 신문한 내용이 기재되어 있을 뿐이라면, 위 조서 중 피의자의 진술기재부분에 대하여는 형사소송법 제311조에 의한 증거능력을 인정할 수 없다(대판 84도508).
7	형사소송법 제184조에 의한 증거보전절차로 증인신문을 하는 경우 참여의 기회를 주지 아니한 경우라도 피고인과 변호인이 증인신문조서를 증거로 할 수

	있음에 동의하여 별다른 이의 없이 적법하게 증거조사를 거친 경우에는 증거능력이 부여된다(대판 86도1646).
8	피고인이 수사단계에서 다른 공동피고인에 대한 증거보전을 위하여 증인으로서 증언한 증인신문조서는 그 다른 공동피고인에 대하여 증거능력이 있다(대판 66도276).

2) 증인신문청구

(1) 증인신문청구의 의의

증인신문의 청구란 참고인이 출석 또는 진술을 거부하거나 전의 진술과 다른 진술을 할 염려가 있는 경우에 제1회 공판기일 전까지 검사의 청구에 의하여 판사가 그를 증인으로 신문한 진술증거의 수집과 보전을 위한 대인적 강제처분으로, 증인신문조서는 당연히 증거능력이 인정된다. 취지는 실체진실을 발견하기 위하여 일정한 범위에서 참고인의 수사기관에서의 출석과 진술을 강제할 필요가 있으므로 인정되는 것이다.

(2) 증인신문의 청구요건

(가) 증인신문의 필요성 참고인의 출석 또는 진술의 거부는 범죄의 수사에 없어서는 아니 될 사실을 안다고 명백히 인정되는 자가 출석을 거부하거나 진술을 거부한 경우에 허용된다.

(나) 제1회 공판기일 전 참고인에 대한 증인신문은 제1회 공판기일 전에 한하여 허용된다. 제1회 공판기일 전이란 모두절차가 끝난 때까지를 말한다.

(3) 증인신문절차

(가) 증인신문청구 판사에 대한 증인신문청구는 검사만이 할 수 있다. 증거보전을 청구함에는 서면으로 그 사유를 소명하여야 한다(제184조 제3항). 증인신문청구는 수소법원이 아닌 판사에게 하여야 한다.

(나) 청구에 대한 심사 청구를 받은 판사는 적법하고 필요성이 있다고 인정하는 때에는 증인신청을 하고, 청구절차가 부적법하거나 필요 없다고 인정할 때에는 결정으로 기각하여야 한다. 청구를 기각한 결정에 대하여는 불복할 수 없다.

(다) 증인신문의 방법 증인신문을 하는 판사는 법원 또는 재판장과 동일한 권한이 있다. 따라서 증인신문의 경우도 수소법원의 증인신문에 관한 규정이 준용된다(제221조의2 제4항). 증인신문의 경우에도 피의자, 피고인 또는 변호인의 참여권이 보장된다(제221의2 제5항).

(4) 증인신문 후의 조치

(가) 서류의 송부 증인신문을 한 때에는 판사는 지체 없이 이에 관한 서류를 검사에게 송부하여야 한다. 따라서 피고인·피의자 또는 변호인의 증인신문에 관한 열람·등사권이 없다.

(나) 조서의 증거능력 증인신문조서는 법관의 면전조서로서 당연히 증거능력이 인정된다(제311조). 이를 증거로 사용하기 위해서는 공판기일에 당사자가 증거신청을 해야 한다.

판례연구

	증인신문의 청구
1	증인신문절차의 참여권 및 반대신문권을 규정하고 있는 법 제221조의2 제5항은 같은 조 제2항의 증인신문절차의 핵심적 구성부분이라고 보아야 하므로, 위 제5항을 위헌 선언하는 경우에는, 위 제2항도 함께 위헌 선언함이 타당하다(대판 97도2249).
2	형사소송법 제221조의2 제2항에 의한 증인신문청구를 하려면 증인의 진술로서 증명할 대상인 피의사실이 존재하여야 하고, 피의사실은 수사기관이 어떤 자에 대하여 내심으로 혐의를 품고 있는 정도의 상태만으로는 존재한다고 할 수 없고 수사의 대상으로 삼고 있음을 외부적으로 표현한 때에 비로소 그 존

	재를 인정할 수 있다(대판 89도648). 〈연습〉 증인신문(제221조의2)청구를 위한 피의사실은 수사기관이 어떤 자에 대하여 내심으로 혐의를 품고 있는 정도의 상태만으로도 족하다.(×)

§4. 수사의 종결

1. 서 설

1) 사법경찰관의 사건송치 등

개정 형사소송법은 범죄혐의가 인정되지 않는다고 판단되는 사건(범죄혐의가 없는 경우)에 대해서는 검사에게 사건을 송치하지 않을 수 있는 1차적 수사종결권을 갖게 되었다.

(1) 사법경찰관의 송치처분

개정 형사소송법에 의하면 사법경찰관은 고소·고발 사건을 포함하여 범죄를 수사한 때에는 범죄의 혐의가 있다고 인정되는 경우에는 지체 없이 검사에게 사건을 송치하고, 관계 서류와 증거물을 검사에게 송부하여야 한다(제245조의5 제1호).

(2) 사법경찰관의 불송치처분

그 밖의 경우(범죄혐의가 없는 경우)에는 그 이유를 명시한 서면과 함께 관계 서류와 증거물을 지체 없이 검사에게 송부하여야 하고, 이 경우 검사는 송부받은 날부터 90일 이내에 사법경찰관에게 반환하여야 한다(제245조의5 제2호).

(3) 1차적 수사종결권

검사의 보완수사요구(제197조의2 제1항 제1호), 재수사요청(제245조의8)이나 고소인 등의 이의신청(제245조의7 제1항)이 없으면 사법경찰관의 수사는 종결된다. 20만 원 이하의 벌금 또는 구류나 과료에 처할 범죄사건으로 즉결심판절차에 의해 처리될 경미사건의 경우에는 경찰서장이 시·군법원에 즉결심판을 청구함으로써 종결한다(즉결심판절차법 제3조 제1항).

2) 검사의 수사종결

범죄단서로부터 시작된 수사절차는 수사기관이 공소제기여부를 판단할 수 있을 정도로 그 혐의가 해명됨으로써 종결된다. 검사가 직접 수사한 사건 또는 사법경찰관으로부터 송치받은 사건에 대하여 공소제기 또는 불기소결정, 타관송치 등의 형태로 수사종결처분을 한다.

3) 수사종결처분 후의 수사

수사를 종결하였다 하여 그 이후에는 수사를 할 수 없는 것이 아니며 필요시에는 기소유무를 불문하고 재개할 수 있다. 따라서 공소제기 후에도 공소유지 여부를 결정하기 위한 수사는 가능하며, 불기소처분은 확정력이 없기 때문에 불기소처분 후의 수사도 가능하다.

2. 검사의 수사종결권

1) 수사절차의 종결

(1) 의의

검사는 범죄사실이 명백하게 되었거나 또는 수사를 계속할 필요가 없는 경우에는 수사를 종결한다. 공소제기 후에도 검사의 공소유지의 여부를 결정하기 위한 수사는 가능하다. 불기소처분을 한 경우에도 수사를 재개할 수 있다. 이는 확정력이 인정되지 않기 때문이다.

(2) 수사종결처분의 종류

(가) 공소제기 수사결과 범죄자의 객관적 혐의가 충분하고 소송조건을 구비하여 유죄판결을 받을 수 있다고 인정될 때 한다. 다만, 벌금, 과료, 몰수에 처할 사건에 대하여 검사는 공소제기와 동시에 약식명령을 청구할 수 있다(제449조).

(나) 불기소 처분

① 협의의 불기소처분 (i) 혐의 없음(범죄구성요건에 해당하지 않는 경우, 증거불충분), (ii) 죄가 안 됨(위법성조각사유, 책임조각사유), (iii) 공소권 없음(소송조건이 결여되었거나 형이 면제되는 경우), (iv) 각하(고소장 또는 고발장에 의하여 혐의 없음, 죄가 안 됨, 공소권 없음의 사유에 해당함이 명백한 경우, 고소, 고발이 형사소송법 제224조, 제235조에 위반하는 경우, 고소권자가 아닌 자가 고소한 경우, 고소인 · 고발인이 고소장 고발장을 제출한 후 출석을 불응하거나 소재불명 되어 진술을 청취할 수 없는 경우)

② 기소유예 범죄 혐의가 있고 소송조건이 구비되었으나 범인의 연령 · 성행 등을 참작하여 공소를 제기하지 않는 것을 말한다(제247조).

③ 기소중지 피의자의 소재불명 등의 사유가 있을 때 하는 처분이다.

④ 참고인 중지 고소인, 고발인 또는 중요 참고인의 소재가 불명인 때에는 참고인 중지의 결정을 할 수 있다(검찰사건사무규칙 제74조).

(다) 타관송치 사건이 소속검찰청에 대응한 법원의 관할에 속하지 않는 경우이다. 이에는 타관송치, 군검찰송치, 소년부송치, 가정보호사건 송치, 성매매 보호사건송치 등이 있다(제256조).

2) 검사의 처분통지

(1) 고소인 · 고발인 등에 대한 처분통지

(가) 처분통지 검사가 고소 또는 고발사건에 관하여 공소를 제기하거나

제기하지 아니한 처분, 공소취소 또는 타관송치를 한 때에는 그 처분을 한 날로부터 7일 이내에 고소인 등에게 통지한다(제258조 제1항).

(나) 불기소이유의 고지 고소·고발인의 청구가 있으면 7일 이내에 그 이유를 서면으로 설명한다(제259조).

(2) 피의자 및 피해자에 대한 처분통지

(가) 피의자에 대한 통지처분 검사는 불기소처분 또는 타관송치의 처분을 한 때에는 피의자에게 그 취지를 즉시 통지한다(제258조 제2항). 불안한 상태에 있는 피의자를 보호하기 위한 규정이다.

(나) 피해자 등에 대한 통지 검사는 범죄로 인한 피해자 또는 그 법정대리인(피해자가 사망한 경우에는 그 배우자·직계친족·형제자매를 포함한다)의 신청이 있는 때에는 당해 사건의 공소제기여부, 공판의 일시·장소, 재판결과, 피의자·피고인의 구속·석방 등 구금에 관한 사실을 신속하게 통지하여야 한다(제259조 제2항).

판례연구

수사종결처분	
1	검사의 불기소처분에는 확정재판에 있어서의 확정력과 같은 효력이 없어 일단 불기소처분을 한 후에도 공소시효가 완성되기까지 언제라도 공소를 제기할 수 있는 것이다(대판 97다50855).
2	검사의 불기소처분에 대하여는 검찰청법에 의한 항고와 재항고 및 형사소송법에 의한 준기소절차에 의해서만 불복할 수 있는 것이므로 검사의 불기소처분이나 그에 대한 항고 또는 재항고 결정에 대하여는 행정소송을 제기할 수 없다(대판 89누2271).
3	형사소송법 제258조 제2항은 검사가 불기소처분을 한 때에는 피의자에게 즉시 그 취지를 통지하여야 한다고 규정하고 있음에도 불구하고 검사는 이 사건에서도 피의자인 청구인에게 불기소처분의 취지를 통지하지 아니하였다. 그러나 동 조항이 고소관련 조항들 가운데 규정되어 있기는 해도 제1항과

달리 제2항은 법문 자체가 고소·고발 있는 사건에 대한 불기소처분으로 한정하고 있지 아니하므로 동 조항 소정의 "불기소처분"을 고소·고발 있는 사건에 대한 불기소처분만을 의미한다고 보아야 할 이유는 없다. 그러므로 검사는 불기소처분을 하는 경우 모든 피의자에게 불기소처분의 취지를 통지하여야 할 것이다(헌재 2001헌마39).

3) 사법경찰관의 고소인 등에 대한 처분통지

사법경찰관은 고소·고발 사건을 포함하여 범죄를 수사한 때 그 밖의 범죄혐의가 없는 경우에는 그 이유를 명시한 서면과 함께 관계 서류와 증거물을 지체 없이 검사에게 송부하고(제245조의5 제2호), 그 송부한 날부터 7일 이내에 서면으로 고소인·고발인·피해자 또는 그 법정대리인에게 사건을 검사에게 송치하지 아니하는 취지와 그 이유를 통지하여야 한다(제245조의6). 사법경찰관의 불송치 처분에 대한 통지를 받은 사람(고발인은 제외한다)은 해당 사법경찰관의 소속 관서의 장에게 이의를 제기할 수 있다(제245의7 제1항). 사법경찰관은 이의신청이 있는 때에는 지체 없이 검사에게 사건을 송치하고 관계 서류와 증거물을 송부하여야 하며, 처리결과와 그 이유를 신청인에게 통지하여야 한다(동조 제2항). 이 경우 검사는 사법경찰관으로부터 송치 받은 사건에 관하여 해당 사건과 동일성을 해치지 않는 범위 내에서 수사할 수 있다(제196조 제2항).

4) 불기소처분에 대한 불복

(1) 검찰항고

(가) 항고

① 의의 검사의 불기소처분에 불복이 있는 고소인 또는 고발인이 그 검사소속의 지방검찰청 또는 지청을 거쳐 서면으로 관할 고등검찰청 검사장에게 불기소처분의 시정을 구하는 항고를 할 수 있다(검찰청법 제10조 제1항).

② **절차** 이 경우 해당 지방검찰청 또는 지청의 검사는 항고가 이유 있다고 인정하면 그 처분을 경정하여야 한다(검찰청법 제10조 제2항. 항고는 고소인 등이 불기소처분을 받은 날로부터 30일 이내에 해야 한다. 다만 자신에게 책임 없는 사유로 인해 기간 내에 항고하지 못한 경우에는 소명하고, 항고기간은 그 사유가 해소된 때부터 기산한다.

③ **검사장의 처리** 고등검찰청 검사장은 항고가 이유 있다고 인정하는 때에는 소속검사로 하여금 지방검찰청 또는 지청 검사의 불기소처분을 직접 경정하게 할 수 있다.

(나) 재항고

① **의의** 항고를 한 자가 항고를 기각하는 처분에 대해 검찰총장에게 재항고할 수 있다(검찰청법 제10조 제3항).

② **재항고권자** 재정신청을 할 수 있는 자는 재항고를 할 수 없기 때문에 재항고는 재정신청권자가 아닌 고발인만이 할 수 있다.

③ **재항고기간** 재항고는 항고기각 결정을 받은 날 또는 항고에 대한 처분이 행해지지 아니하고 3개월이 경과한 날부터 30일 이내에 해야 한다. 다만 자신에게 책임 없는 사유로 인해 기간 내에 재항고하지 못한 경우에는 소명하고 그 항고기간은 그 사유가 해소된 때부터 기산한다.

④ **절차** 항고를 기각하는 처분에 대하여 불복하거나 항고신청 후 항고에 대한 처분이 행하여지지 아니하고 3개월이 경과한 때에는 그 검사가 소속하는 고등검찰청을 거쳐 서면으로 검찰총장에게 재항고 할 수 있다. 이 경우 해당 고등검찰청 검사는 재항고가 이유 있다고 인정하면 그 처분을 경정하여야 한다.

(2) 재정신청

(가) **의의** 모든 범죄의 당사자는 검사로부터 공소제기를 하지 아니한다는

통지를 받은 때에는 그 검사 소속의 고등검찰청에 대응하는 고등법원에 그 불기소처분의 당부에 대한 재정을 신청할 수 있다(제260조 제1항). 이를 기소강제절차라고도 한다.

(나) 신청권자 검사로부터 불기소처분의 통지를 받은 고소인, 고발인(형법 제123조 내지 제126조의 죄), 대리인이며, 고소 · 고발을 취소한 자는 재정신청을 할 수 없다.

(다) 절차 재정신청이 법률상 방식에 위배되거나 이유 없는 때에는 신청을 기각하고, 재정신청이 이유 있는 때에는 공소제기 결정을 한다.

(라) 결정 공소제기 결정의 재정결정서를 송부 받은 지방검찰청 검사장 또는 지청장은 지체 없이 담당검사를 지정하고 지정받은 검사는 공소를 제기하여야 한다.

(3) 헌법소원

(가) 의의 헌법소원이란 공권력의 행사 또는 불행사로 인하여 헌법상 보장된 기본권을 침해받는 자가 헌법재판소에 그 권리구제를 청구하는 것을 말한다(헌법 제68조).

(나) 대상 ① 공권력의 행사 또는 불행사로 인해 기본권이 침해되어야 한다. 따라서 헌법소원의 주된 대상은 검사의 불기소처분이다. ② 국가기관 내부행위와 법원의 재판은 공권력의 행사 또는 불행사에 포함되지 않는다. ③ 검사의 공소제기는 재판을 통한 구제절차가 남아 있으므로 헌법소원의 대상이 되지 않는다.

(다) 요건

① 직접성 · 현재성, 자기관련성 검사의 불기소처분에 의하여 헌법상 보장된 자기의 기본권이 직접적 · 현실적으로 침해되었음을 주장해야 한다.

② 보충성 다른 법률에 구제절차가 있는 경우 그 절차를 모두 거친 경우

가 아니면 헌법소원을 청구할 수 없다. 따라서 고소인은 재정신청을 거쳐야 헌법소원을 청구할 수 있으나, 재정신청은 법원의 재판이므로 헌법소원을 처우할 수 없다.

(라) 헌법소원 결정의 효력 헌법소원의 인용결정은 모든 국가기관과 지방자치단체를 기속한다(헌법재판소법 제75조 제1항). 헌법재판소의 결정에 대해 불복신청이 허용될 수 없다.

판례연구

헌법소원의 대상이 되는 경우	
1	검사의 불기소처분은 공권력의 행사에 포함되고, 검사의 자의적인 수사 또는 판단에 의하여 불기소처분이 이루어진 경우에는 헌법 제11조, 제27조 제5항, 제30조에 정한 기본권을 침해하게 된다(헌재 88헌마3).
2	군검찰관의 기소유예처분은 공권력의 행사에 포함되는 것이 명백하므로 이로 인하여 기본권이 침해된 때에는 헌법소원심판청구의 대상이 된다(헌재 89헌마56).
3	검사가 기소중지처분을 한 사건에 관하여 그 고소인이나 피의자가 그 기소중지의 사유가 해소되었음을 이유로 수사재기신청을 하였는데도 검사가 재기불요(또는 불능)처분을 하였다면, 이 재기불요(또는 불능)처분도 헌법소원의 대상이 되는 공권력의 행사에 해당한다(헌재 95헌마362).
4	피해자에게 유리한 참고인의 진술만을 토대로 혐의를 인정한 후 타협적으로 기소유예 처분한 것은 청구인의 헌법상 기본권인 평등권, 행복추구권을 침해하였다고 할 것이다(헌재 2002헌마176).
5	검사가 피의사실에 대하여 조사를 현저히 소홀히 한 채 사건을 종결한 것은 결국 검찰권을 행사함에 있어 고소인을 차별대우하여 그의 평등권을 침해하고 또한 헌법에서 보장된 재판절차진술권을 침해한 것에 해당된다(헌재 90헌마45).
헌법소원의 대상이 되지 않는 경우	
1	검사의 공소제기가 적법절차에 의하여 정당하게 이루어진 것이냐의 여부에 관계없이 검사의 공소에 대하여는 형사소송절차에 의하여서만 이를 다툴 수

	있고 행정소송의 방법으로 공소의 취소를 구할 수는 없다(대판 99두11264).
2	검사의 공소제기의 기소처분을 한 경우에는 형사소송절차에서 기소처분의 위헌성여부와 위헌성여부에 대하여 충분히 심판받을 기회가 부여되게 되므로 헌법재판소의 심판대상이 아닌 사항에 관한 심판청구로서 부적법한 청구라 할 것이다(헌재 92헌마104).
3	검사의 불구속 공소제기는 헌법소원심사의 대상이 될 수 없다(헌재 96헌마32).
4	진정사건에 대한 내사종결처리는 수사기관의 내부적 사건처리방식에 불과하고, 고소나 고발을 할 수 있는 것이므로 헌법소원의 대상이 되지 아니한다(헌재 93헌마209).
5	진정에 의하여 이루어진 공람종결처분이라는 것은 구속력이 없는 진정사건에 대한 수사기관의 내부적 사건처리방식에 지나지 아니하는 것이며, 이는 헌법소원심판의 대상이 되는 공권력의 행사라고 할 수 없다(헌재 2011헌마30).
6	현재 수사 중인 사건이라면 특단의 사정이 없는 한 구체적인 공권력의 행사는 부적법하다(헌재 89헌마169).
7	검사의 수사재기결정은 수사기관 내부의 의사결정에 불과하고 피의자의 기본권에 직접적이고 구체적인 침해를 가하는 것이 아니며, 공소제기처분도 그 자체로서 피고인의 기본권을 침해하는 것이라고 할 수 없으므로 헌법소원의 대상이 될 수 없다(헌재 96헌마32).
9	재정신청사건의 공소유지담당변호사가 무죄판결에 대하여 항소를 제기하지 않은 것이 헌법소원의 대상이 되는 공권력의 불행사에 해당하지 않는다(헌재 2003헌마608).
9	재정신청절차를 경유하여 법원의 판단을 거친 경우에는, 원칙적으로 헌법재판소의 심판대상이 되지 아니한다(헌재 93헌마82).
헌법소원 청구인 적격 인정	
1	교통사고로 사망한 사람의 부모는 형사소송법상 고소권자의 지위에 있을 뿐만 아니라, 그 교통사고로 자녀가 사망함으로 인하여 극심한 정신적 고통을 받은 법률상 불이익을 입게 된 자임이 명백하므로, 헌법상 재판절차진술권이 보장되는 형사피해자의 범주에 속한다(헌재 2002헌마453).
2	폭행치상범행으로 인하여 사망한 피해자의 처는 그 범행의 피의자에 대한 검사의 불기소처분에 대하여 헌법소원심판을 청구할 자격이 있다고 보는 것이

	옳다(헌재 95헌마74).
3	범죄의 피해자가 주식회사인 경우에 그 주식회사의 주주도 역시 범죄의 피해자로 볼 수 있기 때문에 청구인이 위 회사의 주주 겸 대표이사인 경우라면 헌법소원심판을 청구할 수 있다(헌재 2002헌마453).
4	피의자에 대하여 기소유예 처분을 한 것은 청구인의 헌법상의 기본권인 평등권, 행복추구권을 침해하였다고 할 것이다(헌재 99헌마422).
5	직권남용죄의 보호법익의 주체는 아니지만, 행위의 상대방 또는 위 플래카드의 권리자로서 이 사건 직권남용죄의 피해자에 해당한다고 할 것이므로, 직권남용죄 부분에 있어서도 청구인적격을 갖추었다(헌재 92헌마262).
6	범죄로 인한 피해자는 그 범죄에 대하여 고소를 한 바가 없다고 하더라도 고소인이 아니어서 불기소처분에 대하여 항고 및 재항고로 구제받을 방법이 없으므로 불기소처분을 대상으로 하여 바로 헌법소원심판을 청구할 수 있다(헌재 98헌마292).
헌법소원 청구인 적격 불인정	
1	범죄 피해자가 아닌 고발인에게는 개인적 주관적인 권리나 재판절차에서의 진술권 따위의 기본권이 허용(許容)될 수 없으므로 검사가 자의적으로 불기소처분을 하였다고 하여 달리 특별한 사정이 없으면 헌법소원심판청구의 요건인 자기관련성이 없다(헌재 89헌마145).
2	청구인이 주식회사의 대표이사일 뿐인 경우에는 법적인 이해관계가 있다고 할 수는 없으므로 청구인의 헌법소원심판청구는 자기관련성이 없어 부적법하다(헌재 94헌마100).
3	피해자가 검사에게 피고소인을 고소하였다가 개인사정으로 고소를 취소하였으므로, 청구인으로서는 그 불기소처분에 대한 헌법소원심판을 청구할 수 없는 것이다(헌재 97헌마79).
4	단체는 원칙적으로 단체자신의 기본권을 직접 침해당한 경우에만 그의 이름으로 헌법소원심판을 청구할 수 있을 뿐이고 그 구성원을 위하여 또는 구성원을 대신하여 헌법소원심판을 청구할 수 없다(헌재 95헌마100).
헌법소원 청구와 결정의 효과	
1	검사의 불기소처분에 대한 헌법소원이 재판부의 심판에 회부된 경우에도 그로 인하여 그 처분의 대상이 된 피의사실에 대한 공소시효의 진행이 정지되는 것은 아니다(헌재 94헌마246).

2	헌법재판소의 결정에 대하여는 불복신청이 허용될 수 없으며, 즉시항고는 헌법재판소법상 인정되지 아니한다(헌재 90헌마170).

3. 공소제기 후의 수사

1) 공소제기 후의 강제수사

(1) 피고인 구속

공소제기 후의 피고인 구속은 법원의 권한이다(제70조). 따라서 공소제기 후 수사기관이 피고인을 구속하는 것은 허용되지 않는다(통설 · 판례).

(2) 압수 · 수색 · 검증

공소제기 후의 수사기관의 압수 · 수색 · 검증은 인정되지 않는다(다수설). 단, 임의제출물 압수, 피고인에 대한 구속영장을 집행하는 과정에서의 압수 · 수색 · 검증은 무방하다.

2) 공소제기 후의 임의수사

(1) 공소제기 후 수사기관의 피고인 신문

공소제기 후에는 제1회 공판기일의 전후를 불문하고 수사기관은 피고인을 신문할 수 없으나(다수설), 판례는 공소제기 후에도 제1회 공판기일의 전후를 불문하고 수사기관이 피고인을 신문할 수 있고 따라서 공소제기 후에 수사기관이 피고인을 신문하여 작성한 진술조서도 그 증거능력이 인정된다(대판 1982. 6. 8, 82도754).

(2) 참고인조사

참고인조사는 제1회 공판기일 전에 한하여 허용된다는 견해와 공소제기 후에도 제1회 공판기일의 전후를 불문하고 허용된다는 견해가 대립되고 있다. 그러나 피고인에게 유리한 증언을 한 증인을 수사기관이 참고인으로 신문하여 증언내용에 대한 조서를 받는 것은 공판중심주의에 반하므로 위증사건의 수사가 개시된 경우가 아니면 허용되지 않는다(통설). 판례는 증거동의를 하지 않는 한 증거능력이 없다고 판시하고 있다.

판례연구

피고인 신문
검사작성의 피고인에 대한 진술조서가 공소제기 후에 작성된 것이라는 이유만으로는 곧 그 증거능력이 없다고 할 수 없다(대판 84도1646).
공소제기 후의 압수수색
검사가 공소제기 후 형사소송법 제215조에 따라 수소법원 이외의 지방법원 판사에게 청구하여 발부받은 영장에 의하여 압수·수색을 하였다면, 그와 같이 수집된 증거는 적법한 절차에 따르지 않은 것으로서 원칙적으로 유죄의 증거로 삼을 수 없다(대판 2009도10412).
번복진술조서
공판준비 또는 공판기일에서 이미 증언을 마친 증인을 검사가 소환한 후 피고인에게 유리한 그 증언 내용을 추궁하여 이를 일방적으로 번복시키는 방식으로 작성한 진술조서를 유죄의 증거로 삼는 것은 당사자주의·공판중심주의·직접주의를 지향하는 현행 형사소송법의 소송구조에 어긋나는 것일 뿐만 아니라, 헌법 제27조가 보장하는 기본권인 재판을 받을 권리를 침해하는 것이므로, 이러한 진술조서는 피고인이 증거로 할 수 있음에 동의하지 아니하는 한 그 증거능력이 없다고 하여야 할 것이고, 그 후 원진술자인 종전 증인이 다시 법정에 출석하여 증언을 하면서 피고인 측에 반대신문의 기회가 부여되었다고 하더라도 위와 같은 진술조서의 증거능력이 없다는 결론은 달리할 것이 아니다(대판 전합 99도1108). 〈연습〉 공판기일에 이미 증언을 마친 증인을 검사가 다시 소환하여 피고인에게 유리한 증언내용을 추궁하여 이를 번복시킨 진술조서는 증거능력이 인정된다.(×) 〈연습〉 자유심증주의(×), 집중심리주의(×), 증거재판주의(×)

§5. 공소의 제기

1. 공소와 공소권 이론

1) 공소

(1) 의의

공소란 특정한 형사사건에 대하여 법원에 심판을 요구하는 검사의 법률행위적 소송행위를 말한다.

(2) 소송상의 의미

공소제기에 의하여 피의자는 소송의 주체이며 당사자인 피고인으로서의 지위를 취득하게 된다. 공소제기가 없는 때에는 법원은 사건에 대하여 심판을 할 수 없게 되므로 검사의 공소제기에 의하여 법원의 심판범위가 결정된다.

2) 공소권 이론

(1) 공소권의 의의

공소권이란 검사가 공소를 제기하고 수행하는 권한을 말한다. 즉, 유죄·무죄의 실체재판을 청구하는 검사의 권한을 말한다. 공소권은 법원의 심판권·피고인의 방어권과 함께 형사소송구조의 기본개념의 하나를 이루고 있다.

(2) 추상적 공소권

검사가 형사사건에 대하여 공소를 제기할 수 있는 일반적 권한을 공소권이라고 하는 견해이다. 추상적 공소권은 구체적 내용을 밝히는데 무의미하며 우리나라에서 이 견해를 취하는 학자는 없다.

(3) 구체적 공소권설

검사가 구체적 사건에 대하여 유죄판결을 청구하는 구체적 권한이 공소권이라는 견해로서 유죄판결청구권설이라고도 한다(다수설). 구체적 공소권설은 공소권 남용을 억제할 수 있다는 장점은 있으나, 무죄판결을 선고할 경우의 공소권을 설명할 수 없다는 비판을 받는다.

(4) 실체판결청구권설

공소권이란 검사가 구체적 사건에 대하여 유죄 또는 무죄의 실체심판을 청구하는 권리라고 보는 견해이다. 이 견해는 무죄판결에 대한 공소권 설명이 가능하다는 장점은 있으나, 공소권을 단순히 실체판결에만 연결시킴으로써 검사의 공소권이 남용되는 결과를 가져오게 된다는 비판이 있다.

3) 공소권남용이론

(1) 의의

공소권의 남용이 있는 경우에 형식재판에 의하여 소송을 종결시켜야 한다는 이론을 공소권남용이론이라고 한다. 공소권 남용이란 공소제기가 형식적으로는 적법하나, 실질적으로는 부당한 경우를 의미한다. 검사의 부당한 공소권행사를 통제하고, 공소권 남용이 있는 경우 피고인을 조기에 형사절차에서 해방시키고자 주장된 이론이다.

(2) 유형별 고찰

(가) 혐의 없는 사건의 공소제기 범죄의 객관적 혐의가 없음에도 불구하고 검사가 공소를 제기한 경우를 말하며, 인정 여부에 대하여 공소기각설과 무죄판결설(다수설)의 대립이 있다.

(나) 소추재량을 일탈한 공소제기 기소유예처분을 함이 상당한 사건을 검사가 공소를 제기한 경우를 말한다. 인정여부에 대하여 공소기각설과 유죄판결설(다수설)의 대립이 있다.

(다) 차별적 공소제기 범죄의 성질과 내용이 유사한 다수의 피의자 중 일부만 기소하고 나머지에 대해서는 수사에 착수하지 않거나 기소유예처분을 하는 경우이다. 인정여부에 대하여 공소기각설과 실체판결설(다수설)의 대립이 있다. 판례는 차별기소에 대하여 공소권 남용이 아니라고 판시한 바 있다.

판례연구

1	동일한 구성요건에 해당한 행위를 한 공동피의자 중 일부만을 기소하고 다른 일부에 대하여는 불기소처분을 하였다 할지라도 평등권을 침해하였거나 공소권을 남용하였다고 할 수 없다(대판 90도646).
2	검사가 공무원의 신분을 가진 공범들 중 공소외 3, 공소외 4, 공소외 5에 대해서는 기소를 하지 아니하고 피고인만 기소하였다 하더라도, 그 판시와 같은 사정들을 종합하면 검사의 위와 같은 조치가 공소권을 남용한 경우에 해당한다고 볼 수 없다(대판 2008도7312).

(라) 누락기소 검사가 최초 공소제기 시에 동시에 기소할 수 있었던 사건 중 일부 누락시킨 사실을 추가 기소하여 병합심리에 의한 양형상의 해택을 받을 수 있는 피고인의 이익을 침해한 경우이다. 인정여부에 대해 공소기각설(다수설)과 실체판결설의 대립이 있다.

판례연구

1	공소제기 된 피고인의 범죄사실 중 일부에 대하여 검사의 일차 무혐의결정이 있었고, 이에 대하여 그 고소인이 항고 등 아무런 이의를 제기하지 않고 있다가 그로부터 약 3년이 지난 뒤에야 뒤늦게 다시 피고인을 동일한 혐의로

	고소함에 따라, 검사가 새로이 수사를 재기하게 된 것이라 하더라도, 이를 가리켜 공소권을 남용한 경우로 볼 수는 없다(대판 94도2598).
2	검사가 피고인의 여러 범죄행위를 일괄하여 기소하지 아니하고 수사진행 상황에 따라 여러 번에 걸쳐 나누어 분리기소 하였다고 하여 검사의 공소제기가 소추재량권을 현저히 일탈한 것으로 보이지는 아니한다(대판 2007도5313).
3	검사가 구속영장기재의 범죄사실(선행사건)로 피고인을 신문할 당시 피고인이 여죄의 사실(후행사건)도 자백하였으나 검찰에 송치되지 아니하여 선행사건 만을 먼저 기소한 후 그 판결 확정 후에 후행사건을 기소한 경우, 공소권 남용에 해당하지 않는다(대판 99도577).
4	간통 고소사건에 있어 상간자들의 강간 주장으로 간통에 대한 무혐의결정 및 강간죄에 대한 공소제기가 있은 후 강간 고소취소와 그로 인한 강간죄에 대한 공소기각판결이 있게 되자 고소인이 그 무혐의결정에 대하여 항고를 하여 간통에 관한 재수사가 이루어져 상간자들에 대한 간통죄의 공소가 제기된 경우, 공소권의 남용에 해당하지 않는다(대판 2001도3106).
5	공소가 종전사건의 항소심 판결 선고 전에 제기되지 아니하여 피고인이 관련사건과 병합하여 재판을 받지 못하게 된 불이익을 받게 되었다고 하더라도 그것이 검사가 자의적으로 공소권을 행사하여 소추재량권을 현저히 일탈한 위법으로 인한 것으로는 볼 수 없다면, 그 공소가 공소권을 남용하여 제기된 것이라고는 볼 수 없다(대판 98도1273).
6	피고인이 절취한 차량을 무면허로 운전하다가 적발되어 절도 범행의 기소중지자로 검거되었음에도 무면허 운전의 범행만이 기소되어 유죄의 확정판결을 받고 그 형의 집행 중 가석방되면서 다시 그 절도 범행의 기소중지자로 긴급체포되어 절도 범행과 이미 처벌받은 무면허 운전의 일부 범행까지 포함하여 기소된 경우, 그 후행 기소가 적법한 것으로 본 원심판결에는 공소권 남용에 관한 법리 오해 또는 심리미진의 위법이 있다(대판 2001도3026).
7	검사가 관련사건을 수사할 당시 이 사건 범죄사실이 확인된 경우 이를 입건하여 관련사건과 함께 기소하는 것이 상당하기는 하나 이를 간과하였다고 하여 검사가 자의적으로 공소권을 행사하여 소추재량권을 현저히 일탈한 위법이 있다고 보여지지 아니할 뿐 아니라, 검사가 위 항소심판결 선고 이후에 이 사건 공소를 제기한 것이 검사의 태만 내지 위법한 부작위에 의한 것으로

	인정되지 아니한다(대판 94도2658).

(마) 위법수사에 의한 공소제기 수사절차에 중대한 위법이 있는 경우에 공소를 제기하는 것이 공소권 남용에 해당하는지 문제된다. 인정여부에 대해 공소기각설과 실체판결설(다수설)의 대립이 있다.

판례연구

1	불법연행 등 각 위법사유가 사실이라고 하더라도 그 위법한 절차에 의하여 수집된 증거를 배제할 이유는 될지언정 공소제기의 절차자체가 위법하여 무효인 경우에 해당한다고 볼 수 없다(대판 90도1586).
2	본래의 범의를 가지지 아니한 자에 대하여 수사기관이 사술이나 계략 등을 써서 범의를 유발케 하여 범죄인을 검거하는 함정수사는 위법함을 면할 수 없고, 이러한 함정수사에 기한 공소제기는 그 절차가 법률의 규정에 위반하여 무효인 때에 해당한다(대판 2005도1247). 〈연습〉 함정수사에 의한 공소제기는 그 절차가 법률의 규정에 위반되지 않는다는 것이 대법원의 입장이다.(×)

2. 공소제기의 기본원칙

1) 국가소추주의

공소제기의 권한을 국가기관이 전담하는 것이다. 이 가운데 검사가 공소제기를 담당하는 것을 검사소추주의라고 한다. 우리나라는 "공소는 검사가 제기하여 수행한다(제246조)."라고 하여 검사소추주의를 원칙으로 하고, 즉결심판청구만 경찰서장이 행하도록 함으로써(즉심 제3조 제1항) 예외 없는 국가소추주의를 채택하고 있다.

2) 기소독점주의

(1) 의의

국가기관 중 검사만이 공소제기를 수행한다. "공소는 검사가 제기하여 수행한다(제246조)."라고 하여 검사소추주의를 원칙으로 하고 있다.

(2) 장점과 단점

(가) 장점 전국적으로 통일적 조직체를 이루고 있는 검사에게 소추권을 독점케 함으로써 공소권 행사의 공정성을 보장하고 획일적인 소추를 가능하게 한다.

(나) 단점 검사의 자의·독선 우려가 있다. 공소권 운용이 정치권력에 좌우될 염려가 있다.

(다) 이에 대한 규제 직접적 규제에는 ① 검찰항고, ② 재정신청, ③ 헌법소원이 있고 간접적 규제에는 불기소처분의 취지통지와 이유고지(제258조, 제259조), 소송조건으로서의 고소나 고발 등이 있다.

(라) 기소독점주의의 예외 ① 즉결심판의 청구, ② 법정경찰권에 의한 제재는 형벌이 아닌 질서벌이므로 기소독점주의에 대한 예외에 해당하지 않는다.

3) 기소편의주의

(1) 의의

범죄혐의가 있고 소송조건이 구비되어 있어도 검사의 재량으로 불기소처분을 할 수 있는 제도이다(제247조).

(2) 장점과 단점

(가) 장점 구체적 정의실현에 기여, 피의자의 조속한 해방, 소송경제에 기

여하는 측면이 있다.

(나) **단점** 검사의 자의가 개입될 우려가 있고, 법적 안정성에 위험을 초래한다.

(다) 기소편의주의의 내용

① **기소유예제도** 기소유예는 범죄혐의가 있고 소송조건이 구비되어 있음에도 검사가 형법 제51조(양형사유)를 참작하여 재량으로 공소를 제기하지 않는 처분을 말한다.

② **기소변경주의**(공소취소) 공소를 제기한 후에 공소의 취소를 인정하는 입법주의를 말하며, 기소변경주의는 기소편의주의 귀결이라고 해석된다(다수설).

판례연구

기소유예
이 사건 기소유예처분의 피의사실은 피해자의 명시한 의사에 반하여 공소를 제기할 수 없는 폭행죄에 해당하고, 이 사건 심판청구 이후 피해자가 처벌을 원하지 아니하는 의사를 표명한 서면이 헌법재판소에 제출되었으나, 이러한 사정만으로는 수사기관이 아닌 헌법재판소가 기소유예처분을 취소할 사유가 되지 아니한다(헌재 2010헌마5769).

4) 공소의 취소

(1) 의의

일단 제기된 공소를 검사 스스로 철회하는 법률행위적 소송행위이다. 형소법에서 공소는 제1심판결 선고 전까지 취소할 수 있다고(제255조 제1항) 하여 기소변경주의를 선언하고 있다. 항소심의 파기환송·파기이송 후의 절차 및 재심절차에서는 제1심판결 선고 전일지라도 공소취소를 할 수 없다.

(2) 절차

(가) 공소취소의 사유와 주체 취소사유는 제한 없으며, 검사만이 취소가 가능하다.

(나) 공소취소의 방식 공소취소는 이유를 기재한 서면으로 하여야 한다. 다만 공판정 내에서는 구술로 할 수 있다(제255조 제2항). 검사는 고소·고발사건에 관하여 공소취소를 한 때에는 7일 이내에 서면으로 고소·고발인에게 통지하여야 한다(제258조 제1항).

(다) 공소취소의 시기 제1심판결 선고 전까지 가능하다. 이는 검사의 처분에 의하여 재판의 효력이 좌우되는 것을 방지하기 위함이다. 여기서 제1심판결은 실체판결·형식판결을 불문한다.

(라) 효과

① 공소기각 결정 공소취소가 된 경우 결정으로 공소를 기각하여야 한다(제328조 제1항 1호).

② 재기소의 제한 공소취소에 의한 공소기각결정이 확정된 때에는 공소취소 후 그 범죄사실에 대한 다른 중요한 증거를 발견한 경우에 한하여 다시 공소를 제기할 수 있다(제329조).

판례연구

공소취소	
1	제1심 판결이 선고되고 동 판결이 확정되어 이에 대한 재심소송절차가 진행 중에 있으므로 이 재심절차 중에 있어서의 공소취소는 이를 할 수 없다(대판 76도3203).
2	공소장에 기재된 수 개의 공소사실이 서로 동일성이 없고 실체적 경합관계에 있는 경우에 그 일부를 소추대상에서 철회하려면 공소장변경의 방식에 의할 것이 아니라 공소의 일부 취소절차에 의하여야 한다(대판 86도1487).

3	실체적 경합관계에 있는 수 개의 공소사실 중 어느 한 공소사실을 전부 철회하거나 그 공소사실의 소추대상에서 피고인을 완전히 제외하는 검사의 공소장변경신청이 있는 경우 이것이 그 부분의 소송을 취소하는 취지가 명백하다면 공소취소신청이라는 형식을 갖추지 아니하였더라도 이를 공소취소로 보아 공소기각을 하여야 한다(대판 88도67).
4	공소취소에 의한 공소기각의 결정이 확정된 때 다시 공소를 제기하는 요건으로서 '다른 중요한 증거를 발견한 경우'라 함은 공소취소 전의 증거만으로서는 증거 불충분으로 무죄가 선고될 가능성이 있으나 새로 발견된 증거를 추가하면 충분히 유죄의 확신을 가지게 될 정도의 증거가 있는 경우를 말한다(대판 77도1308).

4) 재정신청-기소강제절차

(1) 의의

재정신청은 검사의 불기소처분에 불복하는 고소인 또는 고발인의 재정신청에 의하여 고등법원에 불복을 구하는 제도로서 고등법원의 공소제기를 통해 불기소처분의 시정을 구하는 제도이다.

(2) 신청권자 및 대상

대상범죄에는 제한이 없으며, 불기소처분의 이유는 불문한다. 다만, 고발범죄는 형법 제123조(직권남용), 제124조(불법체포·감금), 제125조(가혹행위), 제126조(피의사실공표죄)로 제한된다. 다만 피의사실공표죄(제126조)는 피공표자의 의사에 반하지 않아야 한다.

(3) 절차

(가) 검찰항고 전치주의 남신청의 폐해를 줄이고 재정신청 제도의 효율성을 도모하기 위해 검찰청법 제10조에 따른 검찰항고를 거치는 검찰항고 전치주의를 채택하고 있다(제260조 제2항). 다음 각 호의 어느 하나에 해당하는 경우에는 그러하지 아니하다.[64]

(나) 신청방법 항고기각 결정을 받은 날로부터 10일 이내에 서면으로 재정신청을 하여야 한다. 다만 검찰항고 전치주의에 따라 신청이 이유 있는 경우는 즉시 공소를 제기하고 그 취지를 관할고등법원과 재정신청인에게 통지한다. 신청이 이유 없는 경우 30일 이내에 관할 고등법원에 송부한다.

(다) 신청효력 공동신청권자 중 1인의 신청은 전원을 위하여 효력이 발생한다(제264조 제1항). 재정신청이 있으면 재정결정이 날 때까지 공소시효가 정지된다.

(라) 재정신청의 취소 재정신청은 고등법원의 재정결정이 있을 때까지 취소할 수 있고, 재정신청을 취소한 자는 다시 재정신청을 할 수 없다. 재정신청의 취소는 다른 공동신청자에게 효력을 미치지 않는다.

(4) 검사장 · 지청장의 처리

(가) 검찰항고를 거친 경우 재정신청서를 제출받은 지방검찰청 검사장 또는 지청장은 재정신청서를 제출받은 날부터 7일 이내에 재정신청서 · 의견서 · 수사 관계서류 및 증거물을 관할 고등검찰청을 경유하여 관할 고등법원에 송부하여야 한다(제261조).

(나) 검찰항고를 거치지 않은 경우 항고전치주의가 적용되지 않는 경우에는 지방검찰청 검사장 또는 지청장은 신청이 이유 있는 것으로 인정하는 때에는 즉시 공소를 제기하고 그 취지를 관할 고등법원과 재정신청인에게 통지하고, 신청이 이유 없는 것으로 인정하는 때에는 30일 이내에 관할 고등법원으로 송부한다(제261조 제2호).

(5) 고등법원의 재정결정

법원은 재정신청서를 송부받은 날로부터 3개월 이내에 항고절차에 준하여

---

64) 1. 항고 이후 재기수사가 이루어진 다음에 다시 공소를 제기하지 아니한다는 통지를 받은 경우, 2. 항고 신청 후 항고에 대한 처분이 행하여지지 아니하고 3개월이 경과한 경우, 3. 검사가 공소시효 만료일 30일 전까지 공소를 제기하지 아니하는 경우

결정하여야 한다(제262조 제2항).

(가) **기각결정** 재정신청이 법률상의 방식에 위배되거나 이유 없을 때에는 신청이 기각된다(제262조 제2항 제1호).

(나) **공소제기결정** 재정신청이 이유 있는 때에는 사건에 대한 공소제기를 결정한다(제262조의4 제2항).

(6) 항고불가

고등법원의 재정결정에 대해 불복할 수 없다.

판례연구

1	재정신청 제기기간이 경과된 후에 재정신청보충서를 제출하면서 원래의 재정신청에 재정신청 대상으로 포함되어 있지 않은 고발사실을 재정신청의 대상으로 추가한 경우, 그 추가한 부분에 관한 재정신청은 법률상 방식에 어긋난 것으로서 부적법하다(대결 97모30).
2	대통령에게 제출한 청원서를 대통령비서실로부터 이관 받은 검사가 진정사건으로 내사 후 내사종결처리 한 경우, 위 내사종결처리는 고소 또는 고발사건에 대한 불기소처분이라고 볼 수 없어 재정신청의 대상이 되지 아니한다(대결 91모68). 〈연습〉 진정사건에 대한 검사의 내사종결처분은 재정신청의 대상이 된다(×).
3	재정신청이 있는 경우에 법원은 검사의 무혐의 불기소처분이 위법하다 하더라도 기록에 나타난 여러 가지 사정을 고려하여 기소유예의 불기소처분을 할 만한 사건이라고 인정되는 경우에는 재정신청을 기각할 수 있다(대결 97모30).
4	검사의 불기소처분 당시에 공소시효가 완성되어 공소권이 없는 경우에는 위 불기소처분에 대한 재정신청은 허용되지 않는다(대결 90모34).
5	고소인의 재정신청이 이유 없다 하여 기각된 이상 그 기각된 사건 내용과 동일한 사실로서는 소추할 수 없다 할 것이다(대판 66도1222).
6	제262조 제2항, 제4항은 검사의 불기소처분에 따른 재정신청에 대한 법원의 재정신청기각 또는 공소제기의 결정에 불복할 수 없다고 규정하고 있으나, 위

	규정은 그 취지에 비추어 재정신청이 법률상의 방식을 준수하였음에도 법원이 방식위배의 신청이라고 잘못 보아 그 신청이유에 대한 실체 판단 없이 형식적인 사유로 기각한 경우에는 그 적용이 없다 할 것이다(대결 2009모407).
7	재정법원이 형사소송법 제262조 제2항 제2호에 위반하여 재정신청의 대상인 고소사실이 아닌 사실에 대하여 공소제기결정을 한 관계로 그에 따른 공소가 제기되어 본안사건의 절차가 개시된 후에는 다른 특별한 사정이 없는 한 이제 그 본안사건에서 위와 같은 잘못을 다툴 수는 없다고 할 것이다(대판 2009도3563).
8	법원이 재정신청서에 재정신청을 이유 있게 하는 사유가 기재되어 있지 않음에도 이를 간과한 채 형사소송법 제262조 제2항 제2호 소정의 공소제기결정을 한 관계로 그에 따른 공소가 제기되어 본안의 사건의 절차가 개시된 후에는, 다른 특별한 사정이 없는 한 이제 그 본안사건에서 위와 같은 잘못을 다툴 수 없다(대판 2009도224).

3. 공소제기의 방식

1) 공소장의 제출

공소를 제기함에는 공소장을 법원에 서면으로 제출하여야 한다(제254조 제1항). 따라서 구두나 전보 또는 팩시밀리에 의한 공소제기는 허용되지 않는다. 공소장에는 피고인 수에 상응하는 부본을 첨부하여야 하고 공소장부본은 늦어도 제1회 공판기일 5일 전까지 피고인 또는 변호인에게 송달하여야 한다.

판례연구

1	약식명령청구는 공소제기와 동시에 서면으로 하여야 하며, 공소의 제기는 공소장에 형사소송법 제254조 소정 사항을 기재하여야 하므로 약식명령 청구서에도 동조 제3항 제3호의 공소사실을 기재하여야 한다(대판 4288형상212).

2	공소제기는 공소장이 법원에 도달한 때 그 효력이 발생하므로 공소장의 제출일자와 법원직원이 접수인을 찍은 날짜가 다르다면 공소장 제출일자를 공소제기일로 보아야 하나 통상의 경우 공소장에 접수일로 찍혀 있는 날짜는 공소제기일로 추정된다(대판 2002도690).
3	공소장이 통상적인 경우와는 달리 기명 및 서명날인이 아닌 기명날인만 된 채 제1심법원에 제출되었더라도 공소제기 검사가 제1심의 제1회 공판기일에 공판검사로 출석하여 기소요지를 진술하고 기명날인이 된 공소장에 서명을 추가함으로써 그 공소의 의사를 명확히 하였다면 위 공소의 제기는 적법하게 이루어진 것으로 인정된다(대판 2007도4961).
4	[1] 공소장의 제출은 공소제기라는 소송행위가 성립하기 위한 본질적 요소라고 할 것이므로, 공소의 제기에 현저한 방식 위반이 있는 경우에는 공소제기의 절차가 법률의 규정에 위반하여 무효인 경우에 해당하고, 위와 같은 절차위배의 공소제기에 대하여 피고인과 변호인이 이의를 제기하지 아니하고 변론에 응하였다고 하여 그 하자가 치유되지는 않는다. [2] 검사가 공판기일에서 피고인 등이 특정되어 있지 않은 공소장변경허가신청서를 공소장에 갈음하는 것으로 구두진술하고 피고인과 변호인이 이의를 제기하지 않은 사안에서, 이를 적법한 공소제기로 볼 수 없다(대판 2008도11813).

2) 필요적 기재사항

(1) 피고인의 성명 기타 피고인을 특정할 수 있는 사항

피고인을 특정할 수 있는 사항으로는 성명 이외에 생년월일 · 주민등록번호 · 직업 · 주거 및 등록기준지를 기재하여야 하며, 피고인이 법인인 때에는 사무소 및 대표자의 성명과 주소를 기재하여야 한다(규칙 제117조). 다만 이러한 사항이 명백하지 않을 경우 피고인의 인상 · 체격의 묘사나 사진의 첨부 등으로 특정할 수 있다.

판례연구

1	형사소송법 제254조 제3항에 의하여 공소장에 기재할 피고인의 성명은 반드시 재판을 받아야 할 그 피고인 고유의 성명을 기재하여야 하는 것도 아니며, 또 그 기재에 오기가 있다고 하더라도 본적, 주소, 생년월일, 직업 또는 인상체격을 기재하거나 사진을 첨부하는 등 피고인을 특정할 수 있는 정도이면 된다고 할 것이다(대판 82도2078).
2	공소장의 공소사실 첫머리에 피고인이 전에 받은 소년부송치처분과 직업 없음을 기재하였다 하더라도 이는 형사소송법 제254조 제3항 제1호에서 말하는 피고인을 특정할 수 있는 사항에 속하는 것이어서 그와 같은 내용의 기재가 있다 하여 공소제기의 절차가 법률의 규정에 위반된 것이라고 할 수 없다(대판 90도1813).
3	공소장에 누범이나 상습범을 구성하지 않는 전과사실을 기재하였다 하더라도 이는 피고인을 특정할 수 있는 사항에 속한다 할 것으로서 그 공소장기재는 적법하다(대판 66도793).

(2) 죄명

공소장에는 죄명을 기재하여야 한다. 죄명의 표시가 틀린 경우에도 피고인의 방어권 행사에 실질적인 불이익을 초래하지 않는 한 공소제기의 효력에는 영향이 없다.

판례연구

공소장에 수개의 공소사실에 대하여 그 죄명을 일괄표시 하였다 하여도 공소사실을 보면 그 죄명과 적용법조를 알아차릴 수 있는 경우에는 그 죄명과 적용법조가 특정되어 있지 않다 할 수 없고 그 방어권행사에 지장이 된다고도 할 수 없다(대판 69도1219).

(3) 공소사실

공소사실이란 검사가 공소장에 기재하는 범죄사실을 말하며, 공소사실의 기재는 범행의 일시 · 장소 · 방법 등을 명시하여 사실을 특정할 수 있도록 하여야 한다(제254조 제4항). 공소사실이 특정되지 아니한 공소제기는 무효이므로 법원은 공소기각판결을 하여야 한다(제327조 제2호).

판례연구

1	공소제기 된 범죄의 성격에 비추어 그 공소의 원인이 된 사실을 다른 사실과 구별할 수 있을 정도로 그 일시, 장소, 방법, 목적 등을 적시하여 특정하면 족하고, 그 일부가 다소 불명확하더라도 그와 함께 적시된 다른 사항들에 의하여 그 공소사실을 특정할 수 있고 그리하여 피고인의 방어권 행사에 지장이 없다면 공소제기의 효력에는 영향이 없다(대판 2005도9561).
2	공소사실의 특정방법을 규정한 형사소송법 제254조 제4항에서 말하는 범죄의 "시일"은 이중기소나 시효에 저촉되지 않는 정도의 기재를 요하고 "장소"는 토지관할을 가름할 수 있는 정도의 기재를 필요로 하며 "방법"은 범죄의 구성요건을 밝히는 정도의 기재를 요하는 것이다(대판 89도2020).
3	범죄의 일시를 1998. 9. 초순 어느 날로, 장소를 서울시내 불상지로, 방법은 불상의 방법으로 메스암페타민을 투약하였다고 기재한 공소사실은 이중기소나 시효, 토지관할의 구분이 가능할 정도로 특정되었다(대판 98도3293).
4	유가증권위조의 점에 관한 공소사실의 범죄의 일시를 '2000. 초경부터 2003. 3.경 사이에'로 비교적 장기간으로 기재하였으나 공소사실이 불특정된 것으로 볼 수 없다(대판 2006도48).
5	살인죄에 있어 범죄의 일시 · 장소와 방법은 범죄의 구성요건이 아닐 뿐만 아니라 이를 구체적으로 명확히 인정할 수 없는 경우에는 개괄적으로 설시하여도 무방하므로 '2005. 1. 28 03:00경부터 05:20경 사이에 피고인의 집에서 불상의 방법으로 피해자를 살해하였다'는 공소사실은 특정되어 있다(대판 2008도507).
6	범행의 일자는 1996년 초경부터 피해사실이 드러난 1996. 7. 15. 사이의 날로, 범행시각은 11:30경으로 가능한 한 특정하여 공소를 제기하였음을 알 수 있는 한편, 공소장에 범행의 장소와 방법 등이 구체적으로 기재되어 있는 점과 이 사건 범죄의 성격을 고려하면, 범죄의 시일을 위와 같이 기재하였다고 하더라도 그 공소사실은 특정되어 있다(대판 97도1211).

7	부정수표 발행을 내용으로 하는 부정수표단속법위반의 경우에는 수표의 발행일자, 제시일자, 액면, 부도사유 등을 구체적으로 기재하여 사실을 특정하면 족하다 할 것이고 그 밖에 수표의 발행일자가 정정되었을 경우 그 정정한 구체적인 날짜는 필요적 기대사항은 아니라 할 것이므로 구체적으로 정정한 날짜의 기재가 없어도 공소사실이 특정되었다(대판 83도2122).

판례연구

1	1992. 4. 27 경부터 같은 해 5.8까지의 어느 날에 서울 어느 곳에서 유서 2장을 작성하여 줌으로써 유서내용에 의하여 암시하는 방법으로 분신자살의 실행을 용이하게 도와주어 자살을 방조하였다는 공소사실은 자살방조죄의 공소장 기재로서 적법하다(대판 92도1148).
2	직무유기교사죄의 공소사실 중 "전기협 회원들에 대하여 불법파업을 하여 직무유기할 것을 결의하게 하고, 전기협 회원 6,500여 명이 이에 따라 같은 해 6. 23. 04:00경부터 불법파업에 돌입하게 하여 직무유기를 교사하였다."는 것만으로는 피교사자인 공무원들의 숫자조차 특정되어 있지 않아 도대체 몇 개의 직무유기교사죄를 공소제기 한 것인지, 그리고 유기한 직무의 내용 및 유기행위의 태양이 어떠한지 알 수가 없으므로, 그 공소제기의 절차가 법률의 규정에 위반하여 무효인 때에 해당한다(대판 95도984).

판례연구

1	피고인들이 1972. 5월 중순경부터 1974. 4. 3경까지 사이에 부산시 동구 수정 4동 984 및 위 셋방등지에서 회수부상 간음하여 간통하였다고 기재한 공소장은 추상적인 범죄구성요건 문귀만이 적시되고 그 내용을 이루는 구체적인 범죄사실의 기재가 없어 그 효력이 없다(대판 75도346).
2	피고인 甲은 1982. 11. 말경부터 1983. 1. 하순경까지 사이에 경북 풍기읍 성내동 187 소재 식당방에서 월평균 10회씩 도합 20회에 걸쳐 乙과 성교하여 각 간통한 것이다라는 기재와 같은 공소범죄사실은 특정한 구체적인 범죄사실을 기재한 것이라고 볼 수 없다(대판 85도1449).

판례연구

1	포괄1죄에 있어서는 그 1죄의 일부를 구성하는 개개의 행위에 대하여 구체적으로 특정되지 아니하더라도 그 전체 범행의 시기와 종기, 범행방법, 범행횟수 또는 피해액의 합계 및 피해자나 상대방을 명시하면 이로써 그 범죄 사실은 특정된다(대판 94도3297).
2	포괄일죄인 상습사기의 공소사실에 있어서 그 범행의 모든 피해자들의 성명이 명시되지 않았다 하여 범죄사실이 특정되지 아니하였다고 볼 수 없다(대판 90도833).
3	보건범죄단속에관한특별조치법위반죄의 공소사실은 일정기간 계속된 피고인의 각 의료행위를 포괄하여 일죄를 구성하는 것으로 공소사실 중 일죄의 일부를 구성하는 개개의 행위에 관하여 그 범행대상이 되는 다수의 환자들을 구체적으로 특정하지 않았다고 하더라도 심판의 대상이 불분명해진다거나 피고인에게 방어의 어려움을 초래한다고 볼 수 없다(대판 2002도807).
4	무면허 의료행위는 포괄적 한 개의 범죄로 처단되는 것으로 공소사실도 포괄적으로 기재하는 것으로 족하다(대판 83도3313).
5	포괄일죄에 해당하는 (구)공직선거 및 선거부정방지법상 기부행위제한위반죄의 범죄 사실은 그 죄의 일부를 구성하는 개개의 기부행위에 대하여 구체적으로 특정하지 아니하더라도 그 기부행위의 전제가 된 선가, 전체 기부행위의 시기와 종기, 기부행위의 장소, 방법, 그 대상이 된 대략의 선거구민을 명시하면 이로써 특정되는 것이다(대판 2005도4177).

판례연구

〈공소사실이 특정된 경우〉	
메스암페타민 및 대마	
1	피고인 2가 1988.7. 중순 일자불상경부터 1989.2. 중순 일자불상경까지 사이에 1회용 주사기로 암페타민을 팔에 주사하는 방법으로 모두 4회에 걸쳐 향정신성의 약품을 투약하였다는 점은 공소사실이 특정되었다고 볼 것이다(대판 89도2020).
2	피고인은 2007.10.16. 경부터 같은 해 11.14 경까지 사이에 파주시 소재불상의 노상에 있는 공소외인 운전의 BMW차량 안 등지에서 담배 속 연초를 빼

	낸 후 그 안에 대마 불상량을 넣고 불을 붙여 그 연기를 흡입하는 등의 방법으로 이를 1회 흡입한 것이라는 공소사실은 특정되지 않았다고 볼 수 없다(대판 2008도6267).
3	"1996. 1.~6.경 사이 충북지역 메스암페타민 g 미상을 불상의 방법으로 1회 투약하고"로 변경한 경우 그 장소나 방법 및 투약량을 불상으로 기재하더라도 마약범죄의 특성상 공소사실이 특정되었다고 보아야 한다(대판 97도1376).
4	범죄의 일시를 1998. 9. 초순 어느 날로, 장소를 서울시내 불상지로, 방법은 불상의 방법으로 메스암페타민을 투약하였다고 기재한 공소사실은 이중기소나 시효, 토지관할의 구분이 가능할 정도로 특정되었다(대판 98도3293).
5	피고인의 모발에 대한 감정을 실시한 결과 모발에서 메스암페타민 성분이 검출되어 피고인이 메스암페타민을 투약한 사실이 판명된 경우에도 피고인이 그 투약사실을 부인하는 경우, 검사가 기소 당시의 증거에 의하여 가능한 한 특정한 것이라면, 시일을 일정 범위의 기간 내로 기재하고 장소를 '인천 또는 불상지'라고 기재하였다고 하더라도, 공소사실이 특정되어 있다고 보아야 할 것이다(대판 2007도9053).
범죄단체 구성	
1	이 사건 범죄단체 구성의 공소사실은 피고인들은 공모하여 1991.10. 하순경부터 1992.11. 하순경까지 사이에 여수시 교동 등지에서 조직의 명칭은 "신시민파"로 피고인 1은 두목급 수괴로, 피고인 8은 고문급 간부로, 피고인 3, 4 등은 참모급 간부로, 피고인 5 등은 행동대장급 간부로, 피고인 2 등은 행동대원으로 하는 등 조직원들을 업무분장을 정하고, 폭력행사를 목적으로 하는 속칭 "신시민파"라는 범죄단체를 구성하였다는 것으로 공소사실이 특정되지 않았다는 논지는 이유 없다(대판 94도1853).
2	범죄단체를 구성하게 된 일시, 장소가 "1988년 8월경부터 1989년초경까지 사이에 제주시 산지천 부근 및 신제주 일원"으로 되어 있고 그 목적이 "폭력을 수단으로 불법적인 경제적 이익의 취득"으로 되어 있다 하여 그것만으로 범죄의 일시, 장소, 방법이 특정되지 않아 공소제기의 절차가 위법하다 할 수 없다(대판 95도13).
문서 및 유가증권위변조, 상표도용	
1	위조된 문화상품권 30,000장을 2006. 7. 일자불상경부터 같은 해 9. 5.경까지

	불특정 다수의 손님에게 경품용으로 지급함으로써 행사하였다는 공소사실은 특정되었다(대판 2007도796).
2	유가증권변조의 범행일자를 "2005.1. 말경에서 같은 해 2.4 사이"로, 범행 장소를 "서울 불상지"로, 범행방법을 "불상의 방법으로 수취인의 기재를 삭제"한 것으로 된 경우, 변조된 유가증권이 압수되어 현존하고 있는 이상 위 공소사실이 특정되었다(대판 2007도11000).
3	문서의 위조 여부가 문제되는 사건에서 그 위조된 문서가 압수되어 현존하고 있는 이상, 그 범죄의 일시와 장소, 방법 등은 범죄의 동일성 인정과 이중기소의 방지, 시효저촉 여부 등을 가름할 수 있는 범위에서 사문서의 위조사실을 뒷받침할 수 있는 정도로만 기재되어 있으면 충분하다(대판 2008도11042). 〈연습〉 문서위조죄에 있어서는 그 범죄 일시와 장소, 방법 등은 범죄의 동일성 인정과 이중기소의 방지, 시효저촉 여부 등을 가름할 수 있는 범위에서 사문서의 위조사실을 뒷받침할 수 있는 정도로만 기재되어 있으면 그 위조된 문서가 압수되어 현존하고 있지 않더라도 공소사실은 특정된 것이다.(×)
4	예일대학교 박사학위기위조 부분은 피고인이 위조하였다는 문서의 내용 및 그 명의자가 특정되었을 뿐 아니라 위조 일시, 방법이 개괄적으로 기재되어 있으며, 각 위조박사학위기행사 부분은 위조문서의 내용, 행사, 일시, 장소, 행사 방법 등이 특정되어 기재되어 있고, 기록상 위조되었다는 예일대학교 박사학위기와 동일하다고 하는 박사학위기 사본이 현출되어 있으므로 이로써 공소사실은 특정되었다(대판 2008도6950).
5	조세범처벌법 제11조의2 제4항 무거래 세금계산서 교부죄의 공소사실에 기재된 공급가액이 피고인이 실제 교부한 세금계산서에 기재된 공급가액이 아니라 주류 판매 계약서에 기재된 공급가액이라 하더라도 공소사실이 특정되었다(대판2008도10577).
포괄일죄	
1	포괄1죄에 있어서는 그 1죄의 일부를 구성하는 개개의 행위에 대하여 구체적으로 특정되지 아니하더라도 그 전체 범행의 시기와 종기, 범행방법, 범행횟수 또는 피해액의 합계 및 피해자나 상대방을 명시하면 이로써 그 범죄 사실은 특정된다(대판 94도3297).
2	포괄일죄인 상습사기의 공소사실에 있어서 그 범행의 모든 피해자들의 성명이 명시되지 않았다 하여 범죄사실이 특정되지 아니하였다고 볼 수 없다(대

	판 90도833). 〈연습〉 상습사기죄에 있어서는 그 범행의 모든 피해자들의 성명이 명시되어야 공소사실이 특정된 것이다.(×)
3	보건범죄단속에관한특별조치법위반죄의 공소사실은 일정기간 계속된 피고인의 각 의료행위를 포괄하여 일죄를 구성하는 것으로 공소를 제기하면서 이 부분 공소사실 중 일죄의 일부를 구성하는 개개의 행위에 관하여 그 범행대상이 되는 다수의 환자들을 구체적으로 특정하지 않았다고 하더라도 심판의 대상이 불분명해진다거나 피고인에게 방어의 어려움을 초래한다고 볼 수 없다(대판 2002도807).
4	공소사실 중 일부 사주행위의 대상을 "송파경찰서 소속 교통경찰관 등"이라고 기재하였다고 하더라도 위 피고인이 관내 교통경찰관들을 상대로 교통사고 환자들을 데리고 올 때마다 일정 금액의 돈을 지급함으로서 환자의 소개·알선 또는 유인을 사주하였다는 것이므로 사주행위의 상대방을 "송파경찰서 소속 경찰관 등"이라는 정도만 특정하고 그 성명을 특정하지 않았다고 하여 심판의 대상이 불분명해진다거나 피고인에게 방어의 어려움을 초래한다고 볼 수 없다(대판 97도1126).
뇌물 및 향응제공	
1	'1971년 말경부터 1972년 말경까지 사이에 비밀 요정 등지에서 금 1,200,000원 상당의 향응을 제공받았다'는 공소사실과 같이 범행의 시기, 장소, 방법 등이 기재된 이상 공소사실은 특정되었다 할 것이다(대판 75도1680).
2	특정범죄가중처벌등에관한법률 제3조에서 말하는 공무원의 직무에 속하는 사항의 알선에 관하여 금품이나 이익을 수수한다 함은 공무원의 직무에 속한 사항을 알선한다는 명목으로 금품 등을 수수하는 행위로서 반드시 알선의 상대방인 공무원이나 그 직무내용이 구체적으로 특정될 필요는 없다(대판 2000도2968).
3	공소사실 중 공소외 1로부터의 뇌물수수의 점에 관하여 2억 원 상당으로 기재하였다고 하더라도 피고인의 방어권 행사에 지장이 있다고 볼 수 없으므로, 공소제기의 효력에 영향이 없다고 할 것이다(대판 2010도2556).
사기배임, 무면허의료 및 기타	
1	업무상과실치상 공소사실 중 그 일부 피해자에 대하여 치료기간이 미상이라고 기재하고 있다고 하더라도 치상의 경우 그 치료기간은 필요적 기재사항이라고 할 수는 없는 것이니 위의 공소사실은 모두 특정되어 있다 할 것이다

	(대판 83도3006).
2	피고인이 2005. 2. 하순경 피해자 공소외 1 운영의 유황오리식당 내부 천장에 감시용 CCTV 카메라 3대 및 계산대 위 천장 틈새에 도청마이크 1개를 은닉하여 설치하고 피고인의 개인 사무실에 CCTV 녹화기 및 녹음기를 설치한 다음, 2005. 5. 초순경부터 같은 해 9. 29.경까지 위 식당 내에서 행하여지는 피해자 및 공소외 2 등의 대화에 관하여 위 마이크를 통하여 녹음을 시도하거나, 청취함으로써 공개되지 아니한 타인간의 대화를 녹음하려다 그 뜻을 이루지 못하고 미수에 그치거나, 이를 청취하였다는 것으로서, 피고인의 방어권 행사에 지장이 없을 정도로 특정되었다고 할 것이다(대판 2007도9053).
3	'피고인이 1994.7.7. 12:13경 피해자 배국경을 기망하여 소천엽 1개를 대금 2,440원에, 소양 1개를 대금 1,201원에 판매하여 그 대금 상당액을 편취하였다'는 부분에 관하여는 범죄의 일시와 장소, 범행의 방법이 구체적으로 특정되어 있다고 할 것이다(대판 95도2121).
4	피고인 2가 식품위생법 제6조 제4항의 규정에 위반하여 튀김용 호마유를 제조한 점에 관한 본건 공소사실 중 그 위반내용에 관한 사항이 구체적으로 적시되지 아니하고 단지 "보건사회부령으로 정한 규격과 기준에 맞지 아니한 튀김용 호마유를 제조"하였다고만 기재되어 있어 위 규정위반의 내용을 구체적으로 적시하지 아니하였다 하더라도 위의 본건 공소사실 그 자체를 특정으로 할 수 없는 것은 아니라고 할 것이다(대판 82도1393).
5	부정한 이익을 얻거나 기업에 손해를 가할 목적으로 영업 비밀을 제3자에게 누설하였거나 이를 사용하였는지 여부가 문제되는 부정경쟁방지 및 영업비밀보호에 관한 법률 위반 사건의 공소사실에 영업비밀이라고 주장된 정보가 상세하게 기재되어 있지 않다고 하더라도, 그와 함께 적시된 다른 사항들에 의하여 어떤 내용에 관한 정보인지 알 수 있으며, 또한 피고인의 방어권 행사에도 지장이 없으면, 그 공소제기의 효력에는 영향이 없다(대판 2006도7916).
〈공소사실이 특정되지 않은 경우〉	
메스암페타민	
1	피고인은 2001.10.19. 경부터 2002.3.18.경 사이에 서울 이하 불상지에서 마약류인 메스암페타민 0.03g을 1회용 주사기에 넣고 물로 희석하여 팔 혈관에 주사하여 이를 투약하였다는 이 사건 공소사실은 특정되었다 할 수 없다(대

	판 2003도397).
2	“피고인은 1996. 7. 내지 10. 일자 불상경 장소 불상에서 불상의 방법으로 메스암페타민 불상량을 투약하였다.”라는 공소사실만으로는 형사소송법 제254조 제4항의 요건에 맞는 구체적인 사실의 기재라고 볼 수 없다(대판 98도3293).
3	“피고인이 2000년 1월경부터 같은 해 5월경까지 사이에 시흥시 이하 불상지에서 분량 불상의 메스암페타민을 불상의 방법으로 투약하였다”는 공소사실의 경우, 투약량은 물론 투약방법을 불상으로 기재하면서, 그 투약의 일시와 장소마저 위와 같이 기재한 것만으로는 그 공소사실이 특정되었다고 볼 수 없다(대판 2001도506).
4	‘2008. 8. 3.부터 2008. 10. 2. 사이에 피고인의 주거지 등지에서 일명 필로폰 0.03g을 투약하였다’는 공소사실의 경우, 위와 같은 기재만으로는 피고인의 방어권 행사에 지장을 초래할 위험이 크고, 복수의 투약가능성이 농후하여 심판대상이 한정되었다고 보기 어려워, 공소사실이 특정되었다고 볼 수 없다(대판 2009도9717).
5	‘피고인이 마약취급자가 아니면서 2005. 3. 15.경부터 같은 해 4. 10.경까지 사이 일시불상경 진해시내 일원에서 필로폰 불상량을 불상의 방법으로 수 회 투약하였다.’는 것인바, 이는 필로폰의 투약회수와 투약방법이 특정되지 아니한 것이고(경합범 관계에 있는 투약범죄의 개수도 특정되지 아니하였다), 그 투약의 일시와 장소를 위와 같은 정도로 기재한 것만으로는 그 공소사실이 특정되었다고 할 수 없다(대판 2006도391).
6	공소사실 가운데 메스암페타민 투약시기에 관하여 “2004. 9.경에서 10.경 사이”라고 기재한 것만으로는 피고인의 방어권 행사에 지장을 초래할 위험성이 크고, 위 투약시기로 기재된 위 기간 내에 복수의 투약 가능성이 농후하여 심판대상이 한정되었다고 보기도 어렵다는 이유 등으로 공소사실이 특정되었다고 볼 수 없다(대판 2005도7422).
7	“마약류 취급자가 아님에도, 2008년 1월경부터 같은 해 2월 일자불상 15:00경까지 사이에 메스암페타민 약 0.7g을 매수한 외에, 그때부터 2009년 2월 내지 3월 일자불상 07:00경까지 총 21회에 걸쳐 매수·투약하였다.”는 공소사실의 경우, 이러한 공소사실의 기재는 특정한 구체적 사실의 기재에 해당한다고 볼 수 없다(대판 2010도9835).
8	‘피고인이 향정신성의약품 취급자가 아님에도 불구하고, 2009. 2. 13.경부터

9	같은 해 4. 10.경까지 사이에 서울 내지 의정부시 일대에서 메스암페타민 불상량을 불상의 방법으로 투약하였다'는 것인바, 메스암페타민 투약시기에 관한 위와 같은 기재만으로는 피고인의 방어권 행사에 지장을 초래할 위험성이 크고, 단기간 내에 반복되는 공소 범죄사실의 특성에 비추어 볼 때 위 투약시기로 기재된 위 기간 내에 복수의 투약 가능성이 높아 심판대상이 한정되었다고 보기도 어렵다. 따라서 이러한 공소사실의 기재는 특정한 구체적 사실의 기재에 해당한다고 볼 수 없다(대판 2009도13872).
9	피고인이 '2010. 2. 초순경부터 2010. 4. 18.경 사이에 향정신성의약품인 메스암페타민(일명 필로폰) 약 0.03g을 투약하였다'는 내용으로 기소된 사안에서, 투약시기에 관한 위와 같은 기재만으로는 마약류관리에 관한 법률 위반(향정) 공소사실이 특정되었다고 볼 수 없다(대판 2011도3801).
10	"피고인 1이 마약류 취급자가 아님에도 2005. 8. 하순경부터 2005. 11. 20.경 사이에 부산 연제구이하 불상지에서 필로폰(메스암페타민) 불상량을 맥주에 타서 마시거나 1회용 주사기에 넣어 희석한 다음 자신의 팔 혈관에 주사하는 방법으로 이를 투약하였다."는 부분은, 메스암페타민의 투약시기, 투약한 메스암페타민의 양과 투약 방법 등의 심판대상이 특정되지 아니하여 피고인의 방어권 행사에 지장을 초래할 위험성이 크다고 할 것이다(대판 2006도7342).
11	검사가 단지 길이 4~7cm인 피고인의 모발을 대상으로 실험을 한 결과 메스암페타민 양성반응이 나왔다는 국립과학수사연구소의 감정 결과 만에 기초하여 위 정도 길이의 모발에서 메스암페타민이 검출된 경우 그 사용가능한 기간을 체포 시로부터 역으로 추산한 다음 그 전 기간을 범행일시로 하고, 위 기간 중의 피고인의 행적에 대하여도 별다른 조사를 하지 아니한 채 피고인의 주거지인 의왕시를 범행 장소로 하여 공소를 제기한 경우, 공소사실이 특정된 것이라고 볼 수 없다(대판 2000도2119).
간통 및 강간	
1	피고인들이 1972.5월 중순경부터 1974.4.3.경까지 사이에 부산시 동구 수정 4동 984 및 위 셋방등지에서 회수부상 간음하여 간통하였다고 기재한 공소장은 그 내용을 이루는 구체적인 범죄사실의 기재가 없어 그 효력이 없다(대판 75도346).
2	피고인 甲은 1982.11. 말경부터 1983.1. 하순경까지 사이에 경북 풍기읍 성내동 187 소재 식당방에서 월평균 10회씩 도합 20회에 걸쳐 乙과 성교하여 각 간통한 것이다라는 기재와 같은 공소범죄사실의 설시내용은 개개의 간통행위

	에 대하여 그 일시를 명시하여 그 사실을 특정한 구체적인 범죄사실을 기재한 것이라고 볼 수 없다(대판 85도1449).
3	"피고인이 1980.12. 일자불상경부터 1981.9.5. 전일경까지 사이에 피해자를 협박하여 약 20여회 강간 또는 강제추행 하였다"는 부분은 그 범행일시가 명시되지 아니하여 동 공소사실부분에 대한 공소는 기각을 면할 수 없다(대판 82도2442).
4	피고인이 1980.10. 초순경부터 1981.6.25.까지는 동 장소에서, 그리고 그 익일부터 1982.1.30.경까지는 전주시 전묵동 834의 42, 공소외 이춘엽의 집 2층에서 공소외 1과 수 회 간음하여 상간하였다는 점에 대하여는 개개의 간통행위의 내용을 이루는 구체적 범죄사실의 기재는 없어 그 심판대상이 특정되어 있다고 할 수 없다(대판 82도2448). 〈연습〉 간통죄에 있어서는 개개의 간통사실에 대하여 그 일시를 명시하여 구체적으로 기재할 필요는 없고 일정한 기간 동안 수 회 간통하였다는 기재만으로 족하다.(×)
범죄의 객체, 피해자 등의 불특정	
1	직무유기교사죄의 공소사실 중 "전기협 회원들에 대하여 불법파업을 하여 직무유기 할 것을 결의하게 하고, 전기협 회원 6,500여 명이 이에 따라 같은 해 6.23. 04:00경부터 불법파업에 돌입하게 하여 직무유기를 교사하였다."는 것만으로는 피교사자인 공무원들의 숫자조차 특정되어 있지 않아 도대체 몇 개의 직무유기교사죄를 공소제기 한 것인지, 그리고 유기한 직무의 내용 및 유기행위의 태양이 어떠한지 알 수가 없으므로, 결국 직무유기교사의 점은 그 공소제기의 절차가 법률의 규정에 위반하여 무효인 때에 해당한다(대판 95도984).
2	피고인이 "성명불상자들과 합동하여 통행 중인 성명불상 여자로부터 품명불상의 재물을 절취하였다"는 공소장의 기재는 공소의 원인 사실이 다른 사실과 구별될 수 있도록 특정된 것이라고 볼 수도 없다(대판 75도2946).
3	엔돌핀 노래연습장에서 성명불상의 부녀자들을 시간당 일정액을 지급하기로 하고 부른 다음, 동녀들로 하여금 그 곳을 찾아온 손님들을 상대로 노래와 춤으로 유흥을 돋우게 함으로써 접대부를 알선한 것이다라는 기재는 피고인이 알선했다는 접대부나 함께 유흥을 즐긴 손님들이 누구인지조차 특정되어 있지 아니하여 공소제기가 특정되어 있다고 보기는 어렵다 할 것이다(대판 2006도7773).

4	"피고인이 상습으로 피해자를 비롯한 회원들로부터 같은 수법으로 총 2,321회에 걸쳐 합계 173억 7,984만 원을 교부받아 편취하였다."는 공소사실의 경우 피해자와 피해자별 피해금액조차 전혀 알 수 없어 범죄사실이 특정된 것으로 볼 수 없다(대판 2001도661).
5	'일정한 기간 사이에 성명 미상의 고객들로부터 1일 평균 매상액 상당의 생식품을 판매함으로써 그 대금 상당액을 편취하였다'는 내용은 피해자나 피해액이 특정되어 있다고 할 수 없다(대판 95도594).
6	사기죄에 있어서 수인의 피해자에 대하여 각별로 기망행위를 하여 각각 재물을 편취한 경우에 피해자별로 1개씩의 죄가 성립하는 것으로 보아야 할 것이고, 이러한 경우 그 공소사실은 각 피해자와 피해자별 피해액을 특정할 수 있도록 기재하여야 할 것인 바, '일정한 기간 사이에 성명불상의 고객들에게 1일 평균 매상액 상당을 판매하여 그 대금 상당액을 편취하였다'는 내용은 피해자나 피해액이 특정되었다고 할 수 없다(대판 95도2121).
7	사문서위조 공소사실을 기재함에 있어서 2인의 명의만 특정하였을 뿐 나머지 채권자 4명에 대하여는 그 명의를 구체적으로 특정하지 않은 채 만연히 채권자들이라고만 지적하였다면 나머지 채권자 4명 명의의 사문서를 위조하였다는 공소는 그 공소사실을 기재하지 않은 것으로서 공소의 제기가 법률의 규정에 반하는 경우에 해당한다(대판 82도2063).
범행 방법의 불분명	
1	피고인은 상피고인이 피해자를 때릴 때 그 주위에서 위세를 부리는 방법으로 폭행을 가하였다고 하는 공소사실은 구체적인 행동의 표시를 결하여 적법한 공소사실의 적시라고 볼 수 없다(대판 70도1528).
2	피고인은 甲집에 침입하여 라디오 1대를 훔친 것을 비롯하여 그 후 4회에 걸쳐 상습적으로 타인의 재물을 절취하였다라는 공소사실 기재는 구체적인 범죄사실의 기재가 없으므로 무효다(대판 71도1615).
3	관세포탈죄는 사위 기타 부정한 방법에 의하여 저질러질 것을 구성요건으로 하고 있으므로 만연히 "사위의 방법으로…포탈한 것이다."라고 추상적 구성요건만을 기재함에 그치는 경우 범죄의 특별구성요건을 충족하는 구체적 사실의 기재가 특정되어 있지 아니하다(대판 84도471).
기타	
1	사문서변조의 공소사실에 변조행위의 일시·장소와 방법, 변조의 실행행위자

	등이 기재되지 않은 사안에서, 범죄구성요건의 특정 요소에 관한 기재 자체가 누락된 것이므로 공소사실이 특정되지 않았다고 판단한 사례(대판 2008도9327)
2	1992. 2.경부터 1996. 6. 7.경까지 수 회에 걸쳐 밀수품을 취득하였다는 방식으로 공소사실을 기재하는 것은 범행의 회수조차 특정되지 아니하여 적법한 공소사실의 기재로 볼 수 없다(대판 98도1480).
3	피고인들에 대한 자사주 취득과 해외신주인수권부사채에 관한 미공개정보의 이용에 관한 위 공소사실은 피고인 2가 피고인 1로부터 제공받은 미공개정보를 언제, 어떻게 매매거래에 이용하였다는 것인지에 관한 구체적인 범죄사실이 전혀 적시되지 아니하여 공소사실이 특정된 것으로 볼 수 없어 적법한 공소제기로 볼 수 없다(대판 2003도7112).
4	피고인이 1992. 2.경부터 1996. 6. 7.경까지 서울 중구에 있는 피고인 경영의 상가에서 성명불상자들이 세관장에게 신고하지 아니하고 관세를 포탈하여 반입한 로렉스 손목시계 9개 시가 합계 금 4,230만 원 상당을 장물인 점을 알면서 성명불상의 중간상인들로부터 수 회에 걸쳐 구입하여 이를 취득하였다는 것인 바, 이와 같이 피고인이 '1992. 2.경부터 1996. 6. 7.경까지 수 회에 걸쳐' 그 밀수품을 취득하였다는 방식으로 공소사실을 기재하는 것은 범행의 회수조차 특정되지 아니하여 적법한 공소사실의 기재로 볼 수 없다(대판 98도1480).
5	"피고인이 1998. 4. 20. 18:00경부터 약 4시간 동안 위험한 물건으로 피해자의 머리 부분을 내리치는 등 여러 차례 폭행하여 피해자에게 상해를 가하였다."는 폭력행위등처벌에관한법률 제3조 제2항 위반죄의 공소사실은 범행 당일 일몰 시각이 19:12이어서 폭행 시각이 주간인지 야간인지를 특정할 수 없으므로 결국 범죄행위가 야간에 행하여 질 것을 요건으로 하는 위 범죄에 있어서 구체적인 범죄사실이 특정되지 않았다(대판 99도2976).
6	이 부분 공소사실은 막연히 피해자의 이메일 출력물을 보여준 것이 타인의 비밀을 누설한 행위에 해당한다는 취지로만 되어 있을 뿐, 그 이메일 출력물의 내용이나 제목 등에 관해서는 아무런 기재가 없고 기록상으로도 이를 알 수 있을 만한 자료가 없어 과연 위 이메일 출력물이 타인의 비밀에 해당하는 것인지 여부를 판단할 길이 없으므로, 이 부분 공소사실이 심판의 대상과 피고인의 방어범위를 확정할 수 있을 정도로 특정되어 있다고 보기는 어렵다(대판 2005도7309).

석명권 행사
공소장의 기재가 불명확한 경우 법원은 형사소송규칙 제141조의 규정에 의하여 검사에게 석명을 구한 다음, 그래도 검사가 이를 명확하게 하지 않은 때에야 공소를 기각함이 상당하다고 할 것이므로, 원심이 검사에게 공소사실 특정에 관한 석명에 이르지 아니한 채 곧바로 위와 같이 공소사실의 불특정을 이유로 공소기각의 판결을 한 데에는, 공소사실의 특정에 관한 법리를 오해하였거나 심리를 미진한 위법이 있다(대판 2004도5972). 〈연습〉 공소사실이 특정되지 않은 이상 구체적 범죄사실이 표시되어 있더라도 법원은 반드시 공소기각의 판결을 하여야 한다.(×)

(4) 적용법조

공소장에는 적용법조를 기재하여야 한다. 적용법조의 기재에 오기가 있거나 누락이 된 경우라고 할지라도 피고인의 방어에 실질적인 불이익이 없는 한 공소제기의 효력에는 영향이 없다고 할 것이나 공소사실의 기재만 있고 죄명과 적용법조의 기재가 전혀 없는 때에는 그 부분에 대한 공소제기는 무효가 되므로 공소기각판결을 해야 한다.

판례연구

1	공소장에는 죄명 · 공소사실과 함께 적용법조를 기재하여야 하지만 적용법조의 기재는 공소의 범위를 확정하는 데 보조기능을 가짐에 불과하므로 적용법조의 기재에 오기가 있거나 그것이 누락된 경우라 할지라도 이로 인하여 피고인의 방어에 실질적 불이익이 없는 한 공소제기의 효력에는 영향이 없다(대판 2000도6113).
2	공소장에 적용법조를 기재하는 이유는 공소사실의 법률적 평가를 명확히 하여 피고인의 방어권을 보장하고자 함에 있는 것이므로, 적용법조의 기재에 오기나 누락이 있는 경우라 할지라도 이로 인하여 피고인의 방어에 실질적인 불이익을 주지 않는 한 공소제기의 효력에는 영향이 없고, 법원으로서도 공소장 변경의 절차를 거침이 없이 곧바로 공소장에 기재되어 있지 않은 법조를 적용할 수 있다(대판 96도1231).

3) 임의적 기재사항

(1) 예비적 · 택일적 기재

예비적 기재란 공소장에는 수개의 범죄사실과 적용 법조를 예비적 · 택일적으로 기재하는 것을 말한다. 예컨대 선순위(절도죄), 후순위(점유이탈물횡령죄)로 기소한 경우이다. 택일적 기재란 수개의 사실에 관하여 그 심판의 순위를 정하지 않고 어느 것을 심판해도 좋다는 취지의 기재를 말한다. 예컨대 절도죄 또는 점유이탈물횡령죄로 기재한 경우이다.

(2) 예비적 · 택일적 기재의 허용범위

예비적 · 택일적 기재가 허용되는 범위에 대하여 통설은 공소사실의 동일성이 인정되는 범위에서만 허용된다고 보나, 판례는 공소사실의 동일성이 인정되지 않는 별개의 범죄사실[65]에 대해서도 허용된다는 입장이다.

판례연구

1	형사소송법 제254조 5항은 그들 수개의 범죄 사실 간의 범죄사실의 동일성이 인정되는 범위 내에서 예비적 또는 택일적으로 기재할 수 있음은 물론이나 그들 범죄사실 상호간에 범죄의 일시, 장소, 수단 및 객체 등이 달라서 수개의 범죄사실로 인정되는 경우에도 이들 수개의 범죄사실을 예비적 또는 택일적으로 기재할 수 있다고 해석할 것이다(대판 전합 65도114).
2	공소사실과 적용법조가 택일적으로 기재되어 공소가 제기된 경우에 그 중 어느 하나의 범죄 사실만에 관하여 유죄의 선고가 있은 제1심판결에 대하여 항소가 제기되었을 때 제1심판결을 파기하고 자판을 하는 경우에는 택일적으로 공소제기 된 범죄사실 가운데 제1심판결에서 유죄로 인정된 이외의 다른 범죄사실이라도 그것이 철회되지 아니하는 한 당연히 항소심의 심판대상이 된다(대판 70도2660).
3	원래 주위적 · 예비적 공소사실의 일부에 대한 상소제기의 효력은 나머지 공

65) 예컨대 실체적 경합관계

	소사실 부분에 대하여도 미치는 것이므로 예비적 공소사실만 유죄로 인정되고 그 부분에 대하여 피고인만 상소하였다고 하더라도 주위적 공소사실까지 함께 상소심의 심판대상에 포함된다(대판 2006도1146).

4) 공소장일본주의

(1) 의의

공소 제기시 법원에 제출하는 것은 공소장 하나이며 공소사실에 대한 증거는 물론 법원에 예단을 생기게 할 수 있는 것은 증거가 아니더라도 제출할 수 없다는 원칙이다.

(2) 이론적 근거

(가) 당사자주의 소송구조 당사자주의 소송구조에서는 법원이 공정한 제3자적 입장에서 당사자의 공격·방어를 기초로 공소사실에 대해 심증할 것을 요하므로 법관은 사건에 관하여 백지상태에서 공판심리에 응해야 한다는 공소장일본주의가 요청된다.

(나) 예단배제의 원칙 공소장일본주의는 피고인에 대한 수사기관의 유죄의 심증이 법관에게 그대로 인계되는 것을 차단하여 피고인에 대한 법관의 유죄의 예단(선입견)을 방지하는 예단배제의 원칙을 제도적으로 표현한 것이다.

(다) 공판중심주의 공소장일본주의는 법관이 공판기일의 심리가 아닌 공소장을 통해 심증을 형성하지 못하도록 한다는 점에서 법관의 유무죄 심증형성은 공판기일의 심리를 통해서만 이루어져야 한다는 공판중심의 실현을 위한 제도이다.

(라) 위법증거의 배제 수사서류가 직접 공판절차에 유입되는 것을 방지하는 기능을 한다.

(마) 전문법칙 법관이 공판심리 전에 수사기록을 검토하여 심증을 형성하

는 것은 허용함은 전문법칙을 뒤흔들어 놓은 결과를 초래하므로 전문법칙은 공소장일본주의의 이론적 근거에 해당한다(이에 대해 그 이론적 합리성을 인정하기 어렵다는 견해 있음).

(3) 공소장일본주의의 내용

(가) 첨부의 금지 법관에게 예단이 생기게 할 수 있는 서류·물건을 첨수해서는 안 된다(규칙 제118조 제2항). 예컨대 피해자 진술서, 자백이 기재된 피의자 신문조서를 공소장에 첨부하는 것은 허용되지 않는다. 그러나 예단을 줄 염려가 없는 물건, 변호인선임서, 구속영장 등 기타 구속에 관한 서류는 첨부한다(규칙 제118조 제1항).

(나) 인용의 금지 법관에게 예단이 생기게 할 수 있는 내용은 공소사실에 인용하는 것은 허용되지 않는다(규칙 제118조 제2항). 단 공소사실의 특정에 필요한 경우에는(예컨대 협박편지) 증거로 된 문서의 전부 또는 일부를 인용할 수 있다고 해석해야 한다(다수설).

(다) 여죄·전과의 기재 공소시효가 완성된 범죄 사실은 기재해도 무효가 되지 아니하며(판례), 전과는 기록이 허용된다는 것이 다수설의 태도다.

(4) 공소장일본주의의 위반의 효과

공소장일본주의의 위반은 공소제기의 절차가 법률의 규정에 위반하여 무효이므로 법원은 공소기각판결을 선고해야 한다(제327조 제2호).

(5) 적용범위 및 예외

(가) 적용범위 사건에 대한 공판심리가 개신된 후에 공판 심리를 위하여 검사가 수사기록과 증거물을 법원에 제출하는 것은 공소장일본주의의 위반이 아니다.

(나) 예외

① 공판기일 전의 증거제출·증거조사 제1회 공판기일 전에 수소법원에 대

한 증거제출 · 증거조사는 허용되지 아니한다.

② **약식명령의 청구** 검사의 약식명령의 청구는 서면심리에 의한 재판이므로 공소장일본주의의 예외가 아니다.

③ **즉결심판의 청구** 즉결심판에 대하여 정식재판청구가 있는 사건기록과 증거물을 관할법원에 송부해야 된다(즉결 제14조 제3항).

판례연구

1	공소장의 공소사실 첫머리에 피고인이 전에 받은 소년부송치처분과 직업 없음을 기재하였다 하더라도 이는 형사소송법 제254조 제3항 제1호에서 말하는 피고인을 특정할 수 있는 사항에 속하는 것이어서 그와 같은 내용의 기재가 있다 하여 공소제기의 절차가 법률의 규정에 위반된 것이라고 할 수 없다(대판 90도1813). 〈연습〉 피고인을 특정하기 위한 경우라도 공소장의 공소사실에 과거에 소년부송치처분을 받은 사실과 직업이 없다는 사실을 기재하였다면 공소장일본주의에 위반된다.(×)
2	공소장에 누범이나 상습범을 구성하지 않는 전과사실을 기재하였다 하더라도 이는 피고인을 특정할 수 있는 사항에 속한다 할 것으로서 그 공소장기재는 적법하다(대판 66도793).
3	살인, 방화 등의 경우 범죄의 직접적인 동기 또는 공소범죄사실과 밀접불가분의 관계에 있는 동기를 공소사실에 기재하는 것이 공소장일본주의 위반이 아님은 명백하고, 설사 있는 동기를 공소사실에 기재하는 것이 공소장일본주의 위반이 아님은 명백하고, 설사 범죄의 직접적인 동기가 아닌 경우에도 동기의 기재는 공소장의 효력에 영향을 미치지 아니한다(대판 2007도748).
4	공소시효가 완성된 범죄사실을 공소범죄 사실 이외의 사실로 기재한 공소장이 위 형사소송법 제254조 제3항의 규정에 위배된다고 볼 수 없다(대판 83도1979).
5	공소장에는 법령이 요구하는 사항만 기재하고, 공소사실의 첫머리에 공소사실과 관계없이 법원의 예단이 생기게 할 사유를 불필요하게 나열하는 것은 옳지 않으며, 공소사실과 관련이 있는 것도 원칙적으로 범죄의 구성요건에

	적어야 하고, 이를 첫머리 사실로서 길고 장황하게 나열하는 것이 적절하지 아니하다(대판 99도202).
6	공소장일본주의의 위배 여부는 공소사실로 기재된 범죄의 유형과 내용 등에 비추어 볼 때에 공소장에 기재된 사실이 법관 또는 배심원에게 예단을 생기게 하여 법관 또는 배심원이 범죄사실의 실체를 파악하는 데 장애가 될 수 있는지 여부를 기준으로 당해 사건에서 구체적으로 판단하여야 한다(대판 2009도7436).

4. 공소제기의 효과

1) 공소제기의 소송법상 효과

(1) 소송계속

검사의 지배하에 있는 사건이 공소제기로 인하여 법원의 지배 하로 넘어가게 되는데 이것을 소송계속이라고 한다. 공소제기로 사건은 법원에 계속된다.

(가) 적극적 효과 법원은 사건을 심리·재판할 권리·의무를 가지며, 검사와 피고인은 당사자로서 당해 사건의 심리에 관여하고 법원의 심판을 받아야 할 권리·의무를 가진다.

(나) 소극적 효과 공소의 제기가 있는 때에는 동일사건에 대하여 다시 공소제기 할 수 없다. 즉 이중기소(재소)가 금지된다. 동일사건에 대해 같은 법원에 이중으로 기소된 경우 법원은 후소에 대해 공소기각 판결을 하여야 한다(제327조 제3호).

(2) 공소시효의 정지

공소제기로 공소시효의 진행이 정지되며, 공소기각 또는 관할 위반의 재판이 확정된 때로부터 진행한다(제253조 제1항). 공범 1인에 대한 시효의 정지는 다른 공범자에게도 효력이 미치고 당해 사건의 재판이 확정된 때로부터 진행한다(동조 제2항).

2) 사건범위의 한정

(1) 의의

불고불리의 원칙에 의하여 법원은 검사가 공소 제기한 사건에 대해서만 심판할 수 있다. 따라서 법원의 심판범위는 검사의 공소제기에 의해서 한정된다.

(2) 공소제기의 인적 효력범위(주관적 범위)

공소제기는 피고인 이외의 다른 사람에게는 그 효력이 미치지 않는다(제248조). 즉 고소의 경우와 다르다.

(3) 공소제기의 물적 효력범위(객관적 범위)

공소제기의 효과는 공소장에 기재된 범죄사실과 단일성 · 동일성이 인정되는 사실 전부에 미친다(공소불가분의 원칙 제247조 제2항).

판례연구

공소제기의 인적 효력범위
피의자가 다른 사람의 성명을 모용한 탓으로 공소장에 피모용자가 피고인으로 표시되었다 하더라도 이는 당사자의 표시상의 착오일 뿐이고, 검사는 모용자에 대하여 공소를 제기한 것이므로 모용자가 피고인이 되고 피모용자에게 공소의 효력이 미친다고는 할 수 없다. 따라서 검사가 공소장의 피고인표시를 정정하여 바로 잡은 경우에는 법원은 모용자에 대하여 심리하고 재판을 하면 될 것이지, 원칙적으

<table>
<tr><td colspan="2">로는 피모용자에 대하여 심판할 것은 아니다(대판 97도2215).
〈연습〉 피의자가 다른 사람의 성명을 모용한 탓으로 검사가 공소장에 피모용자를 피고인으로 표시한 경우 피모용자에게 공소의 효력이 미친다.(×)</td></tr>
<tr><td colspan="2">공소제기의 물적 효력범위</td></tr>
<tr><td>1</td><td>어느 범죄사실이 일반법과 특별법에 해당하는 경우라 하여도 검사가 형이 경한 일반법의 적용을 청구하고 있는 이상 법원은 형이 중한 특별법을 적용 처단할 수 없는 것이다(대판 62도66).</td></tr>
<tr><td>2</td><td>17개월 동안 피해자의 휴대전화로 거의 동일한 내용을 담은 문자메시지를 발송함으로써 이루어진 정보통신망 이용촉진 및 정보보호 등에 관한 법률 위반행위 중 일부기간의 행위에 대하여 먼저 유죄판결이 확정된 후, 판결확정 전의 다른 일부 기간의 행위가 다시 기소된 사안에서, 이는 판결이 확정된 위 법률 위반죄와 포괄일죄의 관계이므로 확정판결의 기판력이 미친다(대판 2009도39).</td></tr>
<tr><td colspan="2">일죄의 일부에 대한 공소제기</td></tr>
<tr><td>1</td><td>하나의 행위가 부작위범인 직무유기죄와 작위범인 범인도피죄의 구성요건을 동시에 충족하는 경우 공소제기권자는 재량에 의하여 작위범인 범인도피죄로 공소를 제기하지 않고 부작위범인 직무유기죄로만 공소를 제기할 수도 있다(대판 99도1904).
〈연습〉 하나의 행위가 직무유기죄와 범인도피죄의 구성요건을 동시에 충족하는 경우, 그 중 직무유기죄에 대하여만 공소제기 하는 것은 허용되지 않는다.(×)</td></tr>
<tr><td>2</td><td>하나의 행위가 부작위범인 직무유기죄와 작위범인 허위공문서작성·행사죄의 구성요건을 동시에 충족하는 경우, 공소제기권자는 재량에 의하여 작위범인 허위공문서 작성·행사죄로 공소를 제기하지 않고 부작위범인 직무유기죄로만 공소를 제기할 수 있다(대판 2005도4202).</td></tr>
<tr><td>3</td><td>무신고수입죄는 관세포탈죄에 흡수되어 오로지 관세포탈죄만을 구성하고 따로 무신고수입죄를 구성하지 않는다고 보는 것이 타당하나, 이와 같은 경우에 검사는 형사소송법 제247조에 정해진 기소재량권에 따라 이를 무신고수입죄로 기소할 수 있다(대판 2001도4468).</td></tr>
<tr><td>4</td><td>[1] 법인세는 사업연도를 과세기간으로 하는 것이므로 그 포탈범죄는 각 사업연도마다 1개의 범죄가 성립하고, 일죄의 관계에 있는 범죄사실의 일부에 대한 공소제기 및 고발의 효력은 그 일죄의 전부에 대하여 미친다.</td></tr>
</table>

<table>
<tr><td></td><td>[2] 주위적 공소사실에 대하여 한 고발의 효력이 그와 일죄의 관계에 있는 예비적 공소사실에도 미친다(대판 2002도5411).</td></tr>
<tr><td colspan="2">포괄일죄의 일부에 대한 공소제기</td></tr>
<tr><td>1</td><td>포괄적 일죄를 구성하는 행위의 일부에 관하여 추가기소하는 것은 일죄를 구성하는 행위 중 누락된 부분을 추가 보충하는 취지라고 볼 것이어서 거기에 이중기소의 위법이 있다 할 수 없다(대판 93도2178). (공소장변경 의제설)</td></tr>
<tr><td>2</td><td>검사가 수 개의 협박 범행을 먼저 기소하고 다시 별개의 협박 범행을 추가로 기소하였는데 이를 병합하여 심리하는 과정에서 전후에 기소된 각각의 범행이 모두 포괄하여 하나의 협박죄를 구성하는 것으로 밝혀진 경우, 석명절차를 거치지 아니하였다 하더라도, 법원은 전후에 기소된 범죄사실 전부에 대하여 실체 판단을 할 수 있고, 공소기각판결을 할 필요는 없다(대판 2007도2595). (공소장변경 의제설)</td></tr>
<tr><td colspan="2">공소시효의 정지</td></tr>
<tr><td colspan="2">공범의 1인으로 기소된 자가 구성요건에 해당하는 위법행위를 공동으로 하였다고 인정되기는 하나 책임조각을 이유로 무죄로 되는 경우와는 달리 범죄의 증명이 없다는 이유로 공범 중 1인이 무죄의 확정판결을 선고받은 경우에는 그를 공범이라고 할 수 없어 그에 대하여 제기된 공소로써는 진범에 대한 공소시효정지의 효력이 없다(대판 98도4621).
〈연습〉 공범 중 1인으로 기소된 자가 범죄의 증명이 없다는 이유로 무죄의 판결을 선고받은 경우 진범인에 대하여 공소시효정지의 효력이 생긴다.(×)</td></tr>
</table>

5. 공소시효

1) 공소시효의 의의 및 존재이유

(1) 의의

검사가 일정기간 공소를 제기하지 않고 방치하는 경우에 국가의 소추권을 소멸시키는 제도이다(면소판결). 확정된 형벌권을 소멸시키는 형의 시효와 구별된다.

(2) 존재이유

시간의 경과에 따른 사실관계를 존중하여 사회와 개인생활의 안정을 도모하고, 형벌부과의 적정을 기하는 데 있다.

2) 공소시효의 기간

(1) 시효기간(제249조 제1항)

(가) 사형에 해당하는 범죄: 25년

(나) 무기징역 또는 무기금고에 해당하는 범죄: 15년

(다) 장기 10년 이상의 징역 또는 금고에 해당하는 범죄: 10년

(라) 장기 10년 미만의 징역 또는 금고에 해당하는 범죄: 7년

(마) 장기 5년 미만의 징역 또는 금고, 장기 10년 이상의 자격정지, 벌금에 해당하는 범죄: 5년

(바) 장기 5년 이상의 자격정지에 해당하는 범죄: 3년

(사) 장기 5년 미만의 자격정지, 구류 · 과료 또는 몰수에 해당하는 범죄: 1년

(2) 의제공소시효

공소제기 후 판결의 확정 없이 25년을 경과하면 공소시효가 완성된 것으로 간주한다(제249조 제2항). 이 경우 법원은 면소판결로 소송을 종결해야 한다.

(3) 시효기간의 기준

처단형이 아닌 법정형이다. 2개 이상의 형을 병과하거나, 2개 이상의 형에서 1개를 과할 범죄에는 중한 형이 시효의 기준이 된다(제250조).

(4) 공소시효의 기산점

범죄행위가 종료한 때로부터 진행한다(제252조 제1항). 공범은 최종행위가 종료한 때로부터 공범에 대한 시효기간을 기산한다(제252조 제2항).

(5) 공소시효의 계산

초일은 시간을 계산함이 없이 1일로 산정하고 기간의 말일이 공휴일에 해당하는 날에도 기간에 산입한다(제66조).

3) 공소시효의 정지

(1) 의의

공소시효의 정지란 일정한 사유로 공소시효의 진행이 정지되고, 그 정지사유가 소멸한 때로부터 나머지 시효기간이 진행되는 제도를 말한다. 형사소송법상 공소시효의 중단은 인정되지 않는다.

(2) 정지사유

공소의 제기, 범인의 국외도피, 재정신청, 소년부사건의 심리개시결정, 5.18민주화운동 등에 관한 특별법에 의한 정지, 대통령의 불소추특권 등

(3) 시효정지효력이 미치는 범위

공소제기 된 피고인에 대하여만 미친다. 다만 공범의 1인에 대한 공소시효의 정지는 다른 공범자에 대해서도 효력이 미친다(제252조 제2항).

4) 공소시효완성의 효과

(1) 공소제기 전

수사 중인 피의사건에 대하여 공소시효가 완성되면 검사는 공소권 없음의 불기소처분을 해야 한다.

(2) 공소제기 후

공소제기 된 후에 공소시효가 완성된 때에는 법원은 면소판결로서 소송을 종결하여야 한다. 이에 위반하여 실체 판결을 한 경우에는 상소이유가 된다.

판례연구

시효기간의 기준	
1	형사소송법 제251조는 형법 이외의 특별법에 의해 형을 감중, 감경할 경우에는 적용되지 않는다. 공소시효기간은 특별법의 법정형을 기준삼아 선정하여야 할 것이다(대판 72도2976). 〈연습〉 특별법에 의하여 형을 감경하는 경우 공소시효기간은 감경하지 아니한 형을 기준으로 한다.(×)
2	범죄 후 법률의 개정에 의하여 법정형이 가벼워진 경우에는 당해 범죄사실에 적용될 가벼운 법정형(신법의 법정형)이 공소시효 기간의 기준으로 된다(대판 87도84). 〈연습〉 법률의 개정으로 법정형이 가벼워진 경우 구법의 법정형이 공소시효기간의 기준이다.(×)
3	1개의 행위가 여러 개의 죄에 해당하는 경우 공소시효를 적용함에 있어서는 각 죄마다 따로 따져야 할 것이다(대판 2006도6356). 〈연습〉 상상적 경합의 관계에 있는 범죄 중 한 개의 공소시효가 완성된 경우에는 다른 범죄의 공소시효까지 완성된 것으로 본다.(×)
4	사기죄로 공소가 제기된 범죄사실에 대하여 예비적으로 배임죄를 추가하는 공소장변경이 된 경우에는 공소장기재의 공소사실의 동일성에 아무런 소장이 없으므로 배임죄에 대한 공소시효의 완성여부는 본래의 공소제기 시를 기준으로 하여야 하고 공소장 변경 시를 기준으로 삼아서는 아니 된다(대판 80도3245).

결과범 및 결과적 가중범	
1	법원을 기망하여 유리한 판결을 얻어내고 이에 터잡아 상대방으로부터 재물이나 재산상 이익을 취득하려고 소송을 제기하였다가 법원으로부터 패소의 종국판결을 선고받고 그 판결이 확정되는 등 법원으로부터 유리한 판결을 받지 못하고 소송이 종료됨으로써 미수에 그친 경우에, 그러한 소송사기미수죄에 있어서 범죄행위의 종료 시기는 위와 같이 소송이 종료된 때라고 할 것이다(대판 99도4459).
2	(구)독점규제 및 공정거래에 관한 법률 제19조 제1항 제1호에서 정한 가격결정 등의 합의 및 그에 기한 실행행위가 있었던 경우, 부당한 공동행위가 종료한 날은 합의가 있었던 날이 아니라 합의에 기한 실행행위가 종료한 날

	을 의미한다. 따라서 공정거래법 제19조 제1항 제1호에서 정한 가격결정 등의 합의에 따른 실행행위가 있는 경우 공정거래법 제66조 제1항 제9호 위반죄(부당한 공동행위를 한 사업자 처벌규정)의 공소시효는 실행행위가 종료한 날부터 진행한다(대판 2010도16001).
3	공소시효의 기산점에 관하여 규정한 형사소송법 제252조 제1항 소정의 '범죄행위'에는 당해 범죄의 결과까지도 포함되는 취지로 해석함이 상당하므로, 업무상과실치사상죄의 공소시효는 피해자들이 사상에 이른 결과가 발생함으로써 그 범죄행위가 종료한 때로부터 진행한다(대판 96도1231).
포괄일죄	
1	포괄일죄의 공소시효는 최종의 범죄행위가 종료한 때로부터 진행한다(대판 2002도2939).
2	공익근무요원의 복무이탈죄는 정당한 사유 없이 계속적 혹은 간헐적으로 행하여진 통산 8일 이상의 복무이탈행위 전체가 하나의 범죄를 구성하는 것이고, 그 공소시효는 위 전체의 복무이탈행위 중 최종의 복무이탈행위가 마쳐진 때부터 진행한다(대판 2005도7032).
즉시범	
1	도주죄는 도주상태가 계속되는 것이므로 도주 중에는 시효가 진행 안 된다는 소론을 채용할 수 없다(대판 79도622).
2	부정수표단속법 제2조 제2항 위반의 범죄는 예금부족으로 인하여 제시일에 지급되지 아니할 것이라는 결과 발생을 예견하고 발행인이 수표를 발행한 때에 바로 성립하는 것이고 수표소지인이 발행 일자를 보충 기재하여 제시하고 그 제시일에 수표금의 지급이 거절된 때에 범죄가 성립하는 것은 아니다(대판 2003도3394).
3	국가보안법에 규정된 반국가단체를 구성하는 죄는 그 범죄의 성립과 동시에 완성하는 즉시범으로서 그 범죄구성과 동시에 공소시효가 진행된다(대판 70도1860).
4	폭력행위등처벌에관한법률 제4조 소정의 단체 등의 조직죄는 같은 법에 규정된 범죄를 목적으로 한 단체 또는 집단을 구성함으로써 즉시 성립하고 그와 동시에 완성되는 즉시범이므로, 범죄성립과 동시에 공소시효가 진행되는 것이다(대판 94도2752).
5	형법 제98조 제1항에 규정된 간첩행위는 기밀에 속한 사항 또는 도서, 물건

	을 탐지 수집한 때에 기수가 되는 것이고 간첩이 이미 탐지 수집하여 지득하고 있는 사항을 타인에게 보고, 누설하는 행위는 간첩의 사후행위로서 간첩행위 자체라고는 볼 수 없다(대판 81도3063).
6	건설산업기본법 제96조 제4호, 제21조에 규정된 '건설업자가 다른 사람에게 자기의 성명 또는 상호를 사용하여 건설공사를 수급 또는 시공하게 하는 행위'는 다른 사람에게 자기의 성명 또는 상호를 사용하여 건설공사를 수급하게 하거나 공사에 착수하게 한 때에 완성되어 기수가 된다(대판 2007도883).
계속범	
1	허가를 받지 아니하고 시장을 개설하는 행위는 계속범의 성질을 가지는 것이어서 허가를 받지 않은 상태가 계속되는 한 무허가 시장개설행위에 대한 공소시효는 진행하지 아니한다(대판 81도1244).
2	허가를 받지 아니하거나 신고를 하지 아니한 채 건축물을 다른 용도로 사용하는 행위는 계속범의 성질을 가지는 것이어서 허가 또는 신고 없이 다른 용도로 계속 사용하는 한 가벌적 위법상태는 계속 존재하고 있다고 할 것이므로, 그러한 용도변경행위에 대하여는 공소시효가 진행하지 아니하는 것으로 보아야 한다(대판 2001도3990).
3	(구)문화재보호법 제81조 제2항에서 지정문화재 등을 은닉한 자를 처벌하도록 한 규정은 그러한 은닉범행이 계속되는 한 발견을 곤란케 하는 등의 상태는 계속되는 것이어서 공소시효가 진행되지 않는 것으로 보아야 한다(대판 2003도6215).
신고 · 등록기간이 정해진 범죄	
지정되지 아니한 일반동산문화재의 등록의무는 문화재보호법시행령 소정의 30일이 경과함으로써 소멸되는 것이 아니므로 위 문화재의 등록위반죄에 대한 공소시효는 위 기간이 경과한 때부터 진행된다고 볼 것이 아니라 그 후 위 등록의무의 이행이나 기타 사정으로 등록의무가 소멸한 때를 기준으로 하여 그 기간을 기산함이 옳다(대판 78도2318).	
공소시효의 정지	
1	형사소송법 제253조 제3항은 범인이 형사처분을 면할 목적으로 국외에 있는 경우 그 기간 동안 공소시효는 정지된다고 규정하고 있는데, 이 때 범인의 국외체류의 목적은 오로지 형사처분을 면할 목적만으로 국외체류 하는 것에 한정되는 것은 아니고 범인이 가지는 여러 국외체류 목적 중 형사처분을 면

	할 목적이 포함되어 있으면 족하다(대판 2005도7527).
2	헌법 제84조에는 "대통령은 내란 또는 외환의 죄를 범한 경우를 제외하고는 재직 중 형사상의 소추를 받지 아니한다."고만 규정되어 있을 뿐 헌법이나 형사소송법 등이 법률에 대통령의 재직 중 공소시효의 진행이 정지되는 것으로 보아야 한다(헌재 94헌마246).
3	검사의 불기소 처분에 대한 헌법소원이 재판부의 심판에 회부된 경우에도 형사소송법 제262조의2의 규정의 유추적용으로 당해 피의사실에 대한 공소시효가 정지된다고는 볼 수 없다(헌재 92헌마284).
4	피고인과 공범관계에 있는 자가 같은 범죄사실로 공소제기가 된 후 대법원에서 상고 기각됨으로써 유죄판결이 확정된 사실이 명백하다면, 공범자인 피고인에 대하여도 적어도 그 공범이 공소제기 된 때부터 그 재판이 확정된 때까지의 기간 동안은 공소시효의 진행이 정지되었음이 명백하다(대판 94도2752).

[보충정리] 〈공소시효와 형의 시효 비교〉

공소시효	형의 시효
형사소송법상의 제도	형법상의 제도
확정판결 전 시효제도	확정판결 후 시효제도
소추권의 소멸	형벌권의 소멸
면소판결	형집행면제

제 3 장

증 거

§6. 증 거

1. 증거의 의의와 종류

1) 의의

증거는 재판에 있어서 사실인정의 근거가 되는 자료이다(증거방법과 증거자료포함). 증거에 의하여 사실관계를 확인하는 과정을 증명이라고 한다.[66) 형사절차에서 증명하고자 하는 사실을 요증사실이라고 하고, 증거와 증거를 통해 증명하고자 하는 사실과의 관계를 입증취지라고 한다(규칙 제132조 제1항). 증거방법은 증거조사의 대상이 되는 것으로 예컨대 증인, 감정인, 증거서류 등이다. 증거자료는 증거방법을 조사하여 알게 된 내용으로 예컨대 증인의 증언, 감정인의 감정의견, 증거물의 성질, 서증의 의미내용 등이다.

2) 증거의 종류

(1) 직접증거와 간접증거(정황증거)

(가) 직접증거 직접증거는 요증사실을 직접적으로 증명하는 증거를 말한다. 피고인의 자백, 범죄현장을 목격한 증인의 증언, 공문서위조죄의 위조공문서가 여기에 해당된다.

(나) 간접증거 간접증거(정황증거)는 요증사실을 간접적으로 증명하는 증거를 말한다. 범죄현장에서 채취된 피고인의 지문, 피고인의 옷에 묻은 피해자의 혈흔이 여기에 해당한다.

66) 소명은 그 주장이 진실이라고 추정할 수 있는 정도로서, 법관이 확신에 미치지 못하는 대강의 심증만으로 족한 경우를 말한다. 증명보다는 낮은 정도의 심증형성 상태이다.

판례연구

간접증거	
1	유죄의 심증은 반드시 직접증거에 의하여 형성되어야만 하는 것은 아니고 경험칙과 논리법칙에 위반되지 아니하는 한 간접증거에 의하여 형성되어도 무방하며, 간접증거가 개별적으로는 범죄사실에 대한 완전한 증명력을 가지지 못하더라도, 전체 증거를 상호 관련하여 종합적으로 고찰할 경우 그 단독으로는 가지지 못하는 종합적 증명력이 있을 수 있고, 이러한 경우에는 그에 의하여도 범죄사실을 인정할 수 있다(대판 2007도4977). 〈연습〉 간접증거가 개별적으로 완전한 증명력을 가지지 못한다면 종합적으로 고찰하여 증명력이 있는 것으로 판단되더라도 그에 의하여 범죄사실을 인정할 수 없다.(×)
2	피해자의 시신을 심각하게 훼손하여 그 살해방법을 구체적으로 규명할 수 없더라도 간접증거를 종합적으로 고찰하면 작위에 의한 살인죄를 인정할 수 있다(대판 2008도507).
3	상해죄의 피해자가 제출하는 상해진단서는 피고인의 범죄행위로 인하여 발생한 것이라는 사실을 직접 증명하는 증거가 되기에 부족한 것이다(대판 2010도12728).
4	상해사건 발생 직후 피해자를 진찰한 바 있는 의사의 진술 및 상해진단서를 발행한 의사의 진술이나 진단서는 다른 증거에 의하여 상해의 가해행위가 인정되는 경우에 그에 대한 상해의 부위나 정도의 점에 대한 간접증거가 된다(대판 95도852).
5	고의는 내심의 사실이므로 피고인이 이를 부정하는 경우에는 사물의 성질상 이와 상당한 관련성이 있는 간접사실을 증명하는 방법에 의하여 입증할 수밖에 없다(대판 2006도4806).
6	불법영득의사는 내심의 의사에 속하고 피고인이 이를 부인하는 경우 이러한 주관적 요소로 되는 사실은 사물의 성질상 그와 상당한 관련성이 있는 간접사실 또는 정황사실을 증명하는 방법에 의하여 이를 입증할 수밖에 없다(대판 2007도5889).
7	공모에 대하여는 직접증거가 없더라도 정황사실과 경험법칙에 의하여 이를 인정할 수 있다(대판 2004도1164).
8	장물취득죄에 있어서 장물의 인식은 확정적 인식임을 요하지 않으며 장물일

	지도 모른다는 의심을 가지는 정도의 미필적 인식으로서도 충분하고, 또한 장물인 점을 알고 있었느냐의 여부는 장물 소지자의 신분, 재물의 성질, 거래의 대가, 기타 상황을 참작하여 이를 인정할 수밖에 없다(대판 2004도5904).
9	살인죄 등과 같이 법정형이 무거운 범죄의 경우에도 직접증거 없이 간접증거만에 의하여 유죄를 인정할 수 있고 피해자의 시체가 발견되지 아니하였더라도 간접증거를 상호 관련하에서 종합적으로 고찰하여 살인죄의 공소사실을 인정할 수 있다 할 것이나, 그러한 유죄 인정에 있어서는 공소사실에 대한 관련성이 깊은 간접증거들에 의하여 신중한 판단이 요구된다(대판 82도2971).
10	남녀간의 정사를 내용으로 하는 강간 간통 강제추행 업무상 위력 등에 의한 간음 등의 범죄에 있어서는 피해자의 피해전말에 관한 증언을 토대로 하여 범행의 전후사정에 관한 제반증거를 종합하여 우리의 경험법칙에 비추어서 범행이 있었다고 인정될 수 있는 경우에는 이를 유죄로 인정할 수 있는 것이다(대판 74도1519).
11	공소사실을 인정할 수 있는 직접증거가 없고, 공소사실을 뒷받침할 수 있는 가장 중요한 간접증거의 증명력이 환송 뒤 원심에서 새로 현출된 증거에 의하여 크게 줄어들었으며, 그 밖에 나머지 간접증거를 모두 종합하여 보더라도 공소사실을 뒷받침할 수 있는 증명력이 부족한 경우, 피고인의 진술에 신빙성이 부족하다는 점을 더하여 보아도 제출된 증거만으로는 합리적인 의심의 여지없이 공소사실을 유죄로 판단할 수 없다(대판 2001도1314).
12	원심이 뚜렷한 확증도 없이 단지 위에서 본 바와 같은 정황증거 내지 간접증거들만으로서 이 사건 공소사실을 유죄로 인정한 것은 채증법칙을 위배하여 판결결과에 영향을 미친 사실오인의 위법을 범하였다 할 것이다(대판 2005도8675).
13	피해자는 71세의 노인으로 피고인이 구타하고 넘어뜨려 부상하였다고 경찰과 법정에서 진술하고 있으나 이는 폭행을 당했다는 이해상반하는 상대방의 일방적인 진술에 불과하여 위 피해자의 증언만으로는 상해사실을 인정할 수 없다(대판 82도2971).
14	간접증거가 개별적으로는 범죄사실에 대한 완전한 증명력을 가지지 못하더라도, 전체 증거를 상호 관련하여 종합적으로 고찰할 경우 그 단독으로는 가지지 못하는 종합적 증명력이 있을 수 있고, 이러한 경우에는 그에 의하여도 범죄사실을 인정할 수 있다(대판 2000도2524).

(다) 구별실익 형사소송법은 증거의 증명력을 법관의 자유로운 판단에 의존하는 자유심증주의를 채택하고 있기 때문에(제308조) 직접증거와 간접증거 사이에 증명력의 차이는 없다. 다만, 간접증거에 의하여 요증사실을 인정하는 경우에는 특히 논리칙과 경험칙을 적용하여 합리적인 의심이 없을 정도로 증명되어야 한다(대결 92오3327;대판 94도1335).

(2) 인적 증거, 물적 증거, 서증

(가) 인적 증거 사람의 진술내용이 증거로 되는 것을 말하며, 인증이라고도 한다. 증인의 증언, 감정인의 진술, 피고인의 진술이 여기에 속한다. 인적 증거에 대한 조사는 신문의 형식에 의한다.

(나) 물적 증거 물건의 존부 또는 상태가 증거로 되는 것을 말하며 물증이라고도 한다. 범행에 사용된 흉기, 절도죄의 장물, 위조문서, 무고죄의 고소장 등이 여기에 속한다. 물적 증거에 대한 조사는 검증의 방법에 의한다.

(다) 서증 증거서류와 증거물인 서면을 합하여 서증이라고 한다. 증거서류와 증거물인 서면은 증거조사방식에 차이가 있다. 증거서류는 요지의 고지 또는 낭독에 의하지만 증거물인 서면은 제시와 요지의 고지 또는 낭독에 의할 것을 요한다(제292조, 제292조의2).

(3) 본증과 반증

(가) 본증 거증책임을 부담하는 자가 제출하는 증거이다.

(나) 반증 반증은 거증책임을 지지 않는 자가 본증에 의하여 증명하려는 사실의 존재를 부인하기 위하여 제출한 증거를 반증이라고 한다. 현행법상 거증책임은 원칙적으로 검사가 지고 있으므로 검사가 제출하는 증거를 본증, 피고인이 제출하는 증거를 반증이라고 할 수 있다.

(4) 진술증거와 비진술증거

(가) 진술증거 사람의 진술이 증거로 되는 것을 말한다. 진술과 그 진술이 기재된 서면을 포함한다. 진술증거에 대해서는 전문법칙이 적용된다. 진술증거는 다시 원본증거-사실을 체험한 자가 중간에 매개체를 거치지 않고 직접 법원 진술하는 것을 말하며 '본래증거'라고도 한다. 전문증거-직접 체험한 자의 진술이 서면이나 타인의 진술의 형식으로 간접적으로 법원에 전달되는 것을 말한다. 원칙적으로 증거능력이 부정된다.

(나) 비진술증거 비진술증거는 진술증거 이외의 증거, 즉 단순한 증거물이나 사람의 신체상태 등이 증거로 되는 것을 말한다. 비진술증거에 대해서는 전문법칙이 적용되지 않는다.

(5) 실질증거와 보조증거

(가) 실질증거 주요사실의 존부를 직접·간접적으로 증명하기 위해 사용하는 증거를 말하고, 실질증거의 증명력을 다투기 위하여 사용되는 증거를 말한다.

(나) 보조증거 보강증거-실질증거의 증명력을 증강시키기 위한 증거와 탄핵증거-실질증거의 증명력을 감쇄하기 위한 증거가 있다.

〈보충정리〉 살인사건의 목격자 甲의 증언은 직접증거·원본증거이자 실질증거인데, 증인 A가 현장에 있는 甲을 보았다고 증언하면 보강증거가 되고, 증인 B가 범행시각에 甲은 B와 함께 다른 곳에 있었다고 증언하면 탄핵증거가 된다.

3) 증거능력과 증명력

(1) 증거능력

(가) 의의 유죄를 인정하려면 법률상 자격을 갖춘 증거를 법률이 규정한 방식에 의하여 조사함으로써 범죄사실을 증명하여야 하며, 이러한 증명의 방

법을 엄격한 증명이라고 한다(증거능력 있는 증거 + 증거조사 = 엄격한 증명). 증거능력이라 함은 증거가 바로 이러한 엄격한 증명의 자료로 사용될 수 있는 법률상의 자격을 말한다.

(나) 내용 증거의 기본원칙(엄격한 증명)은 "사실의 인정은 증거에 의하여야 한다."라는 증거재판주의(제307조 제1항)를 기본원칙으로 한다. 그리고 이러한 증거법칙에는 위법수집증거배제원칙(제308조의2), 자백배제법칙(제309조), 전문법칙(제310조의2) 등이 있다.

(2) 증명력

(가) 의의 증거능력이 인정됨을 전제로, 요증사실을 증명할 수 있는 증거의 실질적 가치(신빙성)를 말한다. 증명력의 판단은 법관의 주관적인 판단의 대상으로서, 법관의 자유판단에 의한다.

(나) 내용 증명의 기본원칙에서 "증거의 증명력은 법관의 자유판단에 의한다."라는 자유심증주의(제308조)를 기본원칙으로 한다. 그리고 이러한 증거법칙에는 자백보강법칙(제310조), 공판조서의 배타적 증명력(제56조) 등이 적용된다.

2. 증명의 기본원칙

1) **증거재판주의**(실체적 진실을 발견하기 위한 증거법의 기본원칙)

> 제307조(증거재판주의) ① 사실의 인정은 증거에 의하여야 한다.
> ② 범죄사실의 인정은 합리적인 의심이 없는 정도의 증명에 이르러야 한다.

(1) 의의

실체진실의 발견을 이념으로 하는 형사소송에 있어서 법관의 자의에 의한 사실인정이 허용될 수 없고 반드시 증거에 의하여야 한다는 주의로, 범죄될 사실은 엄격한 증명을 요한다.

(2) 증명(사실인정)

증명이란 법관이 사실의 존부에 관하여 심증을 형성하는 것을 말한다. 법관이 사실을 인정하는 경우에 그 사실은 소송법상 증명되었다고 한다. 소명은 어떤 사실의 존부에 관하여 법관에게 확신을 갖게 할 필요는 없고 법관으로 하여금 단지 추측을 갖게 함으로써 족한 것을 말한다. 소명의 대상은 특별히 법률[67]에 정해져 있다.

판례연구

증명	
1	형사재판에 있어서 유죄의 증거는 단지 우월한 증명력을 가진 정도로서는 부족하고 법관으로 하여금 합리적인 의심을 할 여지가 없을 정도의 확신을 생기게 할 수 있는 증명력을 가진 것이어야 한다(대판 86도586). 〈보충〉 검사의 본증은 70%의 유죄의 증명력이 있고, 피고인의 반증은 30%의 합리적 의심을 주는 것(우월한 증명력)으로는 부족하고, 법관에게 합리적 의심을 배제할 정도의 확신을 주어야 한다는 의미이다.
2	유전자검사 결과 주사기에서 마약성분과 함께 피고인의 혈흔이 확인됨으로써 피고인이 필로폰을 투약한 사정이 적극적으로 증명되는 경우, 반증의 여지가 있는 소변 및 모발검사에서 마약성분이 검출되지 않았다는 소극적 사정에 관한 증거만으로 이를 쉽사리 뒤집을 수 없다. 즉, 증거의 증명력은 법관의 자유판단에 맡겨져 있으나 그 판단은 논리와 경험칙에 합치하여야 하고, 형사재판에 있어서 유죄로 인정하기 위한 심증형성의 정도는 합리적인 의심을 할 여지가 없을 정도여야 하나, 이는 모든 가능한 의심을 배제할 정도에 이를 것까지 요구하는 것은 아니며, 증명력이 있는 것으로 인정되는 증거를 합리적인 근거가 없는 의심을 일으켜 이를 배척하는 것은 자유심증주의의 한계를 벗어나는 것으로 허용될 수 없다 할 것인 바, 여기에서 말하는 합리적 의심

67) (i) 기피사유소명(제19조 제2항), (ii) 증거보전청구사유소명(제184조 제3항), (iii) 증언거부사유소명(제150조), (iv) 상소권회복사유소명(제346조 제2항)

	이라 함은 모든 의문, 불신을 포함하는 것이 아니라 논리와 경험칙에 기하여 요증사실과 양립할 수 없는 사실의 개연성에 대한 합리성 있는 의문을 의미하는 것으로서, 피고인에게 유리한 정황을 사실인정과 관련하여 파악한 이성적 추론에 그 근거를 두어야 하는 것이므로 단순히 관념적인 의심이나 추상적인 가능성에 기초한 의심은 합리적 의심에 포함된다고 할 수 없다(대판 2004도2221; 대판 2008도8486).
3	형사재판에 있어서 유죄의 인정은 법관으로 하여금 합리적인 의심을 할 여지가 없을 정도로 공소사실이 진실한 것이라는 확신을 가지게 할 수 있는 증명력을 가진 증거에 의하여야 하고 이러한 정도의 심증을 형성하는 증거가 없다면 설령 피고인에게 유죄의 의심이 간다 하더라도 피고인의 이익으로 판단할 수밖에 없다. 다만 그와 같은 심증이 반드시 직접증거에 의하여 형성되어야만 하는 것은 아니고 경험칙과 논리법칙에 위반되지 아니하는 한 간접증거에 의하여 형성되어도 되는 것이며, 간접증거가 개별적으로는 범죄사실에 대한 완전한 증명력을 가지지 못하더라도 전체 증거를 상호 관련 하에 종합적으로 고찰할 경우 그 단독으로는 가지지 못하는 종합적 증명력이 있는 것으로 판단되면 그에 의하여도 범죄사실을 인정할 수가 있다(대판 2013도4172; 대판 2012도11591).

(3) 엄격한 증명

(가) 의의

엄격한 증명이란 증거능력이 있고 적법한 증거조사를 거친 증거에 의한 증명을 말한다. 형벌권의 존부와 범위를 정하는 기초로 되는 중요한 사실, 즉 주요사실은 엄격한 증명을 요한다.

(나) 대상

① **공소범죄사실** 범죄의 특별한 구성요건을 충족하는 사실로서 위법성과 책임을 구비한 것을 말한다. (i) 구성요건해당성, (ii) 위법성·책임, (iii) 처벌조건

② **법률상 형의 가중·감면의 이유되는 사실** 범죄사실 자체는 아니지만, 형벌의 종류나 형량은 이에 못지않게 피고인의 이익에 중대한 영향을 미치므

로, 형의 가중 · 감면사유에 해당하는 사실은 엄격한 증명을 요한다. (i) 누범전과, (ii) 상습성, (iii) 심신미약, (iv) 중지미수

③ **간접사실 · 경험법칙 · 법규** (i) 간접사실은 주요사실의 존부를 간접적으로 추인케 하는 사실을 말한다. 따라서 피고인의 알리바이(현장부재)에 대한 증명의 경우에는 피고인은 자유로운 증명으로 알리바이를 주장할 수 있으나, 이에 대한 검사의 알리바이 부존재 증명은 결국 구성요건해당사실을 증명하는 것이므로 엄격한 증명의 대상이 된다. (ii) 경험법칙은 인간의 경험에서 결과적으로 얻어진 사물의 성상이나 인과관계에 관한 법칙을 말한다. 이는 범죄를 구성하는 사실이 아니라 사실판단의 전제가 되는 지식에 불과하다. 일반적 경험법칙(예: 총을 쏘거나 독극물을 먹여서 사람을 살해할 수 있음)은 공지의 사실이므로 증명을 요하지 않으나 특정인에게 알려져 있는 경험법칙(예: 법관이 특별한 지식이 있어 개인적으로 알고 있는 법칙)은 엄격한 증명을 요한다. (iii) 법규의 내용이 명백하지 않은 외국법 · 관습법 · 자치법규는 엄격한 증명을 요한다.

판례연구

엄격한 증명의 대상	
1	교사범에 있어서 교사사실은 범죄사실을 구성하는 것으로서 이를 인정하기 위하여는 엄격한 증명이 요구된다(대판 99도1252).
2	불법영득의사를 실현하는 행위로서의 횡령행위가 있다는 점은 검사가 입증하여야 하는 것이며, 그 입증은 엄격한 증거에 의하여야 하는 것이다(대판 2009도12934).
3	알선수재죄의 범의는 범죄사실을 구성하는 것으로서 이를 인정하기 위해서는 엄격한 증명이 요구되지만, 피고인이 범의를 부인하는 경우에는, 사물의 성질상 범의와 상당한 관련성이 있는 간접 사실을 증명하는 방법에 의하여 이를 입증할 수밖에 없다(대판 2001도2064).
4	공모공동정범에 있어서 공모나 모의는 범죄사실을 구성하는 것으로서 이를 인정하기 위하여는 엄격한 증명이 요구된다(대판 2002도6103).

5	부당한 공동행위의 '합의'에 대한 입증의 정도는 엄격한 증명을 요한다(대판 2006도6625).
6	공동정범에서 공동가공의 의사를 인정하기 위하여는 엄격한 증명이 요구된다(대판 2007도6706).
7	도로법 제54조 제2항 소정의 적재량 측정요구가 있었다는 점은 범죄사실을 구성하는 중요부분으로서 이를 인정하기 위하여는 엄격한 증명이 요구된다(대판 2004도7212).
8	범죄단체의 구성·가입행위 자체는 엄격한 증명을 요하는 범죄의 구성요건이다(대판 2005도3857).
9	위드마크 공식의 경우 그 적용을 위한 자료로는 음주량, 음주시각, 체중, 평소의 음주정도 등이 필요하므로 그런 전제사실을 인정하기 위해서는 엄격한 증명이 필요하다(대판 99도128). 〈연습〉 위드마크 공식의 적용을 위한 전제사실인 음주량, 음주시각, 체중 등의 사실은 자유로운 증명으로 충분하다.(×)
10	행위지의 법률에 의하여 범죄를 구성하는지 여부에 대해서는 엄격한 증명에 의하여 검사가 이를 입증하여야 할 것이다(대판 2008도4085).
11	범죄구성요건에 해당하는 사실을 증명하기 위한 근거가 되는 과학적인 연구결과(식품의약품안전청 식품첨가물데이터베이스 홈페이지 자료)는 엄격한 증명으로 증명되어야 한다(대판 2009도2338).
12	공소사실에 특정된 범죄의 일시는 피고인의 방어권 행사의 주된 대상이 되므로 엄격한 증명을 통해 그 특정한대로 범죄사실이 인정되어야 한다(대판 2010도14487).
13	민간인이 군에 입대하여 군인신분을 취득하였는가의 여부를 판단함에는 엄격한 증명을 요한다(대판 70도1936).
14	뇌물죄에서 수뢰액은 다과에 따라 범죄구성요건이 되므로 엄격한 증명의 대상이 된다(대판 2009도2453).
15	증거능력이 없는 증거는 구성요건 사실을 추인하게 하는 간접사실이나 구성요건 사실을 입증하는 직접증거의 증명력을 보강하는 보조사실의 인정자료로도 사용할 수 없다(대판 2008도2344).

(4) 자유로운 증명의 대상

(가) 의의　증거능력의 제한이나 적법한 증거조사로부터 해방되어 증거능력이 없는 증거에 의하거나 적법한 증거조사를 거치지 않고 사실을 증명하는 것을 말한다.

(나) 대상

① **정상관계사실**　양형의 기초가 되는 '정상'의 사실(형법 제51조 피고인의 성격, 경력, 환경, 범죄 후 정황 등 양형의 조건이 되는 사실)을 말한다. 보통 정상참작의 '정상'에 해당하는 사실을 말한다.

② **소송법적 사실**　(i) 소송조건의 존부 등 소송법적 사실(친고죄의 고소 유무, 관할권의 존재, 피고인구속기간, 공소제기)은 형벌권의 존부 및 범위와 직접 관계가 없고 소송의 존속과 유지를 위한 조건에 불과하므로 자유로운 증명으로 족하다. (ii) 증거의 증거능력 인정을 위한 기초사실(자백의 임의성, 진술서의 진정성립, 전문증거의 특신상태)는 소송법적 사실이므로 자유로운 증명에 속한다(다수설 · 판례, 대판 83도328; 대판 83도1718).

③ **보조사실 중 탄핵사실**　증거의 증명력에 영향을 미치는 사실로서 증거의 증명력을 탄핵하는 사실과 보강하는 사실이 있다. 주요사실을 인정하는 증거의 증명력을 보강하는 자료가 되는 사실은 엄격한 증명을 요하나 증거의 증명력을 탄핵(감쇄)하는 사실은 자유로운 증명으로 족하다.

판례연구

자유로운 증명의 대상	
1	범의에 관하여는 엄격한 증명을 요하지 아니하므로 피고인이 금편을 반입할 때 관세당국의 면허가 필요 없는 것으로 오인하였다 하더라도 그 오인을 정당화할 이유가 없는 한 무면허수입죄에 해당한다(대판 69도99).
2	특신상태는 소송상의 사실에 관한 것이므로, 엄격한 증명을 요하지 아니하고 자유로운 증명으로 족하다(대판 2000도1743).

3	피고인의 범행 당시의 정신상태가 심신상실이냐 또는 심신미약이었느냐 문제는 법률적 판단이지 범죄 될 사실은 아니기 때문에 엄격한 증명이 필요 없다(대판 71도212).
4	몰수대상이 되는지 여부나 추징액의 인정 등 몰수·추징의 사유는 범죄구성요건 사실에 관한 것이 아니어서 엄격한 증명은 필요 없다(대판 전합 2005도9858).
5	양형의 조건에 관하여 법률이 규정한 증거로서의 자격이나 증거조사방식에 구애됨이 없이 상당한 방법으로 조사하여 양형의 조건이 되는 사항을 인정할 수 있다(대판 2010도750).
6	친고죄에서의 고소 유무에 대한 사실이 자유로운 증명의 대상이 된다(대판 98도2074).
7	반의사불벌죄에서 피고인 또는 피의자의 처벌을 희망하지 않는다는 의사표시 또는 처벌희망 의사표시 철회의 유무나 그 효력 여부에 관한 사실은 엄격한 증명의 대상이 아니라 자유로운 증명의 대상이다(대판 2010도5610).
8	피고인이 피의자신문조서에 기재된 피고인 진술 및 공판기일에서 한 피고인 진술의 임의성을 다투면서 그것이 허위자백이라고 다투는 경우, 법원은 자유로운 심증으로 위 진술이 임의로 된 것인지 여부를 판단할 수 있다(대판 2010도14720).
9	증거의 증명력을 다투기 위한 소위 탄핵증거는 엄격한 증거조사를 거쳐야 할 필요가 없음은 형사소송법 제318조의2의 규정에서 명백하다(대판 78도2292).
10	공연히 사실을 적시하여 사람의 명예를 훼손한 행위가 형법 제310조의 규정에 따라서 위법성이 조각되어 처벌대상이 되지 않기 위하여는 그것이 진실한 사실로서 오로지 공공의 이익에 관한 때에 해당된다는 점을 행위자가 증명하여야 하는 것이나, 그 증명은 엄격한 증거에 의하여야 하는 것은 아니다(대판 95도1473).

(5) 증명을 요하지 않는 사실(불요증사실)

(가) 의의 증명이 필요 없는 사실, 즉 엄격한 증명은 물론 자유로운 증명도 필요 없는 사실을 말한다.

(나) 내용

① **공지의 사실** 역사상 명백한 사실이나 자연계의 현저한 사실과 같이 보통의 지식이나 경험이 있는 사람이면 누구나 의심하지 않고 인정하는 사실을 말한다.

② **법원에 현저한 사실** 법원이 이전에 선고한 판결이나 결정의 내용 등과 같이 그 직무상 명백히 알고 있는 사실을 말한다. 예컨대 재판부가 이전에 선고한 판결 · 결정이다. 다만, 법원에 공지된 사실이 재판부로서 명백하더라도 재판에 대한 국민의 신뢰확보, 공정한 재판이 보장되기 위해 자유로운 증명이 필요하다.

③ **추정된 사실** 전제사실이 증명되면 반증이 없는 한 다른 사실을 인정하도록 법률에 규정되어 있는 경우를 말한다. 다만, (i) 법률상 추정된 사실은 법관에게 추정된 사실의 인정이 강제되는 효과가 생기는 바, 이는 실체적 진실주의, 자유심증주의 및 무죄추정의 원칙에 반하므로 형사소송에서는 인정할 수 없다.[68] (ii) 사실상 추정된 사실은 전제사실로부터 다른 사실을 추정하는 것이 논리적으로 합리적인 사실을 말하며, 구성요건에 해당하면 위법성과 책임이 사실상 추정되어 증명을 요구하지 않지만 당사자가 다투면 추정은 깨지고 증명이 요구된다.

④ **거증금지사실** 증명으로 인하여 얻게 될 소송법적 이익보다 더 큰 초소송법적 이익 때문에 증명이 금지된 사실, 예컨대 공무원의 직무상 비밀(제147조)을 말하며 이러한 사실은 원칙적으로 증명을 요하지 않는다.

(6) 증거재판주의의 위반

충분한 증거가 있음에도 불구하고 무죄판결을 한 경우에는 항소이유가 되고 증거능력이 없는 증거나 적법한 증거조사를 거치지 않은 증거에 의한 범

68) 다만, 환경범죄의 단속에 관한 특별조치법에 따른 불법배출과 위험발생 간의 인관관계의 추정(동법 제11조), 공무원범죄에 관한 몰수특례법에 의한 불법재산의 입증(동법 제7조)에서는 법률상 추정이 인정된다.

죄사실 등의 판결은 법률 위반이므로 항소 또는 상고이유가 된다.

3. 거증책임

1) 의의

요증사실의 존부에 대하여 증명이 불충분한 경우에 불이익을 받을 당사자의 법적 지위를 말한다(실질적 거증책임, 입증책임). 즉 거증책임은 소송의 종결단계에서의 증명불능이 있을 때 증명불능으로 인한 불이익을 누구에게 부담시킬 것인가의 의미를 가진다.

2) 거증책임분배

거증책임을 어느 당사자에게 부담하게 하는가를 정하는 것으로 원칙은 검사가 부담[69] 한다. 예외적으로 거증책임이 전환된다. 피고인이 위법성조각 사유나 책임조각 사유를 주장하는 경우에는 그 부존재에 대하여 검사가 거증책임을 부담한다.

3) 거증책임의 전환

(1) 의의

거증책임은 공소자인 검사가 부담함이 원칙이나, 예외적으로 피고인이 부담하게 되는 것을 말한다. 예컨대 상해죄의 동시범의 특례, 명예훼손죄에 있어서의 사실의 증명 등이 있다.

(2) 내용

형법 제263조는 "독립행위가 경합하여 상해의 결과를 발생하게 한 경우

---

69) (i) 공소범죄사실, (ii) 처벌조건인 사실, (iii) 형의 가중·감면의 사유가 되는 사실, (iv) 소송법적 사실

에 있어서 원인된 행위가 판명되지 아니한 때에는 공동정범의 예에 의한다." 라고 규정하고 있는데, 이에 대해 피고인이 상해결과에 대한 인과관계 없음을 증명할 책임을 지며 이를 증명하지 못하면 공동정범으로 처벌되는 설(다수설)과 형법 제310조는 "형법 제370조 제1항의 행위가 진실한 사실로서 오로지 공공의 이익에 관한 때에는 처벌하지 아니한다."라고 규정하고 있는데, 이에 대해 판례는 거증책임전환에 관한 규정으로 보고 있다.

4) 입증의 부담(형식적 거증책임)

(1) 의의

소송의 발전과정에 따라 어느 사실이 증명되지 아니하면 자기에게 불이익한 판단을 받을 가능성이 있는 당사자가 불이익을 면하기 위하여 그 사실을 증명할 증거를 제출할 부담을 말한다(실질적 거증책임은 고정되어 있음에 반하여, 형식적 거증책임은 유동적이다. 예컨대 검사가 구성요건을 입증하면 위법성조각사유의 존재나 책임조각사유의 존재에 관해서는 피고인이 입증의 부담을 진다).

(2) 입증의 정도

(가) 검사　법관이 유죄의 확신을 갖게 할 정도로 입증해야 한다. 예컨대, 피고인이 자신의 알리바이를 증명하면 그 알리바이를 번복하기 위한 입증의 부담은 검사에게 있다(또한 최종적인 거증책임도 검사가 부담한다)

(나) 피고인　법관에게 확신을 갖게 할 정도로 증명할 필요는 없고, 반대사실의 존재를 의심하게 함으로써 법관의 심증을 방해할 정도이면 족하다.

(3) 거증책임과의 구별

입증의 부담은 소송전개과정에 따라 수시로 상대방에게 이전될 수 있다는 점에서, 소송종결단계에서 문제되고 획일적으로 고정되어 있는 거증책임과 구별된다.

판례연구

1	형사재판에 있어서 공소가 제기된 범죄사실에 대한 입증책임은 검사에 있고, 유죄의 인정은 법관으로 하여금 합리적인 의심을 할 여지가 없을 정도로 공소사실이 진실한 것이라는 확신을 가지게 하는 증명력을 가진 증거에 의하여야 한다(대판 2003도5255).
2	공연히 사실을 적시하여 사람의 명예를 훼손한 행위가 형법 제310조의 규정에 따라서 위법성이 조각되어 처벌대상이 되지 않기 위하여는 그것이 진실한 사실로서 오로지 공공의 이익에 관한 때에 해당된다는 점을 행위자가 증명하여야 하는 것이나, 그 증명은 유죄의 인정에 있어 요구되는 것과 같이 엄격한 증거에 의하여야 하는 것은 아니므로, 이때에는 전문증거에 대한 증거능력의 제한을 규정한 형사소송법 제310조의2는 적용될 여지가 없다(대판 95도1473).
3	횡령죄에 있어서 불법영득의사를 실현하는 행위로서의 횡령행위가 있다는 점은 검사가 입증하여야 하는 것으로서 그 입증은 법관으로 하여금 합리적인 의심을 할 여지가 없을 정도의 확신을 생기게 하는 증명력을 가진 엄격한 증거에 의하여야 한다(대판 2000도637).
4	임의성에 다툼이 있을 때에는 그 임의성을 의심할 만한 합리적이고 구체적인 사실을 피고인이 입증할 것이 아니고 검사가 그 임의성의 의문점을 해소하는 입증을 하여야 한다(대판 2001도3931).
5	법원이 검사에게 공소장변경을 촉구하지 아니하였다 하여 위법이라 할 수 없고 서증의 증거능력을 부여하기 위한 입증책임은 그 서증을 증거로 제출한 검사에게 있다(대판 70도2109).
6	전문증거의 증거능력을 갖추기 위한 요건에 관한 입증책임은 검사에게 있다(대판 2006도7228).
7	특신상태는 증거능력의 요건에 해당하므로 검사가 그 존재에 대하여 구체적으로 주장·입증하여야 하는 것이지만, 이는 소송상의 사실에 관한 것이므로, 엄격한 증명을 요하지 아니하고 자유로운 증명으로 족하다(대판 2012도2937).
8	허위사실 적시에 의한 명예훼손죄에서 허위의 점에 대한 인식 즉 범의에 대한 입증책임은 검사에게 있다(대판 2004도207).
9	형사재판에서 공소가 제기된 범죄의 구성요건을 이루는 사실에 대한 증명책

	임은 검사에게 있으므로 행위자에게 이적행위를 할 목적이 있었다는 점은 검사가 증명하여야 한다(대판 2010도1189).

4. 자유심증주의

제308조(자유심증주의) 증거의 증명력은 법관의 자유판단에 의한다.

1) 의의

(1) 의의

증거의 증명력을 적극적 또는 소극적으로 법정하지 아니하고 법관의 자유로운 판단에 맡기는 주의로, 증거평가주의라고도 한다. 이에 반하여 법정증거주의는 증거의 증명력은 적극적 또는 소극적으로 법률로 정해 놓은 경우이다.

(2) 취지

법관은 사실을 인정하는데 아무런 법률적 구속을 받지 아니하고 구체적으로 타당한 증거가치를 판단하여 사안의 진상을 파악할 수 있게 함으로써 실체진실발견에 기여하기 위한 제도이다.

2) 내용

(1) 주체

증명력판단의 주체는 법관 개인이다. 수소법원인 합의부 또는 단독판사가 아니라 개개의 법관이다. 합의부에 있어서는 그 구성원인 각 법관의 자유심증의 결과를 합의방식으로 결정한다. 국민참여재판의 경우 각 배심원이 증명력 판단의 주체가 되나, 배심원의 평결은 법원을 기속하지 않는다(국참 제

46조 제5항).

(2) 자유판단의 대상

법관이 자유롭게 판단할 수 있는 것은 증거의 증명력(증거의 실질적 가치)이다. 증거는 엄격한 증명의 자료로 사용되는 것뿐만 아니라 자유로운 증명의 자료로도 사용되는 증거도 포함된다.

(3) 자유판단의 의미

자유판단이란 법관이 증거의 증명력을 판단함에 있어서 법률적 제한을 받지 않는다는 것이다. 즉, 증거의 취사와 이를 근거로 한 사실의 인정은 그것이 경험칙에 위배된다는 등의 특단의 사정이 없는 한 사실심법원의 전권에 속한다(대판 87도2709). 따라서 증거의 취사선택은 법관의 자유판단에 맡겨지며, 모순되는 증거 가운데 어느 것을 믿을 것인가도 자유롭게 결정할 수 있다. 즉, 증거의 증명력을 법관의 자유판단에 의하도록 한 것은 그것이 실체적 진실발견에 적합하기 때문이라 할 것이므로, 증거판단에 관한 전권을 가지고 있는 사실심 법관은 사실인정에 있어 공판절차에서 획득된 인식과 조사된 증거를 남김없이 고려하여야 한다(대판 2004도2221).

판례연구

자유판단의 의미	
1	증거의 취사와 이를 근거로 한 사실의 인정은 그것이 경험칙에 위배된다는 등의 특단의 사정이 없는 한 사실심법원의 전권에 속한다(대판 87도2709).
2	형사재판에서 범죄사실의 인정은 법관으로 하여금 합리적인 의심을 할 여지가 없을 정도의 확신을 가지게 하는 증명력을 가진 엄격한 증거에 의하여야 하므로, 검사의 증명이 위와 같은 확신을 가지게 하는 정도에 충분히 이르지 못한 경우에는 비록 피고인의 주장이나 변명이 모순되거나 석연치 않은 면이 있는 등 유죄의 의심이 간다고 하더라도 피고인의 이익으로 판단하여야 한다(대판 2012도231).

(4) 자유판단의 기준

자유가 법관의 자의가 아니라 사회의 정의와 형평의 이념, 논리법칙[70] 및 경험법칙[71]에 따른 자유판단이어야 한다(법관의 자의가 허용되지 않는다).

판례연구

	자유판단의 기준
1	형사소송법은 증거재판주의와 자유심증주의를 기본원칙으로 하면서, 범죄사실의 인정은 증거에 의하되 증거의 증명력은 법관의 자유판단에 의하도록 하고 있다. 그러나 이는 그것이 실체적 진실발견에 적합하기 때문이지 법관의 자의적인 판단을 인용한다는 것은 아니므로, 비록 사실의 인정이 사실심의 전권이더라도 범죄사실이 인정되는지는 논리와 경험법칙에 따라야 하고, 충분한 증명력이 있는 증거를 합리적 이유 없이 배척하거나 반대로 객관적인 사실에 명백히 반하는 증거를 근거 없이 채택·사용하는 것은 자유심증주의의 한계를 벗어나는 것으로서 법률 위반에 해당한다. 또한 범죄의 유무 등을 판단하기 위한 논리적 논증을 하는 데 반드시 필요한 사항에 대한 심리를 다하지도 아니한 채 합리적 의심이 없는 증명의 정도에 이르렀는지에 대한 판단에 선불리 나아가는 것 역시 실체적 진실발견과 적정한 재판이 이루어지도록 하려는 형사소송법의 근본이념에 배치되는 것으로서 위법하다(대판 2015도17869).
2	유전자검사나 혈액형검사 등 과학적 증거방법은 그 전제로 하는 사실이 모두 진실임이 입증되고 그 추론의 방법이 과학적으로 정당하여 오류의 가능성이 전무하거나 무시할 정도로 극소한 것으로 인정되는 경우에는 법관이 사실인정을 함에 있어 상당한 정도로 구속력을 가지므로, 비록 사실의 인정이 사실심의 전권이라 하더라도 아무런 합리적 근거 없이 함부로 이를 배척하는 것은 자유심증주의의 한계를 벗어나는 것으로서 허용될 수 없다(대판 2008도8486).

70) 인간의 추론능력에 비추어 자명한 사고법칙을 말한다. 계산착오, 판결이유의 모순 등은 논리법칙에 반한다.

71) 개별적인 체험의 관찰과 그 일반화에 의하여 경험적으로 얻어진 법칙을 말한다. 필연적 경험법칙은 물리학상의 원리나 자연법칙 등은 법관의 심증형성을 구속하므로 자유심증이 허용되지 않는다. 예컨대 혈액감정에 의한 친자확인, 혈중알코올 농도 측정에 의한 음주운전판단 등이 있다.

3	폐수 수질검사와 같은 과학적 증거방법이 사실인정에 있어서 상당한 정도로 구속력을 갖기 위해서는, 감정인이 전문적인 지식·기술·경험을 가지고 공인된 표준 검사기법으로 분석을 거쳐 법원에 제출하였다는 것만으로는 부족하고, 시료의 채취·보관·분석 등 모든 과정에서 시료의 동일성이 인정되고 인위적인 조작·훼손·첨가가 없었음이 담보되어야 하며 각 단계에서 시료에 대한 정확한 인수·인계 절차를 확인할 수 있는 기록이 유지되어야 한다(대판 2009도14772).
4	피고인이 평소 투약량의 20배에 달하는 1g의 메스암페타민을 한꺼번에 물에 타서 마시는 방법으로 투약하였다는 것은 쉽게 믿기 어렵고, 또 만약 그렇게 투약하였다면 피고인의 생명이나 건강에 위험이 발생하였을 가능성이 없지 않았을 것으로 보여져, 피고인의 자백을 신빙하기 어렵다(대판 2002도676).

판례연구

증언의 증명력	
1	증거의 취사와 사실인정은 채증법칙에 위반되지 아니하면 사실심의 전권사항에 속하는 것이고 같은 사람의 검찰에서의 진술과 법정에서의 증언이 다를 경우 반드시 후자를 믿어야 된다는 법칙은 없다고 할 것이므로 같은 사람의 법정에서의 증언과 다른 검찰에서의 진술을 믿고서 범죄사실을 인정하더라도 그것이 위법하게 진술된 것이 아닌 이상 자유심증에 속한다(대판 88도740).
2	증인이 14세라 할지라도 증언능력이 있다고 볼 것이고 그 증언의 신빙성 유무는 사실심법관의 자유심증에 의하여 결정할 문제이다(대판 63도328)
3	피고인이 과도를 들이대고 "소리치면 찔러 죽여버려"라고 위협하는 과정의 불과 10분 또는 3초 사이의 당황한 상태에서 피고인의 인상착의 상태, 목소리를 확실히 기억하고 그것도 사건발생 후 약 18일이 지난 후까지 명백하게 기억한다 함은 경험칙상 이례에 속한다(대판 85도1974).
4	증거보전절차에서의 진술이 법원의 관여 하에 행하여지는 것으로서 수사기관에서의 진술보다 임의성이 더 보장되는 것이기는 하나, 보전된 증거가 항상 진실이라고 단정지을 수는 없는 것이므로 법원이 그것을 믿지 않을 만한 사유가 있어서 믿지 않는 것에 자유심증주의의 남용이 있다고 볼 수 없다(대판 79도2125). 〈연습〉 법원이 증거보전절차에서의 진술을 믿지 않을 만한 사유가 있어서 믿

	지 않은 것은 자유심증주의의 남용이다.(×)
5	일정 기간 동안에 발생한 일련의 피해자의 강간 피해 주장에 대하여 이미 대부분의 피해 주장에 대하여는 그에 부합하는 피해자 진술의 신빙성을 부정하여 강간죄의 성립을 부정할 경우에 원심의 판단처럼 그 중 일부의 강간 피해사실에 대하여만 피해자의 진술을 믿어 강간죄의 성립을 긍정하려면, 그와 같이 피해자 진술의 신빙성을 달리 볼 수 있는 특별한 사정이 인정되어야 할 것이다(대판 2010도9633).
6	증인의 진술이 그 주요 부분에 있어서 일관성이 있는 경우에는 그 밖의 사소한 사항에 관한 진술에 다소 일관성이 없다는 등의 사정만으로는 그 진술의 신빙성을 함부로 부정할 것은 아니다(대판 2012도534).
7	피해자를 비롯한 증인들의 진술이 대체로 일관되고 공소사실에 부합하는 경우 객관적으로 보아 도저히 신빙성이 없다고 볼 만한 별도의 신빙성 있는 자료가 없는 한 이를 함부로 배척하여서는 아니된다(대판 2012도2631).

판례연구

피고인 진술의 증명력	
1	피고인의 자백이 임의로 진술한 것이어서 증거능력이 인정된다고 하여 자백의 진실성과 신빙성까지도 당연히 인정되는 것은 아니므로, 법원은 진술의 내용이 합리적인 것으로 인정되는지의 여부나 자백 이외의 정황증거들 중에 자백과 저촉되거나 모순되는 것이 없는지의 여부들을 두루 참작하여 자유심증으로 자백이 신빙할 수 있는 것인지의 여부를 판단하여야 한다(대판 29도2656).
2	공동피고인 중의 1인이 다른 공동피고인들과 공동하여 범행을 하였다고 자백한 경우, 반드시 그 자백을 전부 믿어 공동피고인들 전부에 대하여 유죄를 인정하거나 그 전부를 배척하여야 하는 것은 아니고, 자유심증주의의 원칙상 법원으로서는 자백한 피고인 자신의 범행에 관한 부분만을 취하고, 다른 공동피고인들이 범행에 관여하였다는 부분을 배척할 수 있다(대판 95도2043).
3	범행 중 자칫하면 도망을 쳐야하고 또 경우에 따라서는 격투도 하여야 할 강도행위에 보행불구자가 가담한다는 것은 경험상 퍽 이례에 속한다고 할 것인바, 보행불구자인 피고인이 법정에서 범행을 부인하고 있는 경우 법원이 피고인의 보행부자유의 정도, 신체불구자가 범행을 공동하여야 할 이유 등을 심리

	하지 않고 사실을 단정한 것은 채증법칙을 위반한 위법이 있다.(대판 83도523).
4	검찰에서의 피고인의 자백이 법정 진술과 다르다거나 피고인에게 지나치게 불리한 내용이라는 사유만으로는 그 자백의 신빙성이 의심스럽다고 할 수는 없는 것이고, 자백의 신빙성 유무를 판단할 때에는 자백의 진술 내용 자체가 객관적으로 합리성을 띠고 있는지, 자백의 동기나 이유가 무엇이며, 자백에 이르게 된 경위는 어떠한지 그리고 자백 이외의 정황증거 중 자백과 저촉되거나 모순되는 것이 없는지 하는 점들을 고려하여 피고인의 자백에 형사소송법 제309조에 정한 사유 또는 자백의 동기나 과정에 합리적인 의심을 갖게 할 상황이 있었는지를 판단하여야 한다(대판 2009도1151).

판례연구

감정인 의견의 증명력	
1	감정의견이 상충된 경우 다수 의견을 안 따르고 소수 의견을 채용해도 되고 여러 의견 중에서 그 일부씩을 채용하여도 무방하다(대판 75도2068).
2	심신장애 유무와 그 정도를 판단함에 있어 반드시 감정인의 의견에 따라야 하는 것은 아니다(대판 90도2210).

판례연구

증거서류 및 문서의 증명력	
1	경찰 또는 검찰조서라 할지라도 법정증거능력을 구비한 것이면 법원이 조사한 증거와 동등의 증거가치가 있다 할 것이므로 그의 취사선택은 사실심의 자유심증에 의하여 결정될 것이다(대판 4290형상433).
2	검사 작성 조서의 기재가 사법경찰관 작성 조서의 기재보다 그 신빙성에 있어서 항상 우월하다고 단정할 수는 없는 것이니 검사작성 조서 기재의 증명력을 사법경찰관작성 조서의 기재에 비추어 배척한 것이 채증법칙 위반이라 할 수 없다(대판 82도2494).
3	진술조서의 기재 중 일부분을 믿고 다른 부분을 믿지 아니하여도 그것이 곧 부당하다고 할 수 없다(대판 80도145). 〈연습〉 법원은 피고인이 작성한 진술조서에 기재된 내용의 전부를 믿거나 믿

	지 않아야 하며, 그 중 일부만을 믿을 수는 없다.(×)
4	문제된 필적과 피고인의 필적과의 동일여부를 감정함에 있어서 피고인으로 하여금 문제된 필적을 보면서 유사하게 시필하도록 하여 채취한 필적과 문제된 필적과의 동일여부를 감정하게 함은 결국 감정자료에 의한 감정이므로 이러한 감정은 증거로 할 수 없다고 함이 상당하다(대판 76도2938).
5	형사재판에 있어서는 처분문서라 하여도 경험칙 내지는 논리칙에 위배되지 아니하는 한 그 증거취사는 사실심의 전권에 속한다 할 것이니 처분문서인 동업계약서를 채택 아니한 점에 위법이 있다고 할 수 없다.(대판 81도3148). 〈연습〉 형사재판에 있어서 처분문서를 배척하는 이유를 판결에 설시하지 않은 것은 경험칙 내지 논리칙에 위배된다.(×)
6	처분문서의 진정 성립이 인정되는 이상, 법원은 반증이 없는 한 그 문서의 기재 내용에 따른 의사표시의 존재 및 내용을 인정하여야 하고, 합리적인 이유 설시도 없이 이를 배척하여서는 아니 되나, 처분문서라 할지라도 그 기재 내용과 다른 명시적·묵시적 약정이 있는 사실이 인정될 경우에는 그 기재 내용과 다른 사실을 인정할 수 있고, 작성자의 법률행위를 해석함에 있어서도 경험법칙과 논리법칙에 어긋나지 않는 범위 내에서 자유로운 심증으로 판단할 수 있다(대판 2007도11029).
7	이 사건 강도살인범행의 모의장소, 전원강취방법, 범행 후의 도주경로와 전원분배의 내용에 관하여 피고인의 검찰에서의 자백과 공범자에 대한 형사기록 검증결과가 각기 다르고 피고인이 공판정에서 범행을 부인하는 경우에 위 자백의 신빙성에 의심이 간다 할 것이다(대판 81도68).

판례연구

간접증거의 증명력	
1	형사재판에 있어 심증형성을 반드시 직접증거에 의하여 형성되어야만 하는 것은 아니고 간접증거에 의할 수도 있는 것이며, 간접증거는 이를 개별적·고립적으로 평가하여서는 아니 되고 모든 관점에서 빠짐없이 상호 관련시켜 종합적으로 평가하고, 치밀하고 모순 없는 논증을 거쳐야 한다(대판 2004도2221). 〈연습〉 형사재판에 있어 심증형성은 간접증거에 의할 수도 있으며, 간접증거는 이를 개별적·고립적으로 평가하고, 치밀하고 모순 없는 논증을 거쳐야 한

	다.(×)
2	피해자의 시신을 심각하게 훼손하여 그 살해방법을 구체적으로 규명할 수 없더라고 간접증거를 상호관련하에 종합적으로 고찰하면 작위에 의한 살인죄를 인정할 수 있다(대판 2008도507).
3	피해자는 71세 노인으로 피고인이 구타하고 넘어뜨려 부상하였다고 경찰과 법정에서 진술하고 있으나 이는 폭행을 당했다는 이해상반하는 상대의 일방적 진술에 불과하여 위 피해자의 증언만으로는 상해사실을 인정할 수 없다(대판 82도2971).
4	살인죄 등과 같이 법정형이 무거운 범죄의 경우에도 직접증거 없이 간접증거만에 의하여 유죄를 인정할 수 있고 피해자의 시체가 발견되지 아니하였더라도 간접증거를 상호관련하에서 종합적으로 고찰하여 살인죄의 공소사실을 인정할 수 있다 할 것이다(대판 82도2971).
5	목격자의 진술 등 직접증거가 전혀 없는 사건에 있어서는 적법한 증거들에 의하여 인정되는 간접사실들에 논리법칙과 경험칙을 적용하여 공소사실이 합리적인 의심이 없을 정도로 추단될 수 있을 경우에만 이를 유죄로 인정할 수 있다(대판 2000도3507).
6	남녀간의 정사를 내용으로 하는 간통죄는 행위의 성질상 통상 당사자간에 극비리에, 또는 외부에서 알아보기 어려운 상태하에서 감행되는 것이어서 이에 대한 직접적인 물적 증거나 증인의 존재를 기대하기가 극히 어렵다 할 것이어서, 간통죄에 있어서는 범행의 전후 정황에 관한 제반 간접증거들을 종합하여 경험칙상 범행이 있었다는 것을 인정할 수 있을 때에는 이를 유죄로 인정하여야 한다(대판 97도974).

판례연구

과학적 증거방법의 증명력	
1	폐수 수질검사와 같은 과학적 증거방법이 사실인정에 있어서 상당한 정도로 구속력을 갖기 위해서는, 감정인이 전문적인 지식·기술·경험을 가지고 공인된 표준 검사 기법으로 분석을 거쳐 법원에 제출하였다는 것만으로는 부족하고, 시료의 채취·보관·분석 등 모든 과정에서 시료의 동일성이 인정되고 인위적인 조작·훼손·첨가가 없었음이 담보되어야 하며 각 단계에서 시료에 대한 정확한 인수·인계 절차를 확인할 수 있는 기록이 유지되어야 한다(대

	판 2009도14772).
2	피고인이 평소 투약량의 20배에 달하는 1g의 메스암페타민을 한꺼번에 물에 타서 마시는 방법으로 투약하였다는 것은 쉽게 믿기 어렵고, 피고인의 자백을 신빙하기 어렵다(대판 2002도6766).
3	모발성분분석 결과 40% 오차 이내이면 동일인의 모발로 감정을 한다는 것이나, 위 40%의 오차에 관하여는 경험상 그렇다는 진술뿐, 그 근거를 명확하게 제시하지 못하고 있으므로 위 감정 결과를 가지고 피고인이 이 사건 범행의 범인이라고 단정할 수는 없다고 할 것이다(대판 96도1144).

판례연구

범인 식별절차의 증명력	
1	범죄 발생 직후 목격자의 기억이 생생하게 살아있는 상황에서 현장이나 그 부근에서 범인식별 절차를 실시하는 경우에는, 용의자와 목격자의 일대일 대면도 허용된다. 피해자가 경찰관과 함께 범행 현장에서 범인을 추적하다 골목길에서 범인을 놓친 직후 골목길에 면한 집을 탐문하여 용의자를 확정한 경우, 그 현장에서 용의자와 피해자의 일대일 대면이 허용된다(대판 2007도1950). 〈연습〉 피해자가 경찰관과 함께 범행 현장에서 범인을 추적하다 골목길에서 범인을 놓친 직후 골목길에 면한 집을 탐문하여 용의자를 확정한 경우, 그 현장에서 용의자와 피해자의 일대일 대면이 허용된다고 보기 어렵다.(×)
2	피해자가 경찰 또는 검찰에서 범인을 확인할 수 있을 만큼 분명히 기억한다고 진술 하였으면서도, 같은 회사에 근무하여 평소 안면있는 피고인을 경찰에서 대면할 때까지 범인으로 지목하지 않다가 경찰이 피고인을 범인으로 검거한 후에야 피고인을 범인이라 지목한 경우라면 그 진술은 납득하기 어렵다(대판 84도460).

판례연구

제1심판결 및 확정판결의 증명력	
1	제1심의 피해자에 대한 증인신문조서 기재 자체에 의하여 피해자의 진술을 믿기 어려운 사정이 보이는 경우에 항소심이 그 증인을 다시 신문하여 보지

	도 아니하고 제1심의 증인신문조서의 기재만에 의하여 직접 증인을 신문한 제1심과 다르게 그 증언을 믿을 수 있다고 판단한 것은 심히 부당하다(대판 2005도130).
2	형사재판에서 관련된 민사사건의 판결에서 인정된 사실은 유력한 인정자료가 된다고 할지라도 반드시 그 판결의 확정사실에 구속을 받는 것은 아니어서 형사법원은 증거에 의하여 형사판결에서 확정된 사실과 다른 사실을 인정할 수 있다(대판 81도3011).

판례연구

음주운전의 증명력	
1	혈액검사에 의한 음주측정치가 호흡측정기에 의한 음주측정치보다 측정 당시의 혈중 알코올농도에 더 근접한 음주측정치라고 보는 것이 경험칙에 부합한다(대판 2003도6905).
2	음주운전에 있어서 운전 직후에 운전자의 혈액이나 호흡 등 표본을 검사하여 혈중 알코올농도를 측정할 수 있는 경우가 아니라면 소위 위드마크 공식을 사용하여 수학적 방법에 따른 결과로 운전 당시의 혈중 알코올농도를 추정할 수 있다(대판 2001도2823). 〈연습〉 음주운전에 있어서 운전 직후 운전자의 혈액 등 표본을 검사하여 혈중 알코 올농도를 측정할 수 있는 경우라도 위드마크 공식을 사용하여 수학적 방법에 따른 결과로 운전 당시의 혈중 알코올농도를 추정하는 것은 허용되지 않는다.(×)
3	운전자에 대한 음주측정시 구강 내 잔류 알코올 등으로 인한 과다측정을 방지하기 위한 조치를 전혀 취하지 않았고, 위드마크 공식에 따라 혈중 알코올농도를 산출하면서 적합하지 아니한 체중 관련 위드마크인수를 적용한 점 등에 비추어, 혈중 알코올농도 측정치가 0.062%로 나왔다는 사실만으로는 운전자가 혈중 알코올농도 0.05% 이상의 상태에서 자동차를 운전하였다고 단정할 수 없다(대판 2008도5531).
4	음주지각과 혈액채취에 의한 혈중 알코올농도를 측정한 시각과의 시간적 간격이 87분에 불과한 점 등을 고려할 때 처벌기준치를 겨우 0.003% 넘는 0.053%의 호흡측정결과 수치만으로는 합리적 의심을 넘는 충분한 정도로 음주운전의 증명이 있다고 볼 수 없다(대판 2006도5683).

5	위드마크 공식에 의하여 산출한 혈중 알코올농도가 법이 허용하는 혈중 알코올농도를 상당히 초과하는 것이 아니고 근소하게 초과하는 정도에 불과한 경우라면 위 공식에 의하여 산출된 수치에 따라 범죄의 구성요건 사실을 인정함에 있어서 더욱 신중하게 판단하여야 할 것이다(대판 2002도6762).

3) 자유심증주의의 예외

(1) 자백의 증명력 제한: 자백보강법칙

형소법 제310조는 "피고인의 자백이 그 피고인에게 불이익한 유일한 증거인 때에는 증거로 하지 못 한다"고 하여 자백의 보강법칙을 규정하고 있다. 즉, 증거능력이 있는 자백에 의해서 법관이 유죄를 확신하는 경우에도 보강증거가 없으면 유죄를 선고할 수 없으므로 이는 자유심증주의에 대한 예외가 된다.

(2) 공판조서의 배타적 증명력

형소법 제56조는 "공판기일의 소송절차로서 공판조서에 기재된 것은 그 조서만으로써 증명한다"고 규정하고 있다. 따라서 법관의 심증 여하를 불문하고 그 기재된 대로 인정해야 하므로 이는 자유심증주의에 대한 예외가 된다. 그러나 동일한 사안에 대해 두 개의 서로 다른 내용이 기재된 공판조서가 병존하는 경우에는 두 공판조서 사이에는 우열이 있을 수 없고, 법관의 자유로운 심증에 따라 어느 것 하나만을 믿을 수 있다.

(3) 진술거부권 · 증언거부권의 행사

(가) 진술거부권의 행사 진술거부권은 헌법상 기본권(헌법 제12조 제2항)에 해당하므로, 피고인의 진술거부권의 행사는 자유심증주의의 예외이다.

(나) 증언거부권의 행사 증언거부권(제148조 · 제149조)이 있는 증인의 증언거부를 피고인에게 불리한 정황증거로 인정하여 심증을 형성하는 것도 허용되지 않는다. 증언거부권은 가족관계나 일정한 신뢰관계에 있는 자를 보호

하기 위한 제도이기 때문이다.

(4) 자백의 신빙성

판례는 자백의 증명력 판단에 신중을 기하기 위하여 법관으로 하여금 자백의 신빙성을 신중하고 면밀하게 검토할 것을 요구하고 있다. 즉, 자백의 임의성이 인정된다고 해도 자백의 합리성, 동기, 다른 정황증거와의 모순여부 등을 고려하여 자백의 신빙성 유무를 판단해야 한다.

판례연구

자유심증주의	
1	진술조서의 기재 중 일부분을 믿고 다른 부분을 믿지 아니한다고 하여도 그것이 곧 부당하다고 할 수 없다(대판 80도145).
2	검찰에서의 피고인의 자백이 법정진술과 다르다거나 피고인에게 지나치게 불리한 내용이라는 사유만으로는 그 자백의 신빙성이 의심스럽다고 할 수는 없고, 자백의 신빙성 유무를 판단할 때에는 자백의 진술 내용 자체가 객관적으로 합리성을 띠고 있는지, 자백의 동기나 이유가 무엇이며, 자백에 이르게 된 경위는 어떠한지 그리고 자백 이외의 정황증거 중 자백과 저촉되거나 모순되는 것이 없는지 하는 점 등을 고려하여 피고인의 자백에 형사소송법 제309조에 정한 사유 또는 자백의 동기나 과정에 합리적인 의심을 갖게 할 상황이 있었는지를 판단하여야 한다(대판 2018도2642).
3	과학적 증거방법은 그 전제로 하는 사실이 모두 진실임이 입증되고 그 추론의 방법이 과학적으로 정당하여 오류의 가능성이 전무하거나 무시할 정도로 극소한 것으로 인정되는 경우에는 법관이 사실인정을 함에 있어 상당한 정도로 구속력을 가지므로, 비록 사실의 인정이 사실심의 전권이라 하더라도 아무런 합리적 근거 없이 함부로 이를 배척하는 것은 자유심증주의의 한계를 벗어나는 것으로서 허용될 수 없다. 과학적 증거방법이 당해 범죄에 관한 적극적 사실과 이에 반하는 소극적 사실 모두에 존재하는 경우에는 각 증거방법에 의한 분석결과에 발생할 수 있는 오류가능성 및 그 정도, 그 증거방법에 의하여 증명되는 사실의 내용 등을 종합적으로 고려하여 범죄의 유무 등을 판단하여야 하고, 여러 가지 변수로 인하여 반증의

	여지가 있는 소극적 사실에 관한 증거로써 과학적 증거방법에 의하여 증명되는 적극적 사실을 쉽사리 뒤집어서는 안 된다(대판 2008도8486).

5. 자백배제의 법칙

> **제309조(강제 등 자백의 증거능력)** 피고인의 자백이 고문, 폭행, 협박, 신체구속의 부당한 장기화 또는 기망 기타의 방법으로 임의로 진술한 것이 아니라고 의심할 만한 이유가 있는 때에는 이를 유죄의 증거로 하지 못한다.

1) 자백

(1) 의의

자백이란 피의자 또는 피고인이 자기의 범죄사실의 전부 또는 일부를 인정하는 진술을 말한다. 일기장에 기재된 자백과 같이 상대방 없는 자백도 자백에 해당한다.

판례연구

자백의 의의	
1	상법장부나 항해일지, 진료일지 또는 이와 유사한 금전출납부 등과 같이 범죄사실의 인정 여부와는 관계없이 자기에게 맡겨진 사무를 처리한 사무내역을 그때그때 계속적, 기계적으로 기재한 문서 등의 경우에는 공소사실에 일부 부합되는 사실의 기재가 있다고 하더라도, 이를 일컬어 피고인이 범죄사실을 자백하는 문서라고 볼 수는 없다(대판 94도2865).
2	검사가 피고인들에게 공소장기재를 낭독하다시피 공소사실 그대로의 사실유무를 물은 즉 피고인들이 동시에 "예, 그랬습니다"하고 답한 것은 얼핏 보면 피고인들이 범죄사실을 자백한 것처럼 보이나, 계속되는 검사와 변호인 및 재판장의 물음에서는 다시 범행을 부인하는 취지의 답을 한 점으로 미

	루어 보면 공소사실의 경과일부를 시인한 것뿐이지 피고인들이 공모하여 기망 내지 편취하였다는 내용까지 자백한 것이라고는 볼 수 없다(대판 82도214).
3	자백의 신빙성 유무를 판단함에 있어서는 자백의 진술내용 자체가 객관적으로 합리성을 띠고 있는지, 자백의 동기나 이유가 무엇이며, 자백에 이르게 된 경위는 어떠한지 그리고 자백 이외의 정황증거 중 자백과 저촉되거나 모순되는 것이 없는지 하는 점을 고려하여야 한다(대파 98도159).

(2) 자백의 범위

(가) 주체 피고인·피의자의 지위에서 한 자백뿐만 아니라 증인·참고인 등의 지위에서 한 자백도 모두 포함된다.

(나) 상대방 법관이나 수사기관을 불문할 뿐만 아니라 범인이 일기장 등에 자기의 범죄사실을 기재하는 경우 등 상대방이 없는 경우, 가족·친지 등에 대한 자백도 자백에 포함된다.

(다) 형식 및 내용

① 형식 및 성질 구두에 의한 진술뿐만 아니라 서면에 의한 진술도 포함되고 재판상 진술과 재판외의 진술을 불문한다. 자백은 유죄의 증거이자 공소사실을 직접 인정할 수 있는 증거이므로 직접증거이며, 진술이 증거로 사용되는 경우이므로 진술증거에 해당한다.

② 내용 자기의 형사책임을 긍정하는 진술임을 요하지 아니한다. 구성요건의 사실을 인정하면서 위법성조각사유 또는 책임조각사유를 주장하는 것도 자백에 해당한다.

(3) 자백의 효과

(가) 자백과 유죄의 인정

① 임의성 임의성이 없는 자백은 증거능력이 없으므로 유죄의 증거로 사용할 수 없다(자백배제법칙, 제309조).

② **적법성** 자백을 획득한 절차가 위법하다고 그 위법의 정도가 중대한 경우에는 증거능력이 부정되어 유죄의 증거로 사용할 수 없다(위법수집증거배제법칙, 제308조의2).

③ **실질적 진정성립** 재판 외에 자백이 기재된 조서 기타의 서류는 공판절차에서 그 실질적 진정성립이 인정되지 않으면 유죄의 증거로 사용할 수 없다(전문법칙의 예외, 제312조 제1·3·4·5항, 제313조 제1·3항).

(나) 증명력의 요건

① **신빙성** 자백의 임의성이 있어 증거능력이 인정된다고 하더라도 자백의 진실성과 신빙성까지 당연히 인정되는 것은 아니므로, 법관이 그 자백의 신빙성(신용성)을 인정하지 않으면 유죄의 증거로 되지 아니한다(자유심증주의, 제308조).

② **보강증거의 존재** 증거능력이 있는 자백이 신빙성이 있어 법관이 유죄의 심증을 얻은 경우에도, 보강증거가 없는 유일한 증거이면 자백한 범죄사실을 유죄로 인정할 수 없다(자백보강법칙, 제310조).

(다) 간이공판절차로의 진행

① **공판절차에서의 자백** 피고인이 공판정에서 당해 공소사실에 대하여 자백(구성요건해당성 인정 + 위법성·책임조각사유의 부존재 인정)한 경우에는 간이공판절차에 의하여 심판할 수 있다(제286조의2).

② **증거동의의 의제** 간이공판절차에서의 전문증거에 대해서는 원칙적으로 피고인의 증거동의가 의제된다(전문법칙의 예외). 단, 검사, 피고인 또는 변호인이 증거로 함에 이의가 있는 때에는 그러하지 아니하다(제318조의3).

2) 자백배제법칙

(1) 의의

자백배제법칙은 "임의성이 없거나 임의성에 의심이 있는 자백은 증거능력이 부정된다."는 원칙으로 영미법에서 발달하였다.

(2) 학설

허위배제설, 인권옹호설, 절충설, 위법배제설, 종합설의 대립이 있으나 판례는 절충설(허위배제설 +인권옹호설)을 취하고 있다.

판례연구

이론적 근거	
1	피고인의 자백 진술이 객관적 합리성이 결여되고 범행현장의 객관적 상황과 중요한 부분이 부합되지 않는 등의 특별한 사정이 있는 경우 피고인 등이 임의로 진술한 것이 아니라고 의심할 만한 사유가 있다고 볼 것이다(대판 77도210). 〈허위배제설의 입장〉
2	진술의 임의성이라는 것은 증거의 수집과정에 위법성이 없다는 것인데, 진술의 임의성을 잃게 하는 그와 같은 사정은 이례에 속한다 할 것이다(대판 97도1720). 〈위법배제설의 입장〉
3	임의성 없는 진술의 증거능력을 부정하는 취지는, 허위진술을 유발 또는 강요할 위험성이 있는 상태하에서 행하여진 진술은 그 자체가 실체적 진실에 부합하지 아니하여 오판을 일으킬 소지가 있을 뿐만 아니라(허위배제설), 그 진위 여부를 떠나서 진술자의 기본적 인권을 침해하는 위법 부당한 압박이 가하여지는 것을 사전에 막기 위한 것이다(인권옹호설)(대판 2004도517; 대판 2010도3029)〈절충설의 입장〉.

(3) 요건

(가) 고문 · 폭행 · 협박 정신 · 신체에 위해 · 고통을 가하거나 신체에 대한 유형력의 행사 또는 해악을 고지하여 공포심을 일으키는 행위를 말한다.

판례연구

고문 · 폭행 · 협박	
1	형사소송법 제309조는 "피고인의 자백이 고문, 폭행, 협박, 신체구속의 부당한 장기화 또는 기망 기타의 방법으로 임의로 진술한 것이 아니라고 의심할 만한 이유가 있을 때에는 이를 유죄의 증거로 하지 못한다"고 규정하고 있는 바, 위 법조에서 규정된 피고인의 진술의 자유를 침해하는 위법사유는 원칙적으로 예시사유로 보아야 한다(대판 82도2413).
2	검사 작성의 피고인에 대한 제1회 피의자신문조서의 기재는 경찰에서 피고인을 조사한 경찰관이 검사 앞에까지 피고인을 데려간 경우 검사 앞에서의 자백도 그 임의성이 없는 심리상태가 계속된 경우라고 할 수밖에 없어 검사 작성의 피고인에 대한 피의자신문조서는 증거능력이 없다(대판 91도1).
3	피고인이 검사 이전의 수사기관에서 고문 등의 가혹행위로 인하여 임의성 없는 자백을 하고 그 후 검사의 조사단계에서도 임의성 없는 심리상태가 계속되어 동일한 내용의 자백을 하였다면 검사의 조사단계에서 고문 등 자백의 강요행위가 없었다고 하여도 검사 앞에서의 자백도 임의성 없는 자백이라고 볼 수밖에 없다(대판 92도2409). 〈연습〉 경찰수사 단계에서 고문에 의한 자백을 한 후 검찰수사 단계에서 임의성 없는 심리상태가 계속되어 동일한 자백을 하였다 하더라도 검사 앞에서 조사받을 당시 고문을 당한 일이 없다면 증거능력이 인정된다.(×)
4	피의자신문조서가 사건의 송치를 받은 당일에 작성된 것이었다 하여 그와 같은 조서의 작성시기만으로 그 조서에 기재된 피고인의 자백진술이 임의성이 없거나 특히 신빙할 수 없는 상태에서 된 것이라 의심하여 증거능력을 부정할 수 없다(대판 84도378).
5	피고인이 검사의 1, 2차 조사 시에 범행을 자백하고, 1심 법정에서 경찰, 검찰에서의 자백의 임의성을 인정하였다가, 항소이유와 항소심 법정에서 비로소 경찰에서의 자백이 고문에 못 이겨 한 것이고, 검찰에서의 자백은 감호청구를 하겠다는 말에 겁이 나서 한 것이라고 주장하는 경우에 경찰조사 시의 임의성 없는 상태가 검사의 조사당시까지 계속되었다고 할 수 없으므로 그 조서기재에 임의성을 의심할 만한 점이 없는 이상, 임의성 없는 자백이라고 할 수 있다(대판 82도2943).

(나) 신체구속의 부당한 장기화 처음부터 불법한 체포 · 구속도 당연히 포함

되므로 영장 없이 수일간 불법 구속하여 고문하거나 잠을 재우지 않고 받아낸 진술을 말한다.

판례연구

신체구속의 부당한 장기화	
1	설사 경찰에서 부당한 신체구속을 당하였다 하더라도 검사 앞에서의 피고인의 진술에 임의성이 인정된다면 그와 같은 부당한 신체구속이 있었다는 사유만으로 검사가 작성한 피의자가 신문조서의 증거능력이 상실된다고 할 수 없다(대판 83도1718).
2	국가안전기획부에서 신체구속의 장기화와 진술을 강요한 사실이 있다고 하더라도 각 공소사실별로 조리정연하게 소상하게 진술하고 또 잘못된 진술은 정정, 일부 사실을 부인하는 등 그 자백진술의 임의성을 의심할 만한 사유는 보이지 아니하므로 위 안전부에서의 사정이 검찰수사 과정에까지 영향을 미친 것으로 볼 수 없어 피고인의 검찰에서의 진술은 특히 신빙할 수 있는 상태에서 행하여진 임의의 진술임이 인정된다(대판 83도2436).

(다) 기망 위계를 사용하여 상대방을 착오에 빠지게 한 후 자백하게 하는 것을 말하며, 기망이라고 하기 위해서는 단순히 상대방의 착오를 이용하는 것으로는 부족하고, 국가기관에 대하여 신문방법이 정당하지 않음을 비난할 수 있을 정도로 적극적인 사술이 사용될 것을 요한다.

판례연구

기망과 약속에 의한 자백	
1	피고인의 자백이 심문에 참여한 검찰주사가 피의사실을 자백하면 피의사실 부분은 가볍게 처리하고 보호감호의 청구를 하지 않겠다는 각서를 작성하여 주면서 자백을 유도한 것에 기인한 것이라면 위 자백은 기망에 의하여 임의로 진술한 것이 아니라고 의심할 만한 이유가 있는 때에 해당하여 형사소송법 제309조 및 제312조 제1항의 규정에 따라 증거로 할 수 없다(대판 85도2182).

2	피고인이 처음 검찰조사 시에 범행을 부인하다가 뒤에 자백을 하는 과정에서 금 200만원을 뇌물로 받은 것으로 하면 특정범죄가중처벌등에관한법률 위반으로 중형을 받게 되니 금 200만원 중 금 30만원은 술값을 갚은 것으로 조서를 허위 작성한 것이라면 이는 단순 수뢰죄의 가벼운 형으로 처벌되도록 하겠다고 약속하고 자백을 유도한 것으로 위와 같은 상황 하에서 한 자백은 그 임의성에 의심이 간다(대판 83도2782).

(라) 기타의 방법 ① 진술거부권을 고지하지 않은 자백: 증거능력부정, ② 변호인선임권·접견교통권침해에 의한 자백: 증거능력부정, ③ 거짓말탐지기에 의한 자백: 피검사자의 동의가 있는 경우에는 사용가능, ④ 마취분석에 의한 자백: 증거능력부정.

판례연구

위법한 신문방법에 의한 자백	
1	피고인의 검찰에서의 자백은 피고인이 검찰에 연행된 때로부터 약 30시간 동안 잠을 재우지 아니한 채 검사 2명이 교대로 신문을 하면서 회유한 끝에 받아낸 것으로 임의로 진술한 것이 아니라고 의심할 만한 이유가 있는 때에 해당한다고 보아, 형사소송법 제309조의 규정에 의하여 그 피의자신문조서는 증거능력이 없다(대판 95도1964).
2	별건으로 수감 중인 자를 약 1년 3개월의 기간 동안 무려 270회나 검찰청으로 소환하여 밤늦은 시각 또는 그 다음날 새벽까지 조사를 하였거나, 국외로 출국하여야 하는 상황에 놓여있는 자를 심리적으로 압박하여 조사를 하였을 가능성이 충분하다면 그들에 대한 진술조서는 임의성을 의심할 만한 사정이 있는데, 검사가 그 임의성의 의문점을 해소하는 증명을 하지 못하였으므로 그 진술조서는 증거능력이 없다(대판 2004도517).
진술거부권 불고지에 의한 자백	
1	피의자의 진술거부권은 헌법이 보장하는 형사상 자기에 불리한 진술을 강요당하지 않는 자기부죄거부의 권리에 터 잡은 것이므로 수사기관이 피의자를 신문함에 있어서 피의자에게 미리 진술거부권을 고지하지 않은 때에는 그 피의자의 진술은 위법하게 수집된 증거로서 진술의 임의성이 인정되

	는 경우라도 증거능력이 부인되어야 한다(대판 92도682).
2	검사가 국가보안법 위반죄로 구속영장을 발부받아 피의자신문을 한 다음, 피의자신문조서가 아닌 일반적인 진술조서의 형식으로 조서를 작성한 사안에서, 진술의 임의성이 인정되는 경우라도 미리 피의자에게 진술거부권을 고지하지 않았다면 위법수집증거에 해당하므로, 유죄인정의 증거로 사용할 수 없다(대판 2008도8213). 〈연습〉 일반적인 진술조서의 형식으로 조서를 작성한 경우에는 그 진술의 임의성이 인정되는 경우라면 미리 피의자에게 진술거부권을 고지하지 않았더라도 유죄인정의 증거로 사용할 수 있다.(×)
3	수사기관에 의한 진술거부권 고지 대상이 되는 피의자 지위는 수사기관이 조사대상자에 대한 범죄혐의를 인정하여 수사를 개시하는 행위를 한 때 인정되는 것으로 보아야 한다. 따라서 이러한 피의자 지위에 있지 아니한 자에 대하여는 진술거부권이 고지되지 아니하였더라도 진술의 증거능력을 부정할 것은 아니다(대판 2011도8125).
변호인 조력권을 침해한 자백	
1	피고인이 구속되어 국가안전기획부에서 조사를 받다가 변호인의 접견신청이 불허되어 이에 대한 준항고를 제기 중에 검찰로 송치되어 검사가 피고인을 신문하여 제1회 피의자신문조서를 작성한 후 준항고절차에서 위 접견불허처분이 취소되어 접견이 허용된 경우에는 검사의 피고인에 대한 위 제1회 피의자신문은 변호인의 접견교통을 금지한 위법상태가 계속된 상황에서 시행된 것으로 보아야 할 것이므로 그 피의자신문조서는 증거능력이 없다(대판 90도1586).
2	비변호인과의 접견금지 결정으로 피고인들의 접견이 제한된 상황 하에서 피의자 신문조서가 작성되었다는 사실만으로 그 조서가 임의성이 없는 것이라고는 볼 수 없다(대판 84도846). 〈연습〉 비변호인과의 접견이 금지된 상태에서 작성된 피의자신문조서는 당연히 임의성이 부정된다.(×)
3	변호인접견 전에 작성된 검사의 피고인에 대한 피의자신문조서가 증거능력이 없다고 할 수 없다(대판 90도1613).

3) 자백배제 법칙의 효과

(1) 임의성이 의심되는 자백의 증거능력

증거능력이 없으며, 동의 있어도 증거능력이 없으며, 탄핵증거로도 사용하지 못한다. 임의성이 의심되는 자백을 유죄인정의 자료로 삼은 경우에는 소송절차의 법령(제309조 및 제307조)위반에 해당하므로 상대적 항소이유(제361조의5 제1호) 및 상대적 상고이유(제383조 제1호)가 된다.

(2) 2차적 증거의 증거능력

임의성이 의심되어 증거능력이 부정된 자백에 근거하여 획득된 다른 증거(2차적 증거, 파생증거)의 증거능력도 부정해야 하므로 자백배제법칙(제309조)이 무의미하게 되지 않게 되기 위해 2차적 증거의 증거능력도 부정해야 한다(통설).

판례연구

자백배제법칙의 효과	
1	사법경찰리 작성의 피고인에 대한 피의자신문조서와 피고인이 작성한 자술서들은 모두 검사가 유죄의 자료로 제출한 증거들로서 피고인이 각 그 내용을 부인하는 이상 증거능력이 없으나 그러한 증거라 하더라도 그것이 임의로 작성된 것이 아니라고 의심할 만한 사정이 없는 한 피고인의 법정에서의 진술을 탄핵하기 위한 반대증거로 사용할 수 있다(대판 97도1770). 〈연습〉 임의성이 없는 자백이라고 하더라도 탄핵증거로는 사용할 수 있다.(×)
2	피고인의 자백이 임의성이 없다고 의심할 만한 사유가 있는 때에 해당한다 할지라도 그 임의성이 없다고 의심하게 된 사유들과 피고인의 자백과의 사이에 인과관계가 존재하지 않은 것이 명백한 때에는 그 자백은 임의성이 있는 것으로 인정된다(대판 84도2252).
3	진술의 임의성을 잃게 하는 그와 같은 사정은 헌법이나 형사소송법의 규정에 비추어 볼 때 이례에 속한다고 할 것이므로 진술의 임의성은 추정된다

	고 볼 것이다(대판 82도3248).
4	형사소송법 제309조의 임의로 진술한 것이 아니라고 의심할 만한 이유라는 것은 단지 임의성이 없다는 주장만으로는 불충분하고 법관이 자백의 임의성 존부에 관하여 상당한 이유가 있다고 의심할 만한 고문·폭행·협박·신체구속의 부당한 장기화·기망 기타의 방법 등 구체적 사실을 들어야 하고 그에 의하여 자백의 임의성에 합리적이고 상당한 정도의 의심이 있을 때 비로소 소추관에게 그에 대한 입증책임이 돌아간다고 할 것이다(대판 84도1139).

6. 위법수집증거배제법칙

1) 의의

미 연방법원 판례에 의해 확립된 이론으로, 위법한 절차에 의하여 수집된 증거는 증거능력이 없다는 것을 말한다. 변호인의 접견교통권을 침해하거나 진술거부권을 고지하지 아니하고 획득한 피의자의 진술은 증거능력을 부정한다.

2) 적용범위

(1) 위법의 정도

절차의 위법이라도 있으면 배제된다는 것을 의미하지 않고 침해된 이익과 위법의 정도를 고려하여 구체적·개별적으로 판단한다. 여기서 배제의 의미는 중대한 위법이 있는 경우에 한하여 배제한다는 의미이며, 경미한 절차규정 위반의 경우에 증거로 배제된다는 의미는 아니다.

(2) 위법수집증거의 유형

(가) 헌법정신에 반하여 수집한 증거

① 영장주의 위반 영장 없이 한 강제처분, 영장 자체에 하자가 있는 경우, 영장의 발부나 집행절차에 중대한 위법이 있는 경우에는 그로 인하여 수집한 증거의 증거능력이 부정된다.

② 적정절차의 위반 수사기관이 정당한 사유 없이 변호인을 참여하게 하지 아니한 채 피의자를 신문하여 작성한 피의자신문조서(대판 2010도3359), 야간압수·수색의 금지규정에 위반한 압수·수색, 당사자의 참여권과 신문권을 침해한 증인신문, 위법한 함정수사에 의하여 수집한 증거, 진술거부권을 고지하지 않고 작성한 피의자신문조서 등은 증거능력이 없다.

판례연구

적용범위	
1	[1] 헌법과 형사소송법이 정한 절차에 따르지 아니하고 수집한 증거는 기본적 인권보장을 위해 마련된 적법한 절차에 따르지 않은 것으로서 원칙적으로 유죄 인정의 증거로 삼을 수 없다. 이를 통하여 수집한 증거는 물론 이를 기초로 하여 획득한 2차적 증거를 유죄 인정의 증거로 삼을 수 없도록 하는 것이다. [2] 다만, 수사기관의 절차 위반 행위가 적법절차의 실질적인 내용을 침해하는 경우에 해당하지 아니하고, 오히려 그 증거의 증거능력을 배제하는 것이 형사 사법 정의를 실현하려 한 취지에 반하는 결과를 초래하는 것으로 평가되는 예외적인 경우라면, 법원은 그 증거를 유죄 인정의 증거로 사용할 수 있다고 보아야 한다. 이는 적법한 절차에 따르지 아니하고 수집한 증거를 기초로 하여 획득한 2차적 증거의 경우에도 마찬가지여서, 절차에 따르지 아니한 증거 수집과 2차적 증거 수집 사이 인과관계의 희석 또는 단절 여부를 중심으로 2차적 증거 수집과 관련된 모든 사정을 전체적·종합적으로 고려하여 예외적인 경우에는 유죄 인정의 증거로 사용할 수 있다(대판 2007도3061).

2	수사기관의 절차 위반 행위가 적법절차의 실질적인 내용을 침해하는 경우에 해당하지 아니하고, 오히려 그 증거의 증거능력을 배제하는 것이 형사사법 정의를 실현하려 한 취지에 반하는 결과를 초래하는 것으로 평가되는 예외적인 경우라면 법원은 그 증거를 유죄 인정의 증거로 사용할 수 있으나, 그러한 예외적인 경우에 해당한다고 볼 만한 구체적이고 특별한 사정이 존재한다는 것은 검사가 입증하여야 한다(대판 2008도763).

(나) 형소법의 효력규정의 위반하여 수집된 증거 선서 없는 증인신문, 증언거부권을 고지하지 않고 얻은 증언 등이다. 그러나 판례는 증언거부권을 고지하지 않고 신문하여 얻은 증언의 증거능력에 대해 획일적으로 증거능력을 부정할 수 없다고 하였다.

(다) 경미한 위법절차에 의하여 수집한 증거 절차의 위반이 중대하지 않아 경미한 경우에는 획득한 증거의 증거능력이 인정될 수 있다.

(라) 사인에 의한 위법수집증거 위법수집증거배제법칙은 국가기관인 수사기관이 위법하게 수집한 증거능력을 부정하는 법칙이므로, 사인의 증거수집행위에 대하여는 이 원칙이 적용되지 않는 견해와 사인의 행위라도 위법의 정도가 중대하여 적정절차의 실질적 내용을 침해하는 경우에는 그 증거능력을 부정해야 한다는 견해가 있다. 이에 대해 효과적인 형사소추 및 실체진실발견의 공익과 개인의 인격적 이익 등 보호이익을 비교형량하여 사인의 위법수집증거의 허용여부를 결정하여야 한다(이익형량설, 다수설 및 판례).

판례연구

사인의 위법수집증거	
1	피고인의 동의하에 촬영된 나체사진의 존재만으로 피고인의 인격권과 초상권을 침해하는 것으로 볼 수 없고, 가사 사진을 촬영한 제3자가 그 사진을 이용하여 피고인을 공갈할 의도였다고 하더라도 사진의 촬영이 임의성이 배제된 상태에서 이루어진 것이라고 할 수는 없으며, 그 사진은 범죄현장의 사진으로서 피고인에 대한 형사소추를 위하여 반드시 필요한 증거로 보

	이므로, 공익의 실현을 위하여는 그 사진을 범죄의 증거로 제출되는 것이 허용되어야 하고, 이로 말미암아 피고인의 사생활의 비밀을 침해하는 결과를 초래한다 하더라도 이는 피고인이 수인하여야 할 기본권의 제한에 해당된다(대판 97도1230). 〈연습〉 제3자가 공갈목적을 숨기고 간통현장에서 피고인의 동의하에 나체사진을 찍은 경우, 동 사진은 피고인에 대한 간통죄의 증거로 삼을 수 없다.(×)
2	피고인 甲, 乙의 간통 범행을 고소한 甲의 남편 丙이 甲의 주거에 침입하여 수집한 후 수사기관에 제출한 혈흔이 묻은 휴지들 및 침대시트를 목적물로 하여 이루어진 감정의뢰회보에 대하여, 공익의 실현을 위해서 증거로 제출하는 것이 허용되어야 하고, 증거능력이 인정된다(대판 2008도3990).
3	사문서위조·위조사문서행사 및 소송사기로 이어지는 일련의 범행에 대하여 피고인을 형사소추하기 위해서는 이 사건 업무일지가 반드시 필요한 증거로 보이므로, 설령 그것이 제3자에 의하여 절취된 것으로서 위 소송사기 등의 피해자측이 이를 수사기관에 증거자료로 제출하기 위하여 대가를 지급하였다 하더라도, 공익의 실현을 위하여는 이 사건 업무일지를 범죄의 증거로 제출하는 것이 허용되어야 하고, 이로 말미암아 피고인의 사생활 영역을 침해하는 결과가 초래된다 하더라도 이는 피고인이 수인하여야 할 기본권의 제한에 해당된다(대판 2008도1584).

3) 독수과실이론

(1) 의의

위법하게 수집된 1차 증거(독수)에 의하여 발견된 2차 증거(과실)의 증거능력을 배제하는 이론을 말한다. 고문에 의한 자백에 의하여 압수한 증거물(범행의 흉기)이라면 자백은 물론이고 그 증거물의 증거능력도 부정된다는 법칙이다.

판례연구

독수의 과실이론	
1	압수된 망치, 국방색 작업복과 야전잠바 등은 피고인의 증거능력 없는 자백에 의하여 획득된 것이므로 따라서 증거능력이 없다 할 것이다(대판 77도210).
2	범행 현장에서 지문채취 대상물에 대한 지문채취가 먼저 이루어진 이상, 수사기관이 그 이후에 지문채취 대상물을 적법한 절차에 의하지 아니한 채 압수하였다고 하더라도 위와 같이 채취된 지문은 위법하게 압수한 지문채취 대상물로부터 획득한 2차적 증거에 해당하지 아니함이 분명하여, 이를 가리켜 위법수집증거라고 할 수 없다(대판 2008도7471). 〈연습〉 수사기관이 적법절차를 위반하여 지문채취 대상물을 압수한 경우 그 전에 이미 범행 현장에서 위 대상물에서 채취한 지문은 독수독과의 원칙에 따라 위법수집증거에 해당한다.(×)
3	사전에 구속영장을 제시하지 아니한 채 구속영장을 집행하고, 그 구속 중 수집한 피고인의 진술증거 중 피고인의 제1심 법정진술은, 변호인과의 충분한 상의를 거친 후 공소사실 전부에 대하여 자백한 것이라면, 유죄 인정의 증거로 삼을 수 있는 예외적인 경우에 해당한다고 한 사례(대판 2009도526).

(2) 예외

(가) 오염희석이론 위법하게 수집된 증거에 의하여 수집된 증거라 할지라도 수사기관이 독립된 자료에 의하여 과실의 존재를 파악하여 위법수집증거와 과실 사이에 인과관계를 부정하는 경우 증거로 인정할 수 있다는 견해이다. 예컨대 경찰관이 위법하게 피의자의 집에 침입하여 자백을 받았으나 나중에 피의자가 자진 출두하여 자백한 경우이다.

(나) 독립된 오염이론 위법한 압수나 수색에 관계없는 독립된 근원에 의하여 수집될 수 있었던 증거임을 증명할 수 있을 때에는 증거로 인정할 수 있다는 견해이다. 예컨대 위법하게 수색한 지하실에서 유괴소녀를 발견하여 진

술을 받아 범인을 검거한 경우, 소년의 진술인 경우이다.

(다) 불가피한 발견이론 위법한 행위와 관계없이 합법적 수단에 의해 증거를 불가피하게 발견하는 경우, 증거로 인정할 수 있다는 견해이다. 예컨대 위법하게 자백을 받았지만 사체가 이미 출동한 수사관에 의해 발견된 경우이다.

(3) 위법 수집증거의 증거동의

위법하게 수집된 증거에 대하여 당사자의 동의에 의하여 그 증거능력이 인정될 수 있는가에 대해 반대신문권의 포기가 문제되지 않는 위법수집증거에 대해서는 증거동의가 인정될 수 없다고 해야 한다(부정설, 통설). 따라서 위법수집증거에 해당하면 당사자의 동의가 있어도 증거로 사용할 수 없다.

판례연구

위법수집증거와 증거동의	
1	형사소송법 제217조 제2항, 제3항에 위반하여 압수수색영장을 청구하여 이를 발부받지 아니하고도 즉시 반환하지 아니한 압수물은 이를 유죄 인정의 증거로 사용할 수 없는 것이고, 피고인이나 변호인이 이를 증거로 함에 동의하였다고 하더라도 달리 볼 것은 아니다(대판 2009도11401).
2	형사소송법 제218조 규정을 위반하여 소유자, 소지자 또는 보관자가 아닌 자로부터 제출받은 물건을 영장 없이 압수한 경우 그 압수물 및 압수물을 찍은 사진은 유죄인정의 증거로 사용할 수 없는 것이고, 피고인이나 변호인이 이를 증거로 함에 동의하였다고 하더라도 달리 볼 것은 아니다(대판 2009도10092).
3	수사기관이 甲으로부터 피고인의 마약류관리에 관한 법률 위반(향정) 범행에 대한 진술을 듣고 추가적인 증거를 확보할 목적으로, 구속 수감되어 있던 甲에게 그의 압수된 휴대전화를 제공하여 피고인과 통화하고 위 범행에 관한 통화내용을 녹음하게 한 행위는 불법감청에 해당하므로, 그 녹음 자체는 물론 이를 근거로 작성된 녹취록첨부 수사보고는 피고인의 증거동의에

	상관없이 그 증거능력이 없다(대판 2010도9016).
4	판사가 형사소송법 제184조에 의한 증거보전절차로 증인신문을 하는 경우에는 검사, 피의자 또는 변호인에게 증인신문의 시일과 장소를 미리 통지하여 증인신문에 참여할 수 있는 기회를 주어야 하나, 참여의 기회를 주지 아니한 경우라도 피고인과 변호인이 증인신문조서를 증거로 할 수 있음에 동의하여 별다른 이의 없이 적법하게 증거조사를 거친 경우에는 위 증인신문조서는 증인신문절차가 위법하였는지의 여부에 관계없이 증거능력이 부여된다(대판 86도1646).
5	공판준비 또는 공판기일에서 이미 증언을 마친 증인을 검사가 소환한 후 피고인에게 유리한 그 증언 내용을 추궁하여 이를 일방적으로 번복시키는 방식으로 작성한 진술조서를 유죄의 증거로 삼는 것은 당사자주의 · 공판중심주의 · 직접주의를 지향하는 현행 형사소송법의 소송구조에 어긋나는 것일 뿐만 아니라, 헌법 제27조가 보장하는 기본권인 재판을 받을 권리를 침해하는 것이므로, 이러한 진술조서는 피고인이 증거로 할 수 있음에 동의하지 아니하는 한 그 증거능력이 없다(대판 전합 99도1108).

4) 효과

증거능력이 부정되고, 탄핵증거로도 사용하지 못하며, 동의가 있어도 증거능력이 없다.

판례연구

증거능력을 부정한 판례(진술증거)	
1	수사기관이 피의자를 신문함에 있어서 피의자에게 미리 진술거부권을 고지하지 않은 때에는 그 피의자의 진술은 위법하게 수집된 증거로서 진술의 임의성이 인정되는 경우라도 증거능력이 부인되어야 한다(대판 92682).
2	검사가 국가보안법 위반죄로 구속영장을 발부받아 피의자신문을 한 다음, 피의자신문조서가 아닌 일반적인 진술조서의 형식으로 조서를 작성한 사안에서, 진술의 임의성이 인정되는 경우라도 미리 피의자에게 진술거부권을 고지하지 않았다면 위법수집증거에 해당하므로, 유죄인정의 증거로 사용할

	수 없다(대판 2008도8213). 〈연습〉 일반적인 진술조서의 형식으로 조서를 작성한 경우에는 그 진술의 임의성이 인정되는 경우라면 미리 피의자에게 진술거부권을 고지하지 않았더라도 유죄인정의 증거로 사용할 수 있다.(×)
3	사법경찰관 사무취급이 행한 검증이 사건발생 후 범행 장소에서 긴급을 요하여 판사의 영장 없이 시행된 것이라면 이는 검증이라 할 것임에도 불구하고 기록상 사후영장을 받은 흔적이 없다면 이러한 검증조서는 유죄의 증거로 할 수 없다(대판 83도3006).
4	불법연행 등 각 위법사유가 사실이라고 하더라도 그 위법한 절차에 의하여 수집된 증거를 배제할 이유는 될지언정 공소제기의 절차자체가 위법하여 무효인 경우에 해당한다고 볼 수 없다(대판 90도1586). 〈연습〉 피고인이 주장하는 불법연행 등 각 위법사유가 사실인 경우, 그 위법한 절차에 의하여 수집된 증거를 배제할 뿐만 아니라 공소제기의 절차자체도 위반하여 무효인 경우에 해당한다.(×)
5	위법한 체포에 의한 유치 중에 작성된 피의자신문조서는 위법하게 수집된 증거로서 특별한 사정이 없는 한 이를 유죄의 증거로 할 수 없다(대판 2006도148).
6	원심이 증인신문절차의 공개금지사유로 삼은 사정이 '국가의 안녕질서를 방해할 우려가 있을 때'에 해당하지 아니하고, 달리 헌법 제109조, 법원조직법 제57조 제1항이 정한 공개금지사유를 찾아볼 수도 없어, 원심의 공개금지결정은 피고인의 공개재판을 받을 권리를 침해한 것으로서 그 절차에 의하여 이루어진 증인의 증언은 증거능력이 없다(대판 2005도5854).
7	피고인이 구속되어 국가안전기획부에서 조사를 받다가 변호인의 접견신청이 불허되어 이에 대한 준항고를 제기 중에 검찰로 송치되어 검사가 피고인을 신문하여 제1회 피의자신문조서를 작성한 후 접견이 허용된 경우에는 그 피의자신문조서는 증거능력이 없다(대판 90도1586).
8	제1회 공판기일 전에 형사소송법 184조에 의한 증거보전절차에서 증인신문을 하면서, 위 증인신문의 일시와 장소를 피의자 및 변호인에게 미리 통지하지 아니하여 증인신문에 참여할 수 있는 기회를 주지 아니하였고, 또 변호인이 제1심 공판기일에 위 증인신문조서의 증거조사에 관하여 이의신청을 하였다면, 위 증인신문조서는 증거능력이 없다(대판 91도2337).
9	선서 없이 한 공동피고인의 법정진술이나 피고인이 증거로 함에 동의한 바

	없는 공동피고인에 대한 피의자 신문조서는 피고인의 공소 범죄사실을 인정하는 증거로 할 수 없다(대판 82도1000).
10	피고인의 공판조서에 대한 열람 또는 등사청구에 법원이 불응하여 피고인의 열람 또는 등사청구권이 침해된 경우에는 그 공판조서를 유죄의 증거로 할 수 없을 뿐만 아니라, 공판조서에 기재된 당해 피고인이나 증인의 진술도 증거로 할 수 없다(대판 2003도3282).
증거능력을 부정한 판례(비진술증거)	
1	형사소송법 제217조 제2항, 제3항에 위반하여 압수수색영장을 청구하여 이를 발부받지 아니하고도 즉시 반환하지 아니한 압수물은 이를 유죄 인정의 증거로 사용할 수 없는 것이고, 헌법과 형사소송법이 선언한 영장주의의 중요성에 비추어 볼 때 피고인이나 변호인이 이를 증거로 함에 동의하였다고 하더라도 달리 볼 것은 아니다(대판 2009도11401). 〈연습〉 사법경찰관이 피의자를 긴급체포하면서 영장 없이 체포현장에서 물건을 압수한 후 압수·수색영장을 청구하여 이를 발부받지 아니하고도 즉시 반환하지 아니한 압수물이라고 하더라도, 피고인이 이를 증거로 함에 동의하면 유죄 인정의 증거로 사용할 수 있다.(×)
2	음란물 유포의 범죄혐의를 이유로 압수·수색영장을 발부받은 사법경찰리가 피고인의 주거지를 수색하는 과정에서 대마를 발견하자, 피고인을 마약류관리에 관한 법률 위반죄의 현행범으로 체포하면서 대마를 압수하였으나, 그 다음날 피고인을 석방하였음에도 사후 압수·수색영장을 발부받지 않은 사안에서, 위 압수물과 압수조서는 형사소송법상 영장주의를 위반하여 수집한 증거로서 증거능력이 부정된다(대판 2008도10914). 〈연습〉 음란물 유포의 범죄혐의를 이유로 압수수색영장을 발부받은 사법경찰관이 피의자의 주거지를 수색하다가 대마를 발견하자 피의자를 「마약류관리에 관한 법률」 위반죄의 현행범인으로 체포하면서 대마를 압수하였다면, 다음날 피의자 석방 후에 압수수색영장을 발부받지 않았더라도 압수는 위법하지 않다.(×)
3	소유자, 소지자 또는 보관자가 아닌 자로부터 제출받은 물건(쇠파이프)을 영장 없이 압수한 경우 그 '압수물 및 압수물을 찍은 사진'은 이를 유죄 인정의 증거로 사용할 수 없는 것이고, 피고인이나 변호인이 이를 증거로 함에 동의하였다고 하더라도 달리 볼 것은 아니다(대판 2009도10092). 〈연습〉 소유자, 소지자 또는 보관자가 아닌 자로부터 임의제출 받은 물건

	을 영장 없이 압수한 '압수물, 압수물을 찍은 사진'은 이를 유죄 인정의 증거로 사용할 수 없지만 피고인이나 변호인이 이를 증거로 함에 동의하였다면 증거능력이 인정된다.(×)
4	피고인이 음주운전 중에 교통사고를 당하여 의식불명 상태에서 병원 응급실로 호송되었는데, 출동한 경찰관이 피고인의 처로부터 채혈동의를 받고서 영장 없이 간호사로 하여금 채혈을 하도록 한 사안에서 사후에 영장을 발부받지도 아니하였다는 등의 이유로 피고인의 혈중 알코올농도에 대한 국립과학수사연구소의 감정의뢰회보와 이에 기초한 수사보고 및 주취운전자 적발보고서는 위법수집증거로서 증거증력이 없다(대판 2009도10871).
5	수사기관이 법원으로부터 영장 또는 감정처분허가장을 발부받지 아니한 채 피의자의 동의 없이 피의자의 신체로부터 혈액을 채취하고 더구나 사후적으로도 지체 없이 이에 대한 영장을 발부받지도 아니하고서 그 강제 채혈한 피의자의 혈액 중 알콜농도에 관한 감정이 이루어졌다면 이러한 감정결과보고서 등은 피고인이나 변호인이 증거동의가 있다고 하더라도 유죄의 증거로 사용할 수 없다(대판 2009도2109).
증거능력을 긍정한 판례	
1	피의자 지위에 있지 아니한 자에 대하여는 진술거부권이 고지되지 아니하였더라도 진술의 증거능력을 부정할 것은 아니다(대판 2011도8125). 〈연습〉 수사기관이 피의자 지위에 있지 아니한 조사대상자에게 진술거부권을 고지하지 않고 얻은 진술은 위법수집증거에 해당하여 증거능력이 부정된다.(×)
2	수사기관이 피의자신문조서를 작성함에 있어서는 그것을 열람하게 하거나 읽어 들려야 하는 것이나 그 절차가 비록 행해지지 안했다 하더라도 증거능력이 없게 된다고는 할 수 없다(대판 87도2716).
3	무인장비에 의한 제한속도 위반차량 단속은 제한속도를 위반하여 차량을 주행하는 범죄가 현재 행하여지고 있고, 그 범죄의 성질·태양으로 보아 긴급하게 증거보전을 할 필요가 있는 상태에서 일반적으로 허용되는 한도를 넘지 않는 상당한 방법에 의한 것이라고 판단되므로, 운전 차량의 차량번호 등을 촬영한 사진을 두고 위법하게 수집된 증거로서 증거능력이 없다고 말할 수 없다(대판 98도3329).
4	수사기관이 범죄를 수사함에 있어 현재 범행이 행하여지고 있거나 행하여진 직후이고, 증거보전의 필요성 및 긴급성이 있으며, 일반적으로 허용되는

	상당한 방법에 의하여 촬영을 한 경우라면 위 촬영이 영장 없이 이루어졌다 하여 이를 위법하다고 단정할 수 없다(대판 99도2317).
5	증거의 압수 후 압수조서의 작성 및 압수목록의 작성·교부 절차가 제대로 이행되지 아니한 잘못이 있다 하더라도, 그것이 적법절차의 실질적인 내용을 침해하는 경우에 해당한다거나 앞서 본 위법수집증거의 배제법칙에 비추어 그 증거능력의 배제가 요구되는 경우에 해당한다고 볼 수는 없다(대판 2011도1902).
6	주취운전이라는 범죄행위로 당해 음주운전자를 구속·체포하지 아니한 경우에도 필요하다면 그 차량열쇠는 범행 중 또는 범행 직후의 범죄 장소에서의 압수로서 그 압수는 적법하다고 형사소송법 제216조 제3항에 의하여 영장 없이 이를 압수할 수 있다(대판 97다54482).
7	경찰관이 간호사로부터 진료 목적으로 이미 채혈되어 있던 피고인이 혈액 중 일부를 주취운전 여부에 대한 감정을 목적으로 임의로 제출 받아 이를 압수한 경우, 피고인 또는 피고인의 가족 동의 및 영장 없이 행하여졌다고 하더라도 이에 적법절차를 위반한 위법이 있다고 할 수 없다(대판 98도968).
8	선서무능력자에 대하여 선서케 하고 신문한 경우라 할지라도 그 선서만이 무효가 되고 그 증언의 효력에 관하여는 영향이 없고 유효하다(대판 4290형상23).
9	증인신문에 당하여 증언거부권이 있음을 설명하지 아니한 경우라 할지라도 증인이 선서하고 증언한 이상 그 증언의 효력에 관하여는 역시 영향이 없고 유효하다(대판 4290형상23).
10	피고인이 범행 후 피해자에게 전화를 걸어오자 피해자가 증거를 수집하려고 그 전화내용을 녹음한 경우, 그 녹음테이프가 피고인 모르게 녹음된 것이라 하여 이를 위법하게 수집된 증거라고 할 수 없다(대판 97도240).
11	경찰관이 음주운전 단속 시 운전자의 요구에 따라 곧바로 채혈을 실시하지 않은 채 호흡측정기에 의한 음주측정을 하고 1시간 12분이 경과한 후에야 채혈을 하였다는 사정만으로는 위 행위가 법령에 위배된다거나 객관적 정당성을 상실하여 운전자가 음주운전 단속과정에서 받을 수 있는 권익이 현저하게 침해되었다고 단정하기 어렵다(대판 2006다32132).

7. 전문법칙

> **제310조의2(전문증거와 증거능력의 제한)** 제311조 내지 제316조에 규정한 것 이외에는 공판준비 또는 공판기일에서의 진술에 대신하여 진술을 기재한 서류나 공판준비 또는 공판기일 외에서의 타인의 진술을 내용으로 하는 진술은 이를 증거로 할 수 없다.

1) 전문증거

(1) 의의

전문증거란 사실인정의 기초가 되는 경험적 사실을 경험자 자신이 직접 법원에 진술하지 않고 다른 형태에 의해 간접적으로 보고하는 것을 말한다. 전문법칙은 전문증거는 증거가 아니며, 따라서 증거능력이 인정될 수 없다는 원칙으로, 영미의 증거법에서 유래되었다.

(2) 유형

(가) 전문진술 사실을 직접 경험한 자의 원진술을 청취한 제3자가 그 원진술의 내용을 법원에 진술하는 경우이다. 전문증언이라고도 한다.

(나) 전문서류

① 진술서 경험자가 경험사실을 서면에 기재한 후 그 서면을 법원에 제출하는 경우의 서면을 말한다. 예컨대 자술서, 진술서, 감정서, 진단서 등이 있다.

② 진술녹취서 경험사실을 들은 타인이 그 원진술의 내용을 서면에 기재한 후 그 서면을 법원에 제출하는 경우의 서면을 말한다. 예컨대 피의자신문조서, 참고인 진술조서 등이 있다.

2) 전문법칙

(1) 의의

전문증거는 증거가 아니라는 점에서 전문증거의 증거능력을 부정하는 증거법칙을 말한다. 전문법칙에 의하여, 증거능력이 부정되는 전문증거는 사실인정의 자료로 사용할 수 없을 뿐만 아니라 그에 대한 증거조사 자체도 허용되지 않는다.

(2) 전문법칙의 적용범위

(가) 진술증거일 것 전문법칙은 진술증거에 대하여만 적용되며, 증거물과 같은 비진술증거는 전문법칙의 적용이 없다.

(나) 원진술의 내용에 의해 요증사실을 증명하는 경우일 것 전문법칙은 전문증거가 원진술 내용에 의하여 요증사실을 증명하는 경우에 적용된다. 따라서 원진술의 존재 자체가 요증사실로 되는 경우에는 전문증거가 아니다.

(3) 전문법칙이 적용되지 않는 경우

(가) 비진술증거 전문법칙은 진술증거에 대해서만 적용된다.

(나) 요증사실의 일부를 이루는 진술 원진술의 존재 자체가 구성요건요소를 이루는 경우에는 전문법칙이 적용되지 않는다.

(다) 증거동의 당사자가 증거로 함에 동의한 경우에는 증거능력이 인정된다.

(라) 탄핵증거 탄핵증거는 전문법칙의 예외요건인 신용성의 정황적 보장과 필요성을 갖추지 않으면서도 허용되는 경우이기 때문에 전문법칙의 적용이 없다.

(마) 정황증거 전문진술이 원진술자의 심리적·정신적 상황을 증명하기 위한 정황증거로 사용되는 경우에는 전문증거가 아니므로 전문법칙이 적용

되지 않는다.

판례연구

1	어떤 진술이 범죄사실에 대한 직접증거로 사용함에 있어서는 전문증거가 된다고 하더라도 그와 같은 진술을 하였다는 것 자체 또는 그 진술의 진실성과 관계없는 간접사실에 대한 정황증거로 사용함에 있어서는 반드시 전문증거가 되는 것은 아니다(대판 99도1252).
2	휴대전화기에 저장된 문자정보가 그 증거가 되는 경우, 그 문자정보는 범행의 직접적인 수단이고 경험자의 진술에 갈음하는 대체물에 해당하지 않으므로, 형사소송법 제310조의2에서 정한 전문법칙이 적용되지 않는다(대판 2006도2556). 〈연습〉 휴대전화로 협박내용을 반복적으로 보냈다는 공소사실에 대한 증거로 제출된 전송된 문자정보를 휴대전화 화면에 띄워 촬영한 사진의 증거능력은 전문법칙이 적용된다.(×) 〈연습〉 휴대전화로 협박내용을 반복적으로 보냈다는 공소사실에 대한 증거로 제출된 전송된 문자정보를 휴대전화 화면에 띄워 촬영한 사진에 대해 피고인이 성립 및 내용의 진정을 부인하는 경우, 이는 유죄 인정의 증거가 될 수 없다.(×)
3	타인의 진술을 내용으로 하는 진술이 전문증거인지 여부는 요증사실과의 관계에서 정하여지는 바, 원진술의 내용인 사실이 요증사실인 경우에는 전문증거이나, 원진술의 존재 자체가 요증사실인 경우에는 본래증거이지 전문증거가 아니다(대판 2008도8007).

4) 전문법칙이 배제되는 절차

간이공판절차, 약식절차, 즉결심판절차는 전문법칙이 배제된다.

5) 전문법칙의 예외이론

(1) 의의

전문증거는 당사자가 반대신문권이 보장되어 있지 않고 신용성이 결여되어 있다는 이유로 증거능력이 부정되는데, 다음의 경우는 전문법칙의 예외(제311조~제316조)를 인정하고 있다.

(2) 예외인정의 필요성

(가) 실체적 진실발견 전문법칙을 지나치게 고수하면 재판에 필요한 증거를 잃게 되므로 실체진실발견이 어렵게 된다.

(나) 소송경제의 도모 전문법칙을 예외 없이 지키게 되면 재판의 지연을 낳게 된다.

(3) 예외인정의 기준

(가) 필요성 원진술과 같은 가치의 증거를 얻는 것이 불가능하거나 현저히 곤란하기 때문에 전문증거라도 사용하여 실체진실을 규명할 필요성이 있는 경우를 말한다. 예컨대 원진술자의 사망·질병·외국도주·소재불명 등이 있다.

(나) 신용성의 정황적 보장 공판정 외에서의 진술의 진실성이 제반의 정황에 의하여 보장되어 있는 경우를 말하며, 형소법은 이를 특신상태(특히 신빙할 수 있는 상태)라는 말로 표현하여 사용하고 있다. 다만, 신용성의 정황적 보장이라 함은 진술내용의 진실성을 의미하는 것이 아니라, 그 진술의 진실성을 보장할 만한 구체적이고 외부적인 정황이 있음을 의미한다(대판 2000도159).

6) 형사소송법상 전문법칙의 예외

(1) 법원 · 법관 면전에서 작성된 조서

제311조(법원 또는 법관의 조서) 공판준비 또는 공판기일에 피고인이나 피고인 아닌 자의 진술을 기재한 조서와 법원 또는 법관의 검증의 결과를 기재한 조서는 증거로 할 수 있다. 제184조 및 제221조의2의 규정에 의하여 작성한 조서도 또한 같다.

법원 또는 법관(수명법과 · 수탁판사)이 공판준비 또는 공판기일에서 작성한 조서로서 그 성립이 진정하고 신용성의 정황적 보장이 인정되기 때문에 당연히 증거능력에 인정된다. 예컨대 공판준비조서, 공판조서, 검증조서, 증거보전절차 · 증인신문절차에서 작성한 조서 등이 있다.

판례연구

1	제311조의 공판조서는 당해 사건의 공판조서만을 의미하며, 다른 사건에서의 공판조서는 제315조 3호에 의하여 증거능력이 인정된다(대판 65도372).
2	공판정에 있어서의 공동피고인의 진술을 기재한 조서는 피고인의 동의를 필요로 할 것 없이 증거능력이 있다(대판 66도316).
3	피고인이 수사단계에서 다른 공동피고인에 대한 증거보전을 위하여 증인으로서 증언한 증인신문조서는 그 다른 공동피고인에 대하여 증거능력이 있다(대판 66도276).
4	증인신문조서가 증거보전절차에서 피고인이 증인으로서 증언한 내용을 기재한 것이 아니라 피의자였던 피고인이 당사자로 참여하여 자신의 범행사실을 시인하는 전제하에 위 증인에게 반대신문과정에서 한 진술기재에 관한 법 제184조에 의하여 작성된 증인신문조서도 아니므로 위 조서 중 피의자 진술기재부분에 법 제311조에 의한 증거능력을 인정할 여지가 없다(대판 84도508).
5	피고인 甲에 대한 수사과정에서 담당 검사가 피의자인 甲과 그 사건에 관하

	여 대화하는 내용과 장면을 녹화한 비디오테이프에 대한 법원의 검증조서는 이러한 비디오테이프의 녹화내용이 피의자의 진술을 기재한 피의자신문조서와 실질적으로 같다고 볼 것이므로 피의자신문조서에 준하여 그 증거능력을 가려야 한다(대판 92도682).
6	서증은 일체로서 증거가 된다 할 것이므로 서류를 검증함에 있어 피의자 신문조서나 증인신문조서 중의 일부만을 발췌 검증조서를 작성하였다면 이는 적법한 검증조서의 증거능력이 없다 할 것이다(대판 69도1235).

(2) 피의자신문조서

검사 또는 사법경찰관 앞에서 피의자가 진술한 내용을 기재한 조서인 피의자신문조서를 예외적으로 증거로 할 수 있는 요건이다.

판례연구

피의자신문조서	
1	피의자의 진술을 녹취 내지 기재한 서류 또는 문서가 수사기관에서의 조사과정에서 작성된 것이라면 그것이 진술조서, 진술서, 자술서라는 형식을 취하였다 하더라도 피의자신문조서와 달리 볼 수 없다(대판 92도442). 〈연습〉 피의자의 진술을 녹취한 서류가 수사기관에서의 조사과정에서 작성된 것이고 그것이 진술조서 또는 진술서라는 형식을 취하였다면 수사기관이 작성한 피의자신문조서로 볼 수 없다.(×)
2	피고인 甲에 대한 수사과정에서 담당 검사가 피의자인 甲과 그 사건에 관하여 대화하는 내용과 장면을 녹화한 비디오테이프에 대한 법원의 검증조서는 피의자의 진술을 기재한 피의자신문조서와 실질적으로 같다고 볼 것이므로 피의자신문조서에 준하여 그 증거능력을 가려야 한다(대판 92도682).

(가) 검사작성의 피의자신문조서의 증거능력

> **제312조(검사 또는 사법경찰관의 조서 등)** ① 검사가 작성한 피의자신문조서는 적법한 절차와 방식에 따라 작성된 것으로서 공판준비, 공판기일에 그 피의자였던 피고인 또는 변호인이 그 내용을 인정할 때에 한정하여 증거로 할 수 있다.

검사가 피고인이 된 피의자의 진술을 기재한 조서는 적법한 절차와 방식에 따라 작성된 것으로서 피고인이 진술한 내용과 동일하게 기재되어 있음이 공판준비 또는 공판기일에서의 피고인의 진술에 의하여 인정되고, 그 조서에 기재된 진술이 특히 신빙할 수 있는 상태하에서 행하여졌음이 증명된 때 한하여 증거로 할 수 있다. 2020년 법개정으로 인하여 검사가 작성한 피의자신문조서도 사법경찰관이 작성한 피의자신문조서의 증거능력과 동일하게 피의자였던 피고인 또는 변호인이 그 내용을 부인하면 증거로 사용할 수 없다.

판례연구

검사작성의 의미	
1	검찰에 송치되기 전에 구속피의자로부터 받은 검사 작성의 피의자신문조서는 내용만 부인하면 증거능력을 상실하게 되는 사법경찰관 작성의 피의자신문조서상의 자백을 부당하게 유지하려는 수단으로 악용될 가능성이 있어, 송치 후에 작성된 피의자신문조서와 마찬가지로 취급하기는 어렵다(대판 94도1228).
2	피고인에 대한 피의자신문조서가 검찰주사와 검찰주사보가 담당 검사가 임석하지 아니한 상태에서 피의자였던 피고인을 번갈아가며 신문한 끝에 작성된 것으로, 담당 검사는 검찰주사 등이 피고인에 대한 조사를 끝마치고 이를 살펴본 후 개괄적으로 질문한 사실이 있을 뿐, 피의사실에 관하여 위 피고인을 직접·개별적으로 신문한 바 없는 경우, 그 증거능력 유무는 검사 이외의 수사기관이 작성한 피의자신문조서와 마찬가지 기준에 의하여 결정되어야 할 것이다(대판 2002도4372).
3	검사가 피의사실에 관하여 전반적 핵심적 사항을 질문하고 이를 토대로 그 신문에 참여한 검찰주사보가 직접 문답하여 피의자 신문조서를 작성함에 있어 검사가 신문한 사항 중에 다소 불분명한 사항이나 또는 보조적 사항(행위일시, 장소 등)에 관하여 피의자에게 직접 질문하여 이를 조서에 기재하였다 하여 이를 검사작성의 피의자 신문조서가 아니라고는 볼 수 없다(대판 84도846).

4	검사직무대리자는 법원조직법에 규정된 합의부에 심판사건에 관하여서는 기소, 불기소 등의 최종적 결정을 할 수 없음은 물론 수사도 할 수 없으므로 검사직무대리자가 작성한 합의부사건의 피고인에 대한 피의자신문조서는 증거로 할 수 없다(대판 78도49).
적법한 절차와 방식	
1	조서말미에 피고인의 서명만이 있고, 그 날인(무인 포함)이나 간인이 없는 검사 작성의 피고인에 대한 피의자신문조서는 증거능력이 없다고 할 것이고, 그 날인이나 간인이 없는 것이 피고인이 그 날인이나 간인을 거부하였기 때문이어서 그러한 취지가 조서말미에 기재되었다거나, 피고인이 법정에서 그 피의자신문조서의 임의성을 인정하였다고 하여 달리 볼 것은 아니다(대판 99도237).
2	조서말미에 피의자의 날인만이 있고 그 기명이 없는 검사의 피의자신문조서는 증거능력이 없다 할 것이다(대판 67도959).
3	검사 작성의 피의자신문조서에 작성자인 검사의 서명날인이 되어 있지 아니한 경우 그 피의자신문조서는 공무원이 작성하는 서류로서의 요건을 갖추지 못한 것으로서 위 법규정에 위반되어 무효이고 따라서 이에 대하여 증거능력을 인정할 수 없다(대판 2001도4091).
4	검사가 인지절차를 밟기 전에 수사를 하였다고 하더라도, 그 수사가 장차 인지의 가능성이 전혀 없는 상태 하에서 행해졌다는 등의 특별한 사정이 없는 한, 인지절차가 이루어지기 전에 수사를 하였다는 이유만으로 그 수사가 위법하다고 볼 수는 없고, 따라서 그 수사과정에서 작성된 피의자신문조서나 진술조서 등의 증거능력도 이를 부인할 수 없다(대판 2000도2968).
성립의 진정	
1	검사가 피의자의 진술을 기재한 조서는 공판준비 또는 공판기일에서 원진술자의 진술에 의하여 형식적 진정성립뿐만 아니라 실질적 진정성립까지 인정된 때에 한하여 비로소 증거로 사용할 수 있다고 보아야 한다(대판 전합 2002도537). 따라서 형식적 진정성립이 인정되면 실질적 진정성립이 추정된다는 판례(대판 84도748)는 폐기되었다. 〈연습〉 검사작성의 피의자신문조서는 원진술자의 진술에 의하여 형식적 진정성립이 인정되면 특별한 사정이 없는 한 실질적 진정성립이 추정되어 증

	거로 사용할 수 있다.(×)
2	피고인이 조서의 진정성립을 부인함으로써 그 조서의 증거능력을 부정하는 취지의 진술을 한 이상, 비록 그 공판 진행 중 피고인신문 또는 공동피고인에 대한 증언과정에서 그 조서의 진정성립을 인정하는 취지의 진술을 하였다고 하더라도, 그 조서의 증거능력에 관한 종전의 진술을 번복하는 것임이 분명하게 확인되는 예외적인 경우가 아니라면, 그 조서의 진정성립이 인정되었다고 할 수는 없다(대판 2008도2826).
3	공동피고인인 절도범과 그 장물범은 서로 다른 공동피고인의 범죄사실에 관하여는 증인의 지위에 있다 할 것이므로, 피고인이 증거로 함에 동의한 바 없는 공동피고인에 대한 피의자신문조서는 공동피고인의 증언에 의하여 그 성립의 진정이 인정되지 아니하는 한 피고인의 공소 범죄사실을 인정하는 증거로 할 수 없다(대판 2005도7601).
4	공범이나 제3자에 대한 검사 작성의 피의자신문조서등본이 증거로 제출된 경우 원진술자인 공범이나 제3자가 각기 자신에 대한 공판절차나 다른 공범에 대한 형사공판의 증인신문절차에서 위 수사서류의 진정성립을 인정해 놓은 것만으로는 증거능력을 부여할 수 없고, 반드시 공범이나 제3자가 현재의 사건에 증인으로 출석하여 그 서류의 성립의 진정을 인정하여야 증거능력이 인정된다(대판 99도3063).
5	수사기관이 작성한 조서의 내용이 원진술자가 진술한 대로 기재된 것이라 함은 조서 작성 당시 원진술자의 진술대로 기재되었는지의 여부만을 의미하는 것으로, 그와 같이 진술하게 된 연유나 그 진술의 신빙성 여부는 고려할 것이 아니다(대판 2005도1849).
특신상태	
1	형사소송법 제314조 단서에 규정된 진술 또는 작성이 특히 신빙할 수 있는 상태 하에서 행하여진 때라 함은 그 진술내용이나 조서 또는 서류의 작성에 허위개입의 여지가 거의 없고 그 진술내용의 신용성이나 임의성을 담보할 구체적이고 외부적인 정황이 있는 경우를 가리킨다(대판 87도81).
2	피의자이던 피고인이 공판정에서 그 진정성립을 인정한 검사작성의 피고인에 대한 피의자신문조서는 그 조서에 기재된 피고인의 진술이 임의로 되지 아니한 것이라거나 특히 신빙할 수 없는 상태에서 된 것이라고 의심할만한 사유가 없으면 증거능력이 있다(대판 87도1507).

3	피고인이 된 피의자의 진술을 기재한 검사 작성의 피의자신문조서가 그 실질적 진정성립이 인정되지 아니한다면 그 조서에 기재된 피고인의 진술이 특히 신빙할 수 있는 상태 하에서 행하여졌다고 하더라도 이를 증거로 사용할 수 없다(대판 2006도7342).
제314조 적용여부	
검사 작성의 공소외 (갑)에 대한 피의자 신문조서는 제1심에서의 동인에 대한 증인 소환장이 소재불명으로 송달불능이 되고 소재탐지 촉탁에 의하여도 거주지를 확인할 방도가 없어 그 진술을 들을 수 없는 사정이 있고 그 조서의 내용에 의하면 특히 신빙할 수 있는 상태 하에서 작성된 것으로 보여지므로 원심이 형사소송법 제314조에 의하여 증거능력을 인정한 조치는 정당하다(대판 83도2945).	

(나) 사법경찰관작성의 피의자신문조서의 증거능력

> 제312조(검사 또는 사법경찰관의 조서 등) ③ 검사 이외의 수사기관이 작성한 피의자신문조서는 적법한 절차와 방식에 따라 작성된 것으로서 공판준비 또는 공판기일에 그 피의자였던 피고인 또는 변호인이 그 내용을 인정할 때에 한하여 증거로 할 수 있다.

검사 이외의 수사기관이 작성한 피의자신문조서는 적법한 절차와 방식에 따라 작성된 것으로서 공판준비 또는 공판기일에 그 피의자였던 피고인 또는 변호인이 그 내용을 인정할 때에 한하여 증거로 할 수 있다. 검사 이외의 수사기관에는 사법경찰관(제243조)이외에 사법경찰관사무취급의 자격을 가진 사법경찰리도 포함된다(대판 82도1080).

판례연구

사법경찰관 작성	
1	검찰에 송치되기 전에 구속피의자로부터 받은 검사 작성의 피의자신문조서는 극히 이례에 속하는 것으로, 사법경찰관 작성의 피의자신문조서상의 자

	백 등을 부당하게 유지하려는 수단으로 악용될 가능성이 있어, 그렇게 했어야 할 특별한 사정이 보이지 않는 한 송치 후에 작성된 피의자신문조서와 마찬가지로 취급하기는 어렵다(대판 94도1228).
2	검찰주사가 검사의 지시에 따라 검사가 참석하지 않은 상태에서 피의자였던 피고인을 신문하여 작성하고 검사는 검찰주사의 조사 직후 피고인에게 개괄적으로 질문한 사실이 있을 뿐인데도 검사가 작성한 것으로 되어 있는 피고인에 대한 피의자신문조서는 형사소송법 제312조 제1항 소정의 "검사가 피의자나 피의자 아닌 자의 진술을 기재한 조서"에 해당하지 않는 것임이 명백하다(대판 90도1483).
3	검사 이외의 수사기관에는 달리 특별한 사정이 없는 한 외국의 권한 있는 수사기관도 포함된다(대판 2003도6548).
내용인정	
1	[1] 형사소송법 제312조 제2항에서 "그 내용을 인정할 때"라 함은 검사 이외의 수사기관 작성의 피의자신문조서의 기재내용이 진술내용대로 기재되어 있다는 의미가 아니고 그와 같이 진술한 내용이 실제 사실과 부합한다는 것을 의미한다. [2] 피고인이 검찰 이래 원심법정에 이르기까지 사법경찰리 앞에서의 자백이 허위였다고 일관되게 진술하고 있다면 결국 사법경찰리 작성의 피의자신문조서의 진술내용을 인정하지 않는 것이라고 보아야 한다(대판 94도1735).
2	공소사실이 제2심 제4회 공판기일부터 피고인이 공소사실을 일관되게 부인하여 경찰 작성 피의자신문조서의 진술 내용을 인정하지 않는 경우, 제1심 제4회 공판기일에 피고인이 위 서증의 내용을 인정한 것으로 공판조서에 기재된 것은 착오 기재 등으로 보아 위 피의자신문조서의 증거능력을 부정하여야 한다(대판 2010도5040).
3	당해 피고인과 공범관계에 있는 공동피고인에 대해 검사 이외의 수사기관이 작성한 피의자신문조서는 그 공동피고인의 법정진술에 의하여 성립의 진정이 인정되더라도 당해 피고인이 공판기일에서 그 조서의 내용을 부인하면 증거능력이 부정된다. 그리고 공동피고인이 법정에서 경찰수사 도중 피의자신문조서에 기재된 것과 같은 내용으로 진술하였다는 취지로 증언하였다고 하더라도, 이는 피의자신문조서의 진정성립을 인정하는 취지에 불과하여 증거능력이 부정된다(대판 2009도1889).

	〈연습〉 피고인과 공범관계에 있는 공동피고인에 대하여 검사 이외의 수사기관이 작성한 피의자신문조서는 그 공동피고인의 법정 진술에 의하여 성립의 진정이 인정되면 당해 피고인이 공판기일에서 그 조서의 내용을 부인하더라도 증거능력이 인정된다.(×)
적용범위	
1	형사소송법 제312조 제3항은 피고인에 대한 검사 이외의 수사기관이 작성한 피의자신문조서를 유죄의 증거로 하는 경우뿐만 아니라 피고인과 공범관계에 있는 다른 피고인 또는 피의자에 대한 검사 이외의 수사기관이 작성한 피의자신문조서를 피고인에 대한 유죄의 증거로 채택한 경우에도 적용되어야 한다(대판 87도1020). 〈연습〉 甲과 乙이 같이 재물을 절취한 혐의로 각 특수절도죄로 기소되어 공동피고인이 된 경우, 甲의 범행을 인정하는 진술을 한 사법경찰관 작성의 乙에 대한 피의자신문조서에 대하여 이를 甲의 범행에 대한 증거로서 증거능력을 인정하기 위해서는 형사소송법 제312조 제4항의 요건을 갖추어야 하고 진정 성립을 인정하는 乙의 진술은 증인신문 절차에 따라야 한다.(×)
2	형사소송법 제312조 제3항은 전혀 별개의 사건에서 피의자였던 피고인에 대한 검사 이외의 수사기관 작성의 피의자신문조서도 그 적용대상으로 하고 있는 것이다(대판 94도2287).
3	피의자신문조서에 기재됨이 마땅한 피의자의 진술내용을 진술서의 형식으로 피의자로 하여금 기재하여 제출케 한 경우 그 진술서의 증거능력 유무는 검사 이외의 수사기관이 작성한 피의자신문조서와 마찬가지로 형사소송법 제312조 제3항에 따라 결정되어야 할 것이다(대판 전합 82도1479).
4	사법경찰관이 작성한 검증조서에 피의자이던 피고인이 검사 이외의 수사기관 앞에서 자백한 범행내용을 현장에 따라 진술·재연한 내용이 기재되고 그 재연 과정을 촬영한 사진이 첨부되어 있다면, 그러한 기재나 사진은 피고인이 공판정에서 그 진술내용 및 범행재연의 상황을 모두 부인하는 이상 증거능력이 없다(대판 2003도6548). 〈연습〉 사법경찰관 작성의 검증조서 중 피고인 진술 기재부분 및 범행재연의 사진부분에 대하여 피고인에 의한 진정함이 없더라도 전체로서 증거능력이 없어지는 것은 아니다.(×)
5	피의자이던 피고인이 사법경찰리의 면전에서 자백한 진술에 따라 사고 당시의 상황을 재현한 사진과 그 진술내용으로 된 사법경찰리 작성의 실황조사

서는 피고인이 공판정에서 그 범행 재현의 상황을 모두 부인하고 있는 이상 이를 범죄사실의 인정자료로 할 수 없다(대판 89도1557).
〈연습〉 피의자였던 피고인이 사고당시의 상황을 재현한 사진과 그 진술내용으로 된 사법경찰리 작성의 실황조사서는 피고인이 내용을 부인하여도 증거사용이 가능하다.(×)

제314조 적용여부

형사소송법 제312조 제3항은 당해 피고인과 공범관계에 있는 다른 피고인이나 피의자에 대한 피의자신문조서를 당해 피고인에 대한 유죄의 증거로 채택할 경우에도 적용되는 바, 당해 피고인과 공범관계가 있는 다른 피의자에 대한 검사 이외의 수사기관 작성의 피의자신문조서는 그 피의자의 법정진술에 의하여 그 성립의 진정이 인정되더라도 당해 피고인이 공판기일에서 그 조서의 내용을 부인하면 증거능력이 부정되므로 그 당연한 결과로 그 피의자신문조서에 대하여는 사망 등 사유로 인하여 법정에서 진술할 수 없는 때에 예외적으로 증거능력을 인정하는 규정인 형사소송법 제314조가 적용되지 아니한다(대판 전합 2003도7185).
〈연습〉 피고인과 공범관계에 있는 다른 피의자에 대한 사법경찰관 작성의 피의자신문조서는 당해 피고인이 공판기일에서 그 조서의 내용을 부인하더라도 공범관계에 있는 그 피의자가 사망 등 사유로 인하여 법정에서 진술할 수 없는 때에는 형사소송법 제314조에 의해서 예외적으로 증거능력을 인정할 수 있다.(×)

(3) 진술조서

제312조(검사 또는 사법경찰관의 조서 등) ④ 검사 또는 사법경찰관이 피고인이 아닌 자의 진술을 기재한 조서는 적법한 절차와 방식에 따라 작성된 것으로서 그 조서가 검사 또는 사법경찰관 앞에서 진술한 내용과 동일하게 기재되어 있음이 원진술자의 공판준비 또는 공판기일에서의 진술이나 영상녹화물 또는 그 밖의 객관적인 방법에 의하여 증명되고, 피고인 또는 변호인이 공판준비 또는 공판기일에 그 기재 내용에 관하여 원진술자를 신문할 수 있었던 때에는 증거로 할 수 있다. 다만, 그 조서에 기재된 진술이 특히 신빙할 수 있는 상태하에서 행하여졌음이 증명된 때에 한한다.

(가) 의의 진술조서란 검사 또는 사법경찰관이 피고인이 아닌 자(참고인, 피해자 등)의 진술을 기재한 조서를 말한다. 공동피고인에 대한 피의자신문조서도 제312조 제4항의 적용을 받는다.

(나) 증거능력의 인정요건 검사 또는 사법경찰관이 아닌 자의 진술을 기재한 조서는 우선 적법한 절차와 방식에 따라 작성된 것이어야 한다.

판례연구

적법한 절차와 방식	
1	외국에서 거주하는 참고인과의 전화 대화내용을 문답형식으로 기재한 검찰주사보 작성의 수사보고서는 제313조의 진술을 기재한 서류에 해당하여야만 제314조의 적용 여부가 문제될 것인 바, 제313조가 적용되기 위하여는 그 진술을 기재한 서류에 그 진술자의 서명 또는 날인이 있어야 한다(대판 98도2742).
2	사법경찰리 작성의 피해자에 대한 진술조서가 피해자의 화상으로 인한 서명불능을 이유로 입회하고 있던 피해자의 동생에게 대신 읽어 주고 그 동생으로 하여금 서명날인하게 하는 방법으로 작성된 경우, 이는 형사소송법 제313조 제1항 소정의 형식적 요건을 결여한 서류로서 증거로 사용할 수 없다(대판 96도2865). 〈연습〉 사법경찰리 작성의 피해자에 대한 진술조서가 조사 과정에 입회하고 있던 피해자의 동생으로 하여금 서명날인하게 하는 방법으로 작성되었다 하더라도 피해자가 화상으로 인하여 서명을 할 수 없었기 때문이라면 형사소송법 제313조 제1항의 형식적 요건을 결여하였다고 볼 수 없으므로 증거로 사용할 수 있다.(×)
성립의 진정	
1	피의자 아닌 자의 진술을 기재한 조서는 공판정에서 원진술자의 진술에 의하여 그 성립의 진정함이 인정된 것이 아니면 설사 공판정에서 피고인이 그 성립을 인정하여도 이를 증거로 할 수 있음에 동의한 것이 아닌 이상 증거로 할 수 없다(대판 83도196).
2	증인이 법정에서 이 건으로 검찰, 경찰에서 진술한 내용이 틀림없다는 증언을 하고 있을 뿐인 경우에는 위 진술만으로는 진술조서의 진정성립을 인정

	하기 부족하다(대판(전) 76도3962).
3	경찰에서의 피의자신문조서 중 공소 외 1의 진술기재 부분은 동인이 제1심 공판정에서 증인으로서 검사의 신문에 대하여 위 경찰에서의 진술을 번복하여 경찰에서 조사할 때에는 그렇게 진술했으나 사실은 그런 게 아닙니다라고 진술한 것만으로는 그 진정성립을 인정하기 부족하다(대판 80도5).
4	원진술자인 위 공소외인이 검사나 재판장의 신문에 대하여 수사기관에서 사실대로 진술하였다는 취지의 증언만을 하고 있을 뿐이라면, 그 피의자신문조서와 진술조서는 증거능력이 없다(대판 94도343).
5	증인 등이 공판정에서 증인으로 진술함에 있어서 검사심문에 대하여 단지 검찰, 경찰에서 이 건에 대하여 사실대로 진술하고 그 진술조서에 서명무인한 사실이 있다는 취지의 진술만으로서는 곧 이 건 기록에 철하여져 있는 동인 등의 검찰과 경찰에서의 진술조서의 진정성립을 인정하기에는 부족하다고 할 것이므로 위 진술조서를 증거로 인용할 것은 적법하다고 할 수 없다(대판 전합 76도2118).
관련문제	
1	검사작성의 피고인에 대한 진술조서가 공소제기 후에 작성된 것이라는 이유만으로는 곧 그 증거능력이 없다고 할 수 없다(대판 84도1646).
2	만약 동석한 사람이 피의자를 대신하여 진술한 부분이 조서에 기재되어 있다면 그 부분은 피의자의 진술을 기재한 것이 아니라 동석한 사람의 진술을 기재한 조서에 해당하므로, 그 사람에 대한 진술조서로서의 증거능력을 취득하기 위한 요건을 충족하지 못하는 한 이를 유죄 인정의 증거로 사용할 수 없다(대판 2009도1322). 〈연습〉 검사 또는 사법경찰관이 피의자를 신문하면서 피의자와 신뢰 관계에 있는 자를 동석하게 한 경우, 경우에 따라 동석한 사람으로 하여금 피의자를 대신하여 진술하도록 할 수 있으며, 이 경우 동석한 사람이 피의자를 대신하여 진술한 부분이 조서에 기재되어 있다면 그 부분은 피의자의 진술을 기재한 것이 된다.(×) 〈연습〉 피의자와 동석한 신뢰관계에 있는 자가 피의자를 대신하여 진술한 부분이 조서에 기재되어 있는 경우, 그 부분은 동석한 사람에 대한 진술조서로서의 증거능력을 취득하기 위한 요건을 충족하지 않았다 하더라도 이를 유죄 인정의 증거로 사용할 수 있다.(×)

(4) 진술서

(가) 의의 진술서란 피고인, 피의자 또는 참고인이 스스로 자기의 의사·사상·관념 및 사실관계 등을 기재한 서면으로, 피의자 또는 참고인 진술서 등이 있고, 자술서나 시말서 등 명칭 이하를 불문하고 자필일 것도 요구되지 않으며, 메모나 일기, 컴퓨터 디스켓에 들어 있는 것도 진술서에 해당한다.

(나) 수사과정에서 작성한 진술서

제312조(검사 또는 사법경찰관의 조서 등) ⑤ 제1항부터 제4항까지의 규정은 피고인 또는 피고인이 아닌 자가 수사과정에서 작성한 진술서에 관하여 준용한다.

(다) 그 밖의 과정에서 작성한 진술서

제313조(진술서등) ① 전2조의 규정 이외에 피고인 또는 피고인이 아닌 자가 작성한 진술서나 그 진술을 기재한 서류로서 그 작성자 또는 진술자의 자필이거나 그 서명 또는 날인이 있는 것(피고인 또는 피고인 아닌 자가 작성하였거나 진술한 내용이 포함된 문자·사진·영상 등의 정보로서 컴퓨터용디스크, 그 밖에 이와 비슷한 정보저장매체에 저장된 것을 포함한다. 이하 이 조에서 같다)은 공판준비나 공판기일에서의 그 작성자 또는 진술자의 진술에 의하여 그 성립의 진정함이 증명된 때에는 증거로 할 수 있다. 단, 피고인의 진술을 기재한 서류는 공판준비 또는 공판기일에서의 그 작성자의 진술에 의하여 그 성립의 진정함이 증명되고 그 진술이 특히 신빙할 수 있는 상태하에서 행하여 진 때에 한하여 피고인의 공판준비 또는 공판기일에서의 진술에 불구하고 증거로 할 수 있다. ② 제1항 본문에도 불구하고 진술서의 작성자가 공판준비나 공판기일에서 그 성립의 진정을 부인하는 경우에는 과학적 분석결과에 기초한 디지털포렌식 자료, 감정 등 객관적 방법으로 성립의 진정함이 증명되는 때에는 증거로 할 수 있다. 다만, 피고인 아닌 자가 작성한 진술서는 피고인 또는 변호인이 공판준비 또는 공판기일에 그 기재 내용에 관하여 작성자를 신문할 수 있었을 것을 요한다.

판례연구

1	진술서에 작성자의 서명이나 날인이 없고, 단지 기명 다음에 싸인이 되어 있을 뿐이어도 당사자가 증거로 함에 동의하고 있는 위 진술서를 증거로 한 조치는 정당하다(대판 79도1431).
2	컴퓨터 디스켓에 담긴 문건이 증거로 사용되는 경우 그 기재 내용의 진실성에 관하여는 문법칙이 적용된다 할 것이고, 형사소송법 제313조 제1항 본문에 의하여 그 작성자 또는 진술자의 진술에 의하여 그 성립의 진정함이 인정된 때에는 이를 증거로 사용할 수 있다(대판 2000도486).
3	사법경찰관이 피의자를 조사하는 과정에서 피의자의 진술내용을 진술서의 형식으로 피의자로 하여금 기하여 제출케 한 경우 그 진술서의 증거능력 유무는 사법경찰관 작성의 피의자신문조서와 마찬가지로 형사소송법 제312조 제3항에 따라 결정되어야 할 것이다(대판 전합 82도1479).
4	피고인의 자필로 작성된 진술서의 경우에는 서류의 작성자가 동시에 진술자이므로 진정하게 성립된 것으로 인정되어 형사소송법 제313조 단서에 의하여 그 진술이 특히 신빙할 수 있는 상태 하에서 행하여진 때에는 증거능력이 있다(대판 2000도1743).
5	공판준비 또는 공판기일에서 이미 증언을 마친 증인을 검사가 소환한 후 피고인에게 유리한 그 증언 내용을 추궁하여 이를 일방적으로 번복시키는 방식으로 작성한 진술조서를 유죄의 증거로 삼는 것은 당사자주의·공판중심주의·직접주의를 지향하는 현행 형사소송법의 소송구조에 어긋나는 것일 뿐만 아니라, 헌법 제27조가 보장하는 기본권인 재판을 받을 권리를 침해하는 것이므로, 이러한 진술조서는 피고인이 증거로 할 수 있음에 동의하지 아니하는 한 그 증거능력이 없다고 하여야 할 것이고, 이러한 법리는 검사가 공판준비 또는 공판기일에서 이미 증언을 마친 증인을 소환하여 피고인에게 유리한 그 증언내용을 추궁한 다음 진술조서를 작성하는 대신 그로 하여금 본인의 증언내용을 번복하는 내용의 진술서를 작성하도록 하여 법원에 제출한 경우에도 마찬가지로 적용된다(대판 2012도534).

(5) 수사기관의 검증조서

제312조(검사 또는 사법경찰관의 조서 등) ⑥ 검사 또는 사법경찰관이 검증의 결과를 기재한 조서는 적법한 절차와 방식에 따라 작성된 것으로서 공판준비 또는 공판기일에서의 작성자의 진술에 따라 그 성립의 진정함이 증명된 때에는 증거로 할 수 있다.

(가) 의의 수사기관이 검증을 실시하고 그 결과를 기재한 서면을 검증조서라고 한다. 검증이란 인간의 오관의 작용에 의하여 사람·물건·장소의 성질과 상태를 인식하는 강제처분을 말한다. 수사기관의 검증조서에는 수사기관의 영장에 의한 검증(제215조)과 영장에 의하지 아니하는 검증(제216조·제217조, 당사자 참여×) 및 승낙에 의한 검증 등의 결과를 기재한 조서뿐만 아니라 당해 사건 이외 다른 사건의 검증조서도 포함된다.

(나) 증거능력 인정요건 적법한 절차와 방식에 따라 작성된 것으로서(적법성), 공판준비 또는 공판기일에서의 작성자의 진술에 따라 그 성립의 진정함이 증명된 때(성립의 진정)에는 증거로 할 수 있다.

판례연구

1	수사보고서에 검증의 결과에 해당하는 기재가 있는 경우, 그 기재 부분은 검찰사건사무규칙 제17조에 의하여 검사가 범죄의 현장 기타 장소에서 실황조사를 한 후 작성하는 실황조서 또는 사법경찰관리집무규칙 제49조 제1항, 제2항에 의하여 사법경찰관이 수사상 필요하다고 인정하여 범죄현장 또는 기타 장소에 임하여 실황을 조사할 때 작성하는 실황조사서에 해당하지 아니하며, 단지 수사의 경위 및 결과를 내부적으로 보고하기 위하여 작성된 서류에 불과하므로 그 안에 검증의 결과에 해당하는 기재가 있다고 하여 이를 형사소송법 제312조 제1항의 '검사 또는 사법경찰관이 검증의 결과를 기재한 조서'라고 할 수 없을 뿐만 아니라 이를 같은 법 제313조 제1항의 '피고인 또는 피고인이 아닌 자가 작성한 진술서나 그 진술을 기재한 서류'라고 할 수도 없고, 같은 법 제311조, 제315조, 제316조의 적용대상이 되지

	아니함이 분명하므로 그 기재 부분은 증거로 할 수 없다(대판 2000도2933).
2	사법경찰관이 작성한 검증조서에 피의자이던 피고인이 검사 이외의 수사기관 앞에서 자백한 범행내용을 현장에 따라 진술·재연한 내용이 기재되고 그 재연 과정을 촬영한 사진이 첨부되어 있다면, 그러한 기재나 사진은 피고인이 공판정에서 그 진술내용 및 범행재연의 상황을 모두 부인하는 이상 증거능력이 없다(대판 2003도6548).

(다) 실황조사서 실황조사서는 임의수사의 한 방식으로 수사기관이 범죄현장(교통사고, 화재사고 등)에 임하여 실황을 조사하고 기재한 서면을 말한다. 실황조사서는 실질적으로 수사기관의 검증과 동일한 처분이라는 점에서 검증조서와 같이 제312조 제6항이 적용된다.

판례연구

1	사법경찰관 사무취급이 작성한 실황조서가 사고발생 직후 사고 장소에서 긴급을 요하여 판사의 영장 없이 시행된 것으로서 형사소송법 제216조 제3항에 의한 검증에 따라 작성된 것이라면 사후영장을 받지 않는 한 유죄의 증거로 삼을 수 없다(대판 88도1399).
2	사법경찰관 사무취급이 행한 검증이 사건발생 후 범행 장소에서 긴급을 요하여 판사의 영장 없이 시행된 것이라면 이는 검증이라 할 것임에도 불구하고 기록상 사후영장을 받은 흔적이 없다면 이러한 검증조서는 유죄의 증거로 할 수 없다(대판 83도3006).
3	형사소송법 제312조 제1항 본문의 원진술자라 함은 그 검증조서의 작성자를 말하는 것이고 검증에 참여한데 불과한 자는 이에 해당되지 아니한다(대판 76도500).
4	사법경찰리가 작성한 압수조서는, 피고인이 공판정에서 증거로 함에 동의하지 아니하였고 원진술자의 증언에 의하여 성립의 진정함이 인정된 바도 없다면 증거로 쓸 수 없다(대판 94도1476).
5	사법경찰관 작성의 검증조서 중 피고인의 진술기재 부분과 범행재연의 사진영상에 관한 부분에 대하여 원진술자이며, 행위자인 피고인에 의하여 진

	술 및 범행재연의 진정함이 인정되지 아니하는 경우 그 부분은 증거능력이 없다(대판 87도2692). 〈연습〉 사법경찰관 작성의 검증조서 중 피고인 진술 기재부분 및 범행재연의 사진부분에 대하여 피고인에 의한 진정함이 없더라도 전체로서 증거능력이 없어지는 것은 아니다.(×)

(6) 감정서

제313조(진술서등) ③ 감정의 경과와 결과를 기재한 서류도 제1항 및 제2항과 같다

(가) 의의 감정서란 감정의 경과와 결과를 기재한 서면을 말한다.

(나) 범위 감정은 법원의 명령에 의한 경우(감정인의 감정보고서 제출, 제171조)와 수사기관의 촉탁에 의한 경우(감정수탁자의 감정서 제출, 제221조의3)가 있다. 사인이 의뢰하여 의사가 작성한 진단서는 감정서가 아니라 진술서에 해당한다.

(다) 증거능력 진술서에 준하여 증거능력이 인정된다(성립의 진정). 감정인의 진술불능의 경우에는 제314조를 적용하여 증거능력을 인정할 수 있다.

판례연구

1	사인인 의사가 작성한 진단서는 증거법칙상 당연히 증거능력이 있는 서류로는 볼 수 없다(대판 69도179).
2	국립과학수사연구소장 작성의 감정의뢰 회보서는 공무원인 위 연구소장이 직무상 증명할 수 있는 사항에 관하여 작성한 문서라고 할 것이므로 당연히 증거능력 있는 서류라고 할 것이다(대판 82도1504).
3	육군과학수사연구소 실험분석관이 작성한 감정서는 피고인들이 이를 증거로 함에 동의하지 아니하는 경우에는 유죄의 증거로 할 수 있는 증거능력이 없다(대판 76도2960).

(7) 증거능력에 대한 예외(제314조)

제314조(증거능력에 대한 예외) 제312조 또는 제313조의 경우에 공판준비 또는 공판기일에 진술을 요하는 자가 사망·질병·외국거주·소재불명 그 밖에 이에 준하는 사유로 인하여 진술할 수 없는 때에는 그 조서 및 그 밖의 서류(피고인 또는 피고인 아닌 자가 작성하였거나 진술한 내용이 포함된 문자·사진·영상 등의 정보로서 컴퓨터용디스크, 그 밖에 이와 비슷한 정보저장매체에 저장된 것을 포함한다)를 증거로 할 수 있다. 다만, 그 진술 또는 작성이 특히 신빙할 수 있는 상태하에서 행하여졌음이 증명된 때에 한한다.

(가) 의의 제314조는 서증의 증거능력을 지나치게 제한하면 이를 사실인정의 자료로 사용하지 못하게 되어 확실한 범죄인을 처벌할 수 없게 되는 것을 방지하기 위한 것이다.

(나) 적용범위

① 피의자신문조서 당해피고인에 대한 피의자신문조서, 공범 또는 공동피고인에 대한 피의자신문조서

② 진술조서 등 진술조서, 진술서, 검증조서, 감정서 등의 경우에도 제341조가 적용된다. 외국수사기관이 작성한 문서도 적용된다.

(다) 증거능력 인정요건(필요성, 특신상태)

판례연구

적용범위	
1	제314조 중 외국거주에 관한 부분은 법관의 보충적인 가치판단을 통해서 그 의미내용을 확인할 수 있으므로 명확성의 원칙에도 반하지 않으며, 무죄추정의 원칙에 반하는 것이라고 할 수 없고 공정한 재판을 받을 권리를 침해하는 것도 아니다(헌재 2004헌바45).
2	범행 직후 미합중국 주검찰 수사관이 작성한 피해자 및 공범에 대한 질문서와 우리나라 법원의 형사사법공조 요청에 따라 미합중국 법원의 지명을

	받은 미합중국 검사가 작성한 피해자 및 공범에 대한 증언녹취서는 이를 형사소송법 제315조 소정의 당연히 증거능력이 인정되는 서류로는 볼 수 없다고 하더라도, 같은 법 제312조 또는 제313조에 해당하는 조서 또는 서류로서 형사소송법 제314조의 규정에 의하여 그 증거능력을 인정할 수 있다(대판 97도1351).
3	검사작성의 공소외(갑)에 대한 피의자신문조서는 제1심에서 동인에 대한 증인 소환장이 소재불명으로 송달불능이 되고 소재탐지촉탁에 의하여도 거주지를 확인할 방도가 없어 그 진술을 들을 수 없는 사정이 있고 그 조서의 내용에 의하면 특히 신빙할 수 있는 상태 하에서 작성된 것으로 보여지므로 원심이 형사소송법 제315조에 의하여 증거능력을 인정한 조치는 정당하다(대판 83도2945).
외국거주	
1	형사소송법 제314조의 '외국거주'라 함은 진술을 요할 자가 외국에 있다는 것만으로는 부족하고, 그 진술자로 하여금 공판정에 출석하여 진술할 기회를 충분히 제공하며, 그 밖에 그를 공판정에 출석시켜 진술하게 할 모든 수단을 강구하는 등 가능하고 상당한 수단을 다하더라도 그 진술을 요할 자를 법정에 출석하게 할 수는 없는 사정이 있어야 예외적으로 그 요건이 충족된다(대판 2007도10004).
2	공소외 1은 차량공급업체 선정과 관련한 특정범죄가중처벌등에관한법률위반(알선수재) 혐의로 수사를 받던 중 미국으로 불법 도피하여 그곳에 거주하고 있고, 이러한 공소외 1에 대하여 그 소재를 확인하여 소환장을 발송한다고 하더라도 공소외 1이 법정에 증인으로 출석할 것을 기대하기는 어렵다고 할 것이므로, 공소외 1이 미국에 거주하고 있는 사실이 확인된 후 검찰이 공소외 1의 미국 내 소재를 확인하여 증인소환장을 발송하는 등의 조치를 다하지 않았다고 하더라도 위 첫 번째 요건은 충족이 되었다고 할 것이다(대판 2001도5666).
소재불명	
1	소환장이 주소불명 등으로 송달불능이 되어 소재탐지촉탁까지 하여 소재수사를 하였어도 그 소재를 확인할 수 없는 경우도 형사소송법 제314조 소정의 '진술을 요할 자가 사망, 질병 기타 사유로 인하여 진술할 수 없을 때'에 해당한다고 할 것이다(대판 2003도171).

2	피해자에 대한 증인소환장의 송달이 불능되고 무단전출 또는 주민등록 미등재 등의 사유로 그 소재를 확인할 방도가 없었다면 피해자의 진술을 청취할 수 없는 사유가 있고 피해자에 대한 진술조서가 신빙할 수 있는 상태에서 작성된 것이라고 볼 수 있는 사정이 있는 경우에는 그 진술조서는 증거능력이 있다(대판 83도931).
3	형사소송법 제314조의 이른바 공판기일에 진술을 요할 자가 사망, 질병 기타의 사유로 인하여 진술할 수 없는 때라고 함은 그 진술을 요할 자가 주소지를 떠나 그 주소를 알 수 없어 이를 공판기일에 출석하게 할 수 없으므로 인하여 진술할 수 없는 경우도 이에 포함된다 할 것이다(대판 84도1734).
4	진술을 요할 자가 일정한 주거를 가지고 있더라도 법원의 소환에 계속 불응하고 구인하여도 구인장이 집행되지 아니하는 등 법정에서의 신문이 불가능한 상태의 경우에는 형사소송법 제314조 소정의 "공판정에 출정하여 진술을 할 수 없는 때"에 해당한다(대판 2000도1765).
기타사유에 해당하는 경우	
1	피해자는 제1심에서 증인으로 소환당할 당시부터 노인성 치매로 인한 기억력 장애, 분별력 상실 등으로 인하여 진술할 수 없는 상태 하에 있었고 특히 신빙할 수 있는 상태 하에서 행하여진 것이라고 보여지므로, 형사소송법 제315조에 의하여 증거능력이 있는 증거라 할 것이다(대판 91도2281).
2	검사와 사법경찰관사무취급이 작성한 甲에 대한 각 진술조서 중 피해자 乙의 진술기재 부분에 관하여 원진술자인 피해자 乙이 각 법정에서 그 진정성립을 인정한 바는 없으나, 이 사건과 같이 피해자 乙이 공판정에서 진술을 한 경우라도 증인신문 당시 일정한 사항에 관하여 기억이 나지 않는다는 취지로 진술하여 그 진술의 일부가 재현 불가능하게 된 경우도 위 조항이 규정하는 '원진술자가 진술을 할 수 없는 때'에 해당한다(대판 99도3786).
기타사유에 해당되지 않는 경우	
1	형사소송법 제314조 소정의 공판준비 또는 공판기일에 진술을 요할 자가 사망, 질병 이외의 기타 사유로 인하여 진술할 수 없을 때라 함은 소환장이 주소불명으로 송달불능 된 경우만으로는 부족하고, 송달불능이 되어 소재탐지 촉탁까지 하여 소재수사를 하였어도 그 소재를 확인할 수 없어 출석하지 아니한 경우라야 이에 해당한다(대판 84도1697).

2	단지 소환장이 주소불명 등으로 송달불능 되었다거나 소재탐지촉탁을 하였으나 그 회보가 오지 않은 상태인 것만으로는 이에 해당한다고 보기에 부족하다(대판 96도575).
3	증인의 주소지가 아닌 곳으로 소환장을 보내 송달불능이 되자 그 곳을 중심한 소재탐지 끝에 소재불능회보를 받은 경우에는 형사소송법 제314조에서 말하는 원진술자가 공판정에서 진술할 수 없는 때라고 할 수 없다(대판 79도1002).
4	제1심법원은 피해자와 공소외 2를 증인으로 채택하여 수 회에 걸쳐 증인소환장의 송달을 실시하였으나 송달이 되지 아니하자, 증인에 대한 소재탐지 촉탁을 하는 등 소재수사를 한 바 없이 증인 채택을 취소하고 위 경찰 진술조서 등을 증거로 채택하여 조사한 사실을 알 수 있다. 앞서 본 법리에 비추어 살펴보면, 위 경찰 진술조서 등은 '공판기일에 진술을 요하는 자가 소재불명, 그 밖에 이에 준하는 사유로 인하여 진술할 수 없는 때'에 해당하지 아니하여 형사소송법 제314조에 의하여 증거능력이 인정될 수 없다 할 것이다(대판 2010도2602).
5	소환장이 송달불능 된 자에 대하여는 소재탐사도 한 바 없이 또 소환을 받고도 2회나 출석하지 아니한 자에 대하여는 구인신청도 하지 아니한 채 검사가 도리어 양자의 소환신청을 철회함으로써 그들에 대한 각 진술조서의 성립의 진정을 증명하기 위한 공판정에서의 신문을 할 수 없게 된 경우에는 본조 소정의 증거능력에 대한 예외를 인정할 것이 아니다(대판 69도364).
특신상태	
1	검사 및 사법경찰관 작성의 증인에 대한 진술조서의 진술내용이 상치되어 어느 진술이 진실인지 알 수 없을 뿐 아니라 동인이 제1심법정에서 증인으로 채택되어 소환장을 두 번이나 받고도 소환에 불응하고 주소지를 떠나 행방을 감춘 경우라면 동인의 위 진술이 특히 신빙할 수 있는 상태에서 행하여진 것으로 볼 수 없다(대판 85도2788.)
2	형사소송법 제314조 단서에 규정된 진술 또는 작성이 특히 신빙할 수 있는 상태 하에서 행하여진 때라 함은 그 진술내용이나 조서 또는 서류의 작성에 허위개입의 여지가 거의 없고 그 진술내용의 신용성이나 임의성을 담보할 구체적이고 외부적인 정황이 있는 경우를 가리킨다(대판 87도81).

(8) 당연히 증거능력 있는 서류

제315조(당연히 증거능력이 있는 서류) 다음에 게기한 서류는 증거로 할 수 있다. 1. 가족관계기록사항에 관한 증명서, 공정증서등본 기타 공무원 또는 외국공무원의 직무상 증명할 수 있는 사항에 관하여 작성한 문서 2. 상업장부, 항해일지 기타 업무상 필요로 작성한 통상문서 3. 기타 특히 신용할 만한 정황에 의하여 작성된 문서

(가) 의의 제315조의 서류는 당연히 증거능력이 인정되는 서류로서 이러한 서류들은 신용성이 높고 작성자를 증인으로 신문하는 것이 부적당하거나 실익이 없기 때문에 증거능력을 인정하도록 한 것이다.

(나) 제315조의 서류 공권적 증명문서, 업무상 작성된 통산문서, 기타 신용문서

판례연구

공권적 증명문서	
1	특별한 자격이 있지는 아니하나 범칙물자에 대한 시가감정 업무에 4-5년 종사해온 세무공무원이 세관에 비치된 기준과 수입신고서에 기재된 가격을 참작하여 작성한 감정서는 형사소송법 제315조 제1호에 의하여 당연히 증거능력이 있다고 할 것이며, 또 그 증명력에 무슨 하자가 있다고도 할 수 없다(대판 85도225).
2	보건사회부장관의 마약인 메사돈에 대한 시가 조사보고서는 본조에 의하여 당연히 증거능력이 있다(대판 67도544).
3	군의관이 작성한 진단서는 공무원이 직무상 증명할 수 있는 사항에 관하여 작성한 문서이므로 그 증거조사를 거친 이상 당연히 증거능력이 있다(대판 72도922).
4	국립과학수사연구소장 작성의 감정의뢰 회보서는 공무원인 위 연구소장이 직무상 증명할 수 있는 사항에 관하여 작성한 문서라고 할 것이므로 당연

<table>
<tr><td></td><td>히 증거능력 있는 서류라고 할 것이다(대판 82도1504).</td></tr>
<tr><td>5</td><td>외국공무원이 직무상 증명할 수 있는 사항에 관하여 작성한 문서는 이를 증거로 할 수 있으므로, 원심이 이 사건 일본하관세관서 통괄심리관 작성의 범칙물건감정서등본과 분석의뢰서 및 분석 회답서등본 등을 증거로 하였음은 적법하다(대판 83도3145).</td></tr>
<tr><td colspan="2">업무상 작성된 통상문서</td></tr>
<tr><td colspan="2">성매매업소에 고용된 여성들이 성매매를 업으로 하면서 영업에 참고하기 위하여 성매매 상대방의 아이디와 전화번호 및 성매매방법 등을 메모지에 적어두었다가 직접 메모리카드에 입력하거나 업주가 고용한 다른 여직원이 그 내용을 입력한 사안에서, 위 메모리카드의 내용은 형사소송법 제315조 제2호의 ‘영업상 필요로 작성한 통상문서’로서 당연히 증거능력 있는 문서에 해당한다(대판 2007도3219).
〈연습〉 성매매업소에 고용된 여성들이 영업에 참고하기 위하여 성매매 상대방에 관한 정보를 입력하여 작성한 메모리카드의 내용은 ‘영업상 작성한 통상문서’로 볼 수 없으므로 증거능력을 인정할 수 없다.(×)</td></tr>
<tr><td colspan="2">기타 신용문서</td></tr>
<tr><td>1</td><td>사법경찰관 작성의 새세대 16호에 대한 수사보고서는 새세대 16호라는 유인물의 내용을 분석하고 이를 기계적으로 복사하여 그 말미에 그대로 첨부한 문서로서 그 신용성이 담보되어 있어 형사소송법 제315조 제3호에 해당되는 문서로서 당연히 증거능력이 인정된다(대판 92도1211).</td></tr>
<tr><td>2</td><td>다른 피고인에 대한 형사사건의 공판조서는 형사소송법 제315조 제3호에 정한 서류로서 당연히 증거능력이 있다(대판 2004도4428).</td></tr>
<tr><td>3</td><td>군법회의 판결사본은 특히 신용할 만한 정황에 의하여 작성된 문서라고 볼 여지가 있으므로 피고인이 증거로 함에 부동의 하거나 그 진정성립의 증명이 없다는 이유로 그 증거능력을 부인할 수 없다(대판 81도2591).</td></tr>
<tr><td>4</td><td>구속적부심문조서는 형사소송법 제311조가 규정한 문서에는 해당하지 않는다 할 것이나, 특별한 사정이 없는 한, 피고인이 증거로 함에 부동의 하더라도 형사소송법 제315조 제3호에 의하여 당연히 그 증거능력이 인정된다(대판 2003도5693).</td></tr>
<tr><td colspan="2">제315조가 적용되지 않는 서류</td></tr>
<tr><td>1</td><td>외국수사기관이 수사결과 얻은 정보를 회답하여 온 문서들은 고도의 신용</td></tr>
</table>

	성이 보장된 경우에 관한 본조 제1호의 이른바 외국의 공무원이 직무상 증명할 수 있는 사항에 관하여 작성한 문서 또는 본조 제3호의 이른바 특히 신용할 만한 정황에 의하여 작성된 문서에 해당한다고 볼 수 없다(대판 79도1852).
2	육군과학수사연구소 실험분석관이 작성한 감정서는 피고인들이 이를 증거로 함에 동의하지 아니하는 경우에는 유죄의 증거로 할 수 있는 증거능력이 없다(대판 76도2960).
3	대한민국 주중국 대사관 영사가 작성한 사실확인서 중 공인부분을 제외한 나머지부분은 형사소송법 제315조 제1호의 '공무원의 직무상 증명할 수 있는 사항에 관하여 작성한 문서' 또는 제3호의 '기타 특히 신뢰할 만한 정황에 의하여 작성된 문서'라고 볼 수 없으므로 증거능력이 없다(대판 2007도7252).
4	미국 범죄수사대(CID), 연방수사국(FBI)의 수사관들이 작성한 수사보고서 및 피고인이 위 수사관들에 의한 조사를 받는 과정에서 작성하여 제출한 진술서는 피고인이 그 내용을 부인하는 이상 증거로 쓸 수 없다(대판 2003도6548).

(9) 전문진술

> **제316조(전문의 진술)** ① 피고인이 아닌 자(공소제기 전에 피고인을 피의자로 조사하였거나 그 조사에 참여하였던 자를 포함한다. 이하 이 조에서 같다)의 공판준비 또는 공판기일에서의 진술이 피고인의 진술을 그 내용으로 하는 것인 때에는 그 진술이 특히 신빙할 수 있는 상태하에서 행하여졌음이 증명된 때에 한하여 이를 증거로 할 수 있다.
> ② 피고인 아닌 자의 공판준비 또는 공판기일에서의 진술이 피고인 아닌 타인의 진술을 그 내용으로 하는 것인 때에는 원진술자가 사망, 질병, 외국거주, 소재불명 그 밖에 이에 준하는 사유로 인하여 진술할 수 없고, 그 진술이 특히 신빙할 수 있는 상태하에서 행하여졌음이 증명된 때에 한하여 이를 증거로 할 수 있다

(가) 의의 전문진술이란 경험사실을 들은 타인이 전문한 사실을 법원에 진술하는 것을 말한다. 전문진술을 증거로 함에 있어서는 전문진술자가 원진

술자로부터 진술을 들을 당시 원진술자가 증언능력에 준하는 능력을 갖춘 상태에 있어야 한다.

(나) 피고인의 진술을 내용으로 하는 제3자의 진술(제361조 제1항) 원래 공판준비 또는 공판기일 외에서의 타인의 진술을 내용으로 하는 진술은 이를 증거로 할 수 없으나(제310조의2), 전문진술자가 진술한 피고인의 원진술이 특히 신빙할 수 있는 상태하에서 행하여졌음이 증명된 때에는 그 증거능력을 인정할 수 있다(제361조 제1항).

(다) 피고인 아닌 자의 진술을 내용으로 하는 제3자의 진술(제361조 제2항) 피고인 아닌 자의 공판준비 또는 공판준비기일에서의 진술이 피고인이 아닌 타인의 진술을 그 내용으로 하는 것인 때에는 원진술자가 사망, 질병, 외국거주, 소재불명 그 밖에 이에 준하는 사유로 인하여 진술할 수 없고 그 진술이 특히 신빙할 수 있는 상태하에서 행하여졌음이 증명된 때에 한하여 이를 증거로 할 수 있다(제361조 제2항).

판례연구

제316조 제1항	
1	경찰관이 증인 甲의 증언내용이 피고인이 경찰에서 피의자로 조사받을 때 담당 수사경찰이 없는 자리에서 자기에게 자백진술 하였다는 내용이라면 원진술자의 진술이 특히 신빙할 수 있는 상태에서 이루어진 것이라고 보기 어렵다면 이러한 증거들을 유죄의 증거로 삼을 수 없다(대판 80도1289).
2	전문의 진술을 증거로 함에 있어서는 전문진술자가 원진술자로부터 진술을 들을 당시 원진술자가 증언능력에 준하는 능력을 갖춘 상태에 있어야 할 것이다(대판 2005도9561).
제316조 제2항	
1	[1] 형사소송법 제316조 제2항에서 말하는 '피고인 아닌 타인'이라 함은 제3자는 말할 것도 없고 공동피고인이나 공범자를 모두 포함한다. [2] 전문진술의 원진술자인 공동피고인들이 법정에서 공소사실을 부인하는 경우 '원진술자가 사망, 질병 기타 사유로 인하여 진술할 수 없는 때'에는

	해당되지 않으므로 증거능력이 부정된다(대판 99도5679).
2	피고인 甲이 아닌 상피고인 乙도 '피고인 아닌 자'에 해당한다고 할 것이니 상피고인 乙이 제1심법정에서 간통사실을 부인하는 이 사건에 있어서는 원진술자인 상피고인 乙이 사망, 질병 기타 사유로 인하여 진술할 수 없는 때에 해당되지 아니하므로 상피고인 乙의 진술을 그 내용으로 하는 증언 및 진술은 전문증거로서 증거능력이 없다(대판 84도2279).
3	조사자의 증언에 증거능력이 인정되기 위해서는 원진술자가 사망, 질병, 외국거주, 소재불명, 그 밖에 이에 준하는 사유로 인하여 진술할 수 없어야 하는 것이라서, 원진술자가 법정에 출석하여 수사기관에서 한 진술을 부인하는 취지로 증언한 이상 원진술자의 진술을 내용으로 하는 조사자의 증언은 증거능력이 없다(대판 2008도6985). 〈연습〉 형사소송법 제316조의 증거능력과 관련하여 원진술자가 법정에 출석하여 수사기관에서 한 진술을 부인하는 취지로 증언하더라도 원진술자의 진술을 내용으로 하는 조사자의 증언은 증거능력이 있다.(×)
4	원진술자가 제1심법원에 출석하여 진술을 하였다가 항소심에 이르러 진술할 수 없게 된 경우를 위 규정에서 정한 원진술자가 진술할 수 없는 경우에 해당한다고는 할 수 없다(대판 2001도3997).

(10) 재전문증거

(가) 의의 전문법칙의 예외에 따라 증거능력이 인정되는 전문증거가 그 내용에서 다시 전문증거를 포함하는 경우, 즉 이중의 전문이 되는 경우를 말한다. 이때 전문진술을 기재한 조서는 재전문서류, 타인의 전문진술을 전해들었다는 진술은 재전문진술, 타인의 전문진술을 전해들었다는 진술을 기재한 조서는 재전문서류라 한다.

(나) 증거능력 재전문증거에 대하여 현행법상 직접 규정이 없으므로 증거능력의 인정여부에 대하여 견해의 대립이 있으나 대법원은 원칙적으로 증거능력을 부정하면서 예외적으로 전문진술을 기재한 서류(재전문서류)에 대해서 증거능력을 인정하고 있다(대판 2000도159).

(다) 증거동의와 탄핵증거 재전문의 경우라도 피고인이 이를 증거로 함에 동의한 경우 증거능력이 인정될 수 있다. 탄핵증거로 사용되는 경우에는 증거로 사용할 수 있다.

판례연구

1	전문진술이 기재된 조서는 형사소송법 제312조 내지 제314조의 규정에 의하여 그 증거능력이 인정될 수 있는 경우에 해당하여야 함은 물론 나아가 형사소송법 제316조 제2항의 규정에 따른 위와 같은 요건을 갖추어야 증거능력이 있다고 할 것이다(대판 2001도2891).
2	형사소송법은 재전문진술이나 재전문진술을 기재한 조서에 대하여는 달리 그 증거능력을 인정하는 규정을 두고 있지 아니하고 있으므로, 피고인이 증거로 하는 데 동의하지 아니하는 한 형사소송법 제310조의2의 규정에 의하여 이를 증거로 할 수 없다(대판 2000도159). 〈연습〉 재전문진술이나 재전문진술을 기재한 조서에 대하여는 달리 그 증거능력을 인정하는 규정을 두고 있지 아니하고 있으므로, 피고인이 증거로 하는 데 동의하더라도 이를 증거로 할 수 없다.(×)

(11) 진술의 임의성

> 제317조(진술의 임의성) ① 피고인 또는 피고인 아닌 자의 진술이 임의로 된 것이 아닌 것은 증거로 할 수 없다.
> ② 전항의 서류는 그 작성 또는 내용인 진술이 임의로 되었다는 것이 증명된 것이 아니면 증거로 할 수 없다.
> ③ 검증조서의 일부가 피고인 또는 피고인 아닌 자의 진술을 기재한 것인 때에는 그 부분에 한하여 전2항의 예에 의한다.

(가) 의의 피고인 또는 피고인 아닌 자의 진술이 임의로 된 것이 아닌 것은 증거로 할 수 없고(제317조 제1항), 그 서류도 그 작성 또는 내용인 진술이 임의로 되었다는 것이 증명된 것이 아니면 증거로 할 수 없다(동조 제

2항). 또한 검증조서의 일부가 피고인 또는 피고인 아닌 자의 진술을 기재한 것인 때에는 그 부분에 한하여 이상과 같다(동조 제3항). 따라서 전문증거가 전문법칙의 예외에 해당하는 경우에도 진술의 임의성이 인정되지 않으면 증거능력이 인정되지 않는다.

(나) 적용범위 제309조(자백배제법칙)는 제317조(진술의 임의성)의 특별규정이므로, 제317조에 의하여 임의성이 요구되는 진술은 원본진술·전문진술을 불문하고 자백 이외의 일체의 진술증거를 의미한다(광의설). 광의설에 의하면 자백의 임의성이 인정되지 않으면 제309조에 의하여, 자백 이외의 진술의 임의성이 인정되지 않으면 제317조에 의하여 그 증거능력이 인정되지 아니한다.

(다) 임의성의 조사와 증명 진술의 임의성은 증거능력의 요건이므로 법원의 직권조사사항에 해당한다. 진술의 임의성 조사는 증거조사 전에 하는 것이 원칙이나, 증거조사에 들어간 후에도 임의성에 의문이 있다면 다시 조사할 수 있다. 또한 진술의 임의성은 소송법적 사실이므로 자유로운 증명으로 족하다.

(12) 전문법칙의 관련문제

(가) 사진의 증거능력 사진은 증거가치가 높은 증거방법이지만 인위적 조작가능성을 배제할 수 없다는 점에서 증거능력이 제한된다. 사진을 비진술증거로 취급할 것인가, 진술증거로 할 것인가 문제된다.

판례연구

비밀촬영	
1	누구든지 자기의 얼굴 기타 모습을 함부로 촬영당하지 않을 자유를 가지나 이러한 자유도 국가권력의 행사로부터 무제한으로 보호되는 것은 아니고 국가의 안전보장·질서유지·공공복리를 위하여 필요한 경우에는 상당한 제한이 따르는 것이고, 수사기관이 범죄를 수사함에 있어 현재 범행이 행

	하여지고 있거나 행하여진 직후이고, 증거보전의 필요성 및 긴급성이 있으며, 일반적으로 허용되는 상당한 방법에 의하여 촬영을 한 경우라면 위 촬영이 영장 없이 이루어졌다 하여 이를 위법하다고 단정할 수 없다(대판 99도2317).
2	무인장비에 의한 제한속도 위반차량 단속은 도로교통법령에 따라 정해진 제한속도를 위반하여 차량을 주행하는 범죄가 현재 행하여지고 있고, 그 범죄의 성질·태양으로 보아 긴급하게 증거보전을 할 필요가 있는 상태에서 일반적으로 허용되는 한도를 넘지 않는 상당한 방법에 의한 것이라고 판단되므로, 이를 통하여 운전 차량의 차량번호 등을 촬영한 사진을 두고 위법하게 수집된 증거로서 증거능력이 없다고 말할 수 없다(대판 98도3329).
3	피고인의 동의하에 촬영된 나체사진의 존재만으로 피고인의 인격권과 초상권을 침해하는 것으로 볼 수 없고, 가사 사진을 촬영한 제3자가 그 사진을 이용하여 피고인을 공갈할 의도였다고 하더라도 사진의 촬영이 임의성이 배제된 상태에서 이루어진 것이라고 할 수는 없으며, 그 사진은 범죄현장의 사진으로서 피고인에 대한 형사소추를 위하여 반드시 필요한 증거로 보이므로, 공익의 실현을 위하여는 그 사진을 범죄의 증거로 제출하는 것이 허용되어야 하고, 이로 말미암아 피고인의 사생활의 비밀을 침해하는 결과를 초래한다 하더라도 이는 피고인이 수인하여야 할 기본권의 제한에 해당된다(대판 97도1230).
사본으로서의 사진	
1	문서의 원물을 법정에 제출함이 지난한 경우에 있어서는 문서의 원물의 존재와 이를 촬영한 사진인 것임을 확인되는 이상 그 사진을 그 존재와 의무내용이 증거 되는 증거물로 하여 조사를 하고 증거로 할 수 있다(대판 4294형상1072).
2	검사는 휴대전화기 이용자가 그 문자정보를 읽을 수 있도록 한 휴대전화기의 화면을 촬영한 사진을 증거로 제출할 수도 있는데, 이를 증거로 사용하려면 문자정보가 저장된 휴대전화기를 법정에 제출할 수 없거나 그 제출이 곤란한 사정이 있고, 그 사진의 영상이 휴대전화기의 화면에 표시된 문자정보와 정확하게 같다는 사실이 증명되어야 한다. 휴대전화기에 저장된 문자정보가 그 증거가 되는 경우, 그 문자정보는 범행의 직접적인 수단이고 경험자의 진술에 갈음하는 대체물에 해당하지 않으므로, 형사소송법 제310

<table>
<tr><td></td><td>조의2에서 정한 전문법칙이 적용되지 않는다(대판 2006도2556).
〈연습〉 휴대전화로 협박내용을 반복적으로 보냈다는 공소사실에 대한 증거로 제출된 전송된 문자정보를 휴대전화 화면에 띄워 촬영한 사진의 증거능력을 전문법칙이 적용된다.(×)
〈연습〉 휴대전화로 협박내용을 반복적으로 보냈다는 공소사실에 대한 증거로 제출된 전송된 문자정보를 휴대전화 화면에 띄워 촬영한 사진에 대해 피고인이 성립 및 내용의 진정을 부인하는 경우, 이는 유죄 인정의 증거가 될 수 없다.(×)</td></tr>
<tr><td>3</td><td>이 사건 문자메시지는 피해자가 피고인으로부터 풀려난 당일에 남동생에게 도움을 요청하면서 피고인이 협박한 말을 포함하여 공갈 등 피고인으로부터 피해를 입은 내용을 문자메시지로 보낸 것이므로, 이 사건 문자메시지의 내용을 촬영한 사진은 증거서류 중 피해자의 진술조서에 준하는 것으로 취급함이 상당할 것인 바, 진술서에 관한 형사소송법 제313조에 따라 이 사건 문자메시지의 작성자인 피해자 공소외 1이 제1심 법정에 출석하여 자신이 이 사건 문자메시지를 작성하여 동생에게 보낸 것과 같음을 확인하고, 동생인 공소외 3도 제1심 법정에 출석하여 피해자 공소외 1이 보낸 이 사건 문자메시지를 촬영한 사진이 맞다고 확인한 이상, 이 사건 문자메시지를 촬영한 사진은 그 성립의 진정함이 증명되었다고 볼 수 있으므로 이를 증거로 할 수 있다(대판 2010도8735).</td></tr>
<tr><th colspan="2">진술의 일부인 사진</th></tr>
<tr><td colspan="2">사법경찰관이 작성한 검증조서에 피의자이던 피고인이 검사 이외의 수사기관 앞에서 자백한 범행내용을 현장에 따라 진술·재연한 내용이 기재되고 그 재연 과정을 촬영한 사진이 첨부되어 있다면, 그러한 기재나 사진은 피고인이 공판정에서 그 진술내용 및 범행재연의 상황을 모두 부인하는 이상 증거능력이 없다(대판 2003도6548).</td></tr>
<tr><th colspan="2">현장사진</th></tr>
<tr><td colspan="2">피고인의 동의하에 촬영된 나체사진의 존재만으로 피고인의 인격권과 초상권을 침해하는 것으로 볼 수 없고, 가사 사진을 촬영한 제3자가 그 사진을 이용하여 피고인을 공갈할 의도였다고 하더라도 사진의 촬영이 임의성이 배제된 상태에서 이루어진 것이라고 할 수는 없으며, 그 사진은 범죄현장의 사진으로서 피고인에 대한 형사소추를 위하여 반드시 필요한 증거로 보이므로, 공익의 실현을 위하여는 그 사진을 범죄의 증거로 제출하는 것이 허용되어야 하고, 이로 말미암아 피</td></tr>
</table>

고인의 사생활의 비밀을 침해하는 결과를 초래한다 하더라도 이는 피고인이 수인하여야 할 기본권의 제한에 해당된다(대판 97도1230).

(나) 녹음테이프의 증거능력 사람의 음성과 기타 음량을 기계적 장치를 통하여 기록하여 재생할 수 있도록 한 것을 말한다. 테이프에 녹음된 내용이 무엇인가에 따라서 진술녹음과 현장녹음으로 구분한다.

판례연구

비밀녹음	
1	피고인이 범행 후 피해자에게 전화를 걸어오자 피해자가 증거를 수집하려고 그 전화내용을 녹음한 경우, 그 녹음테이프가 피고인 모르게 녹음된 것이라 하여 이를 위법하게 수집된 증거라고 할 수 없다(대판 97도240).
2	3인 간의 대화에 있어서 그 중 한 사람이 그 대화를 녹음하는 것은 통신비밀보호법 제3조 제1항 위반이 아니다(대판 2006도4981).
3	제3자의 경우는 설령 전화통화 당사자 일방의 동의를 받고 그 통화내용을 녹음하였다 하더라도 그 상대방의 동의가 없었던 이상, 통신비밀보호법의 취지에 비추어 이는 동법 제3조 제1항 위반이 된다고 해석하여야 할 것이다. 이 점은 제3자가 공개되지 아니한 타인간의 대화를 녹음한 경우에도 마찬가지이다(대판 2002도123).
4	음식점 내부에 감시용 카메라와 도청마이크 등을 설치하여 타인간의 대화를 녹음하려 시도하거나 청취한 사안에서, 위 음식점 내에서 이루어진 타인간의 대화는 통신비밀보호법 제3조 제1항의 '공개되지 아니한 타인간의 대화'에 해당한다(대판 2007도9053).
5	통신비밀보호법상의 감청이란 그 대상이 되는 전기통신의 송·수신과 동시에 행위가 이뤄지는 경우만을 의미하고, 이미 수신이 완료된 전기통신의 내용을 취득하는 행위는 포함되지 않는다. 따라서 수신이 완료된 문자메시지 내용을 열람하는 행위는 통신비밀보호법 위반으로 처벌할 수 없다(대판 2012도4644).
진술녹음	
1	녹음테이프도 진술녹취서에 준하여 증거능력이 인정된다(대판 68도570).

2	법원이 녹음테이프에 대하여 실시한 검증의 내용이 녹음테이프에 녹음된 전화대화내용이 녹취서에 기재된 것과 같다는 것에 불과한 경우 그와 같은 녹음테이프의 녹음 내용이나 검증조서의 기재는 실질적으로 공판준비 또는 공판기일에서의 진술에 대신하여 진술을 기재한 서류와 다를 바 없어서 형사소송법 제311조 내지 제315조에 규정한 것이 아니면 이를 유죄의 증거로 할 수 없다(대판 96도1669).
3	녹음·녹화테이프에 대하여 검증을 실시하여 테이프에 녹음·녹화된 대화 또는 진술의 내용을 녹취서로 작성한 다음 이를 검증조서의 일부로서 첨부하였다면, 피고인이 그 테이프를 증거로 할 수 있음에 동의하지 않은 이상, 형사소송법 제311조 내지 제315조에 규정한 것이 아니면 이를 유죄의 증거로 할 수 없다(대판 2004도1449).
4	디지털 녹음기로 녹음한 내용이 콤팩트디스크에 다시 복사되어 그 콤팩트디스크에 녹음된 내용을 담은 녹취록이 증거로 제출된 사안에서, 위 콤팩트디스크가 현장에서 녹음하는 데 사용된 디지털 녹음기의 녹음내용 원본을 그대로 복사한 것이라는 입증이 없는 이상, 그 콤팩트디스크의 내용이나 이를 녹취한 녹취록의 기재는 증거능력이 없다(대판 2006도8869).

(다) 기타 특수매체의 증거능력 비디오테이프 등 영상녹화물, 컴퓨터용디스크 등 정보저장매체 등에 기록된 기록의 증거능력에 대해 비디오 테이프 등은 사진과 녹음테이프의 증거능력 문제와 동일하게 판단할 수 있다. 컴퓨터용디스크 등은 실질에 있어서는 피고인 또는 피고인 아닌 자의 진술을 기재한 서류와 크게 다를 바 없음으로 제313조 제1항에 의하여 증거능력을 판단한다.

판례연구

비디오테이프의 증거능력	
1	피고인 甲에 대한 수사과정에서 담당 검사가 피의자인 甲과 그 사건에 관하여 대화하는 내용과 장면을 녹화한 비디오테이프에 대한 법원의 검증조서는 이러한 비디오테이프의 녹화내용이 피의자의 진술을 기재한 피의자신문조서와 실질적으로 같다고 볼 것이므로 피의자신문조서에 준하여 그 증

	거능력을 가려야 한다(대판 92도862).
2	교통법규 위반차량 단속근무를 하는 경찰관이 신호위반 차량 운전사로부터 위반사실을 묵인하는 조건으로 금원을 교부받았음을 이유로 뇌물수수죄로 기소된 사안에서, 그 단속 장면을 촬영한 방송사의 비디오테이프의 영상 상태가 불명확하여 그것만으로는 피고인의 뇌물수수 사실을 인정하기에 부족하다(대판 96도2122).

컴퓨터디스켓의 증거능력
컴퓨터 디스켓에 들어 있는 문건이 증거로 사용되는 경우 그 기재내용의 진실성에 관하여는 전문법칙이 적용된다고 할 것이고, 따라서 형사소송법 제313조 제1항에 의하여 그 작성자 또는 진술자의 진술에 의하여 그 성립의 진정함이 증명된 때에 한하여 이를 증거로 사용할 수 있다(대판 99도2317). 〈연습〉 압수된 컴퓨터디스켓에 들어있는 문건이 증거로 사용되는 경우 그 기재내용의 진실성에 관하여는 전문법칙이 적용되므로 공판정에서 그 작성자 또는 진술자의 진술에 의하여 그 내용이 인정된 때에 한하여 이를 증거로 할 수 있다.(×)

(라) 거짓말탐지기의 검사결과의 증거능력 거짓말탐지기에 의한 검사란 사람이 거짓말을 할 때 나타나는 신체적·생리적 변화에 착안하여 진술의 진위나 인식유무를 판단하는 것을 말한다. 피검사자의 동의가 있는 경우에 한하여 임의수사로 허용된다. 판례는 일정한 요건이 충족되지 않는 한 증거능력이 없으며, 요건이 모두 충족된 경우에도 진술의 신빙성을 가늠하는 정황증거로서의 기능을 하는 데 그친다는 입장이다.

판례연구

1	거짓말탐지기의 검사는 전제조건이 증거에 의하여 확인되었을 경우에만 형사소송법 제313조 제2항에 의하여 이를 증거로 할 수 있는 것이고 위와 같은 조건이 모두 충족되어 증거능력이 있는 경우에도 그 검사결과는 검사를 받는 사람의 진술의 신빙성을 가늠하는 정황증거로서의 기능을 하는데 그친다(대판 87도968).

2	거짓말탐지 검사 시 3번째 옷으로부터 4번째 옷 검사로 넘어갈 때 떨린다고 한 것이 사실로 밝혀진 경우 범행을 자백하겠다는 약속을 하였는데, 비디오를 보니까 3번째와 4번째 사이에서 떨린다고 나오기에 이제는 도리가 없다고 생각하여 자백을 하게 된 경우 위 자백의 약속이 검사의 강요나 위계에 의하여 이루어졌다든가 또는 불기소나 경한 죄의 소추 등 이익과 교환조건으로 된 것이라고 인정되지 아니하므로 위와 같은 자백의 약속 하에 된 자백을 곧 임의성이 없는 자백이라고 단정할 수는 없다(대판 83도712).
3	거짓말탐지기 검사당시 피고인은 4회의 강요에 의한 검사를 받는 등 검사의 신빙성을 보장하기에 충분한 심신 상태에 있지 아니하였고, 검사자 겸 판정자인 위 김정길도 사전에 편견을 가지고 검사를 하였다는 것이므로 원심이 피고인에 대한 이 사건 거짓말탐지기 검사결과를 그 신빙성이 없다고 보아 배척한 조처는 정당하다(대판 85도2208).

8. 당사자의 동의와 증거능력

1) 동의의 의의와 성질

검사와 피고인이 증거로 할 수 있음을 동의한 서류 또는 물건을 진정한 것으로 인정한 때에는 증거로 할 수 있다(제318조 제1항). 당사자의 동의는 반대신문권의 포기이다(통설). 재판의 신속과 소송경제에 도움이 되기 때문에 인정하고 있으나 법원이 진정하다고 인정할 때 증거로 할 수 있다.

판례연구

증거동의의 성질
형사소송법 제318조 제1항은 전문증거금지의 원칙에 대한 예외로서 반대신문권을 포기하겠다는 피고인의 의사표시에 의하여 서류 또는 물건의 증거능력을 부여하려는 규정이다(대판 82도2873).

2) 동의의 방법

(1) 동의의 주체와 상대방

동의의 주체는 당사자, 즉 검사와 피고인이다. 상대방은 법원이다. 동의의 대상은 서류 또는 물건, 증거능력 없는 증거이다. 동의의 시기는 원칙적으로 증거조사 전에 하여야 한다. 동의의 방식은 서면 또는 구술로 할 수 있다.

판례연구

<table>
<tr><th colspan="2">주체와 상대방</th></tr>
<tr><td>1</td><td>증거로 함에 대한 동의의 주체는 소송주체인 당사자라 할 것이지만 변호인은 피고인의 명시한 의사에 반하지 아니하는 한 피고인을 대리하여 이를 할 수 있음은 물론이므로 이 경우 변호인의 동의에 대하여 피고인이 즉시 이의하지 아니하는 경우에는 변호인의 동의로 증거능력이 인정되고 증거조사 완료 전까지 앞서의 동의가 취소 또는 철회하지 아니한 이상 일단 부여된 증거능력은 그대로 존속한다(대판 99도2029).
〈연습〉 증거로 함에 대한 동의의 주체는 당사자와 변호인으로서, 피고인의 명시적 의사표시에 반한 변호인의 증거동의에 의해서도 증거의 능력은 인정된다.(×)
〈연습〉 증거동의의 주체는 검사와 피고인으로, 변호인의 경우 피고인의 명시적인 위임이 없는 한 피고인을 대리하여 증거로 함에 동의할 수 없다.(×)</td></tr>
<tr><td>2</td><td>법원이 직권으로 증거조사를 할 때에는 양 당사자의 동의가 필요함은 물론이라 하겠으나 당해 서류를 제출한 당사자는 그것을 증거로 함에 동의하고 있음은 명백한 것이므로 상대방의 동의만 얻으면 충분하다(대판 87도966).</td></tr>
<tr><th colspan="2">동의의 대상</th></tr>
<tr><td>1</td><td>문서의 사본이라도 피고인이 증거로 함에 동의하였고 진정으로 작성되었음이 인정되는 경우에는 증거능력이 있다(대판 95도2526).</td></tr>
<tr><td>2</td><td>검사가 지적하는 증거들은 유죄의 자료로 제출한 증거들로서 그 진정성립이 인정되지 아니하고 이를 증거로 함에 상대방의 동의가 없었기는 하나, 그러한 증거라고 하더라도 유죄사실을 인정하는 증거로 사용하는 것이 아닌 이상 공소사실과 양립할 수 없는 사실을 인정하는 자료로 쓸 수 있다고 보아</td></tr>
</table>

	야 할 것이므로, 이와 반대의 견지에 선 상고이유는 받아들일 수 없다(대판 94도1159).
3	재전문진술이나 재전문진술을 기재한 조서에 대하여는 달리 그 증거능력을 인정하는 규정을 두고 있지 아니하고 있으므로, 피고인이 증거로 하는 데 동의하지 아니하는 한 형사소송법 제310조의2의 규정에 의하여 이를 증거로 할 수 없다(대판 2000도159).
동의의 시기와 방식	
1	증인의 증언이 전문진술이라고 하더라도 피고인이 그 증언에 대하여 별 의견이 없다고 진술하였다면 그 증언을 증거로 함에 동의한 것으로 볼 수 있으므로 이는 증거능력이 있다(대판 83도516).
2	검사가 제시한 모든 증거에 대하여 증거로 함에 동의한다는 방식으로 이루어진 것이라 하여 그 효력을 부정할 이유가 되지 못한다 할 것이다(대판 82도2873). 〈연습〉 증거동의는 개별적인 증거조사 방식으로 이루어져야 하므로 일괄적으로 모든 증거에 대해 동의하는 것은 인정되지 않는다.(×)

(2) 동의의 의제

(가) **피고인의 불출석**(제318조 제2항) 피고인의 출정없이 증거조사를 할 수 있는 경우에 피고인이 출정하지 아니한 때에는 피고인이 증거로 함에 동의한 것으로 간주한다.

(나) **간이공판절차에서의 특칙**(제318의3) 간이공판절차의 결정(제286의2)이 있는 사건의 증거에 관하여는 전문증거에 대하여도 동의가 있는 것으로 간주한다. 다만 검사·피고인 또는 변호인이 증거로 함에 이의가 있는 때에는 그러하지 아니한다.

판례연구

증거동의의 의제	
1	필요적 변호사건이라 하여도 피고인이 재판거부의 의사를 표시하고 재판장의 허가 없이 퇴정하고 변호인마저 이에 동조하여 퇴정해 버린 것은 모두 피고인 측의 방어권의 남용 내지 변호권의 포기로 볼 수밖에 없는 것이므로 수소법원으로서는 형사소송법 제330조에 의하여 피고인이나 변호인의 재정 없이도 심리판결 할 수 있다. 위와 같이 피고인과 변호인들이 출석하지 않은 상태에서 증거조사를 할 수밖에 없는 경우에는 형사소송법 제318조 제1항의 동의가 있는 것으로 간주하게 되어 있다(대판 91도865).
2	약식명령에 불복하여 정식재판을 청구한 피고인이 정식재판절차에서 2회 불출정하여 법원이 피고인의 출정 없이 증거조사를 하는 경우에 피고인의 증거동의가 간주된다(대판 2007도5776).
3	피고인이 공시송달의 방법에 의한 공판기일의 소환을 2회 이상 받고도 출석하지 아니하여 법원이 피고인의 출정 없이 증거조사를 하는 경우에는 형사소송법 제318조 제2항에 따른 피고인의 증거동의가 있는 것으로 간주된다고 할 것이다(대판 2010도15977).

3) 동의의 효과

검사·피고인이 동의한 경우 진정성이 인정되면 증거능력이 인정된다(제318조 제1항).

판례연구

증거동의의 효과	
1	사법경찰관 및 검사 작성의 甲에 대한 각 피의자신문조서는 제1심 공판기일에서 피고인이 증거로 함에 동의하였다면 제2심 공판기일에서 피고인이 이를 번복하여 증거로 함에 부동의하였더라도 이미 적법하게 부여된 위 조서들의 증거능력이 상실되지는 않는다(대판 90도2525).
2	수사기관이 원진술자의 진술을 기재한 조서는 원진술자의 법정 출석과 피고인에 의한 반대신문이 이루어지지 못하였다면, 그 조서는 진정한 증거가

	치를 가진 것으로 인정받을 수 없는 것이어서 이를 주된 증거로 하여 공소사실을 인정하는 것은 원칙적으로 허용될 수 없다. 이는 원진술자의 사망이나 질병 등으로 인하여 원진술자의 법정 출석 및 반대신문이 이루어지지 못한 경우는 물론 수사기관의 조서를 증거로 함에 피고인이 동의한 경우에도 마찬가지이다(대판 2005도9730). 〈연습〉 수사기관이 원진술자의 진술을 기재한 조서는 그 내용을 피고인이 부인하고 원진술자의 법정출석 및 반대신문이 이루어지지 못하였다면 이를 주된 증거로 하여 공소사실을 인정할 수 없는 것이 원칙이지만, 피고인이 이에 대해 증거동의한 경우에는 그렇지 아니하다.(×)

4) 동의의 철회

증거조사 완료 전까지 절차의 안정성을 해치지 않는 범위 내에서 철회가 가능하다(다수설 · 판례)

판례연구

동의의 철회, 취소	
1	피고인이 사법경찰관 작성의 피해자진술조서를 증거로 동의함에 있어서 그 동의가 법률적으로 어떠한 효과가 있는지를 모르고 한 것이었다고 주장하더라도 변호인이 그 동의 시 공판정에 재정하고 있으면서 피고인이 하는 동의에 대하여 아무런 이의나 취소를 한 사실이 없다면 그 동의에 무슨 하자가 있다고 할 수 없다(대판 83도1019).
2	증거동의의 의사표시는 증거조사가 완료되기 전까지 취소 또는 철회할 수 있으나, 일단 증거조사가 완료된 뒤에는 취소 또는 철회가 인정되지 아니하므로 제1심에서 한 증거동의를 제2심에서 취소할 수 없고, 일단 증거조사가 종료된 후에 증거동의의 의사표시를 취소 또는 철회하더라도 취소 또는 철회 이전에 이미 취득한 증거능력이 상실되지 않는다(대판 99도2029).
3	피고인이 제1심에서 공시송달의 방법에 의한 공판기일 소환을 2일 이상 받고도 출석하지 않아 형사소송법 제318조 제2항에 따라 증거동의가 간주된 후 증거조사를 완료하였으나, 피고인이 항소심에 출석하여 간주된 증거동의를 철회 또는 취소한다는 의사표시를 하더라도 그로 인하여 적법하게 부여

	된 증거능력이 상실되는 것은 아니라고 할 것이다(대판 2010도15977). 〈연습〉 제1심에서 증거동의 간주 후 증거조사를 완료하였다고 하더라도, 항소심에서 그 증거동의를 철회 또는 취소한다는 의사표시를 한 경우에는 그 증거능력이 상실된다.(×)
위법수집증거의 증거동의	
1	형사소송법 제217조 제2항, 제3항에 위반하여 압수수색영장을 청구하여 이를 발부받지 아니하고도 즉시 반환하지 아니한 압수물은 이를 유죄 인정의 증거로 사용할 수 없는 것이고, 피고인이나 변호인이 이를 증거로 함에 동의하였다고 하더라도 달리 볼 것은 아니다(대판 2009도11401).
2	형사소송법 규정에 위반하여 수사기관이 법원으로부터 영장 또는 감정처분허가장을 발부받지 아니한 채 피의자의 동의 없이 피의자의 신체로부터 혈액을 채취하고 더구나 사후적으로도 지체 없이 이에 대한 영장을 발부받지 아니하고서 그 강제 채혈한 피의자의 혈액 중 알콜농도에 관한 감정이 이루어졌다면 이러한 감정결과보고서 등은 피고인이나 변호인의 증거동의가 있다고 하더라도 유죄의 증거로 사용할 수 없다(대판 2009도2109).
3	판사가 형사소송법 제184조에 의한 증거보전절차로 증인신문을 하는 경우 참여의 기회를 주지 아니한 경우라도 피고인과 변호인이 증인신문조서를 증거로 할 수 있음에 동의하여 별다른 이의 없이 적법하게 증거조사를 거친 경우에는 위 증인신문조서는 증인신문절차가 위법하였는지의 여부에 관계없이 증거능력이 부여된다(대판 86도1646).

9. 탄핵증거

1) 의의

탄핵증거는 진술의 증명력(신빙성)을 감쇄시키기 위하여 제출한 증거를 말한다. 탄핵의 범위는 증명력 감쇄, 감쇄된 증명력을 회복하기 위한 경우이다. 탄핵의 대상은 공판준비 또는 공판기일에서의 피고인 또는 피고인 아닌 자의 진술의 증명력이 대상이 된다.

2) 탄핵증거의 허용범위

탄핵증거로 사용할 수 있는 증거의 범위에 대하여 한정설(자기모순의 진술), 비한정설(모든 전문증거), 절충설(자기모순 진술 + 보조진술), 이원설 등이 대립하고 있다.

탄핵증거는 진술자의 전후 진술이 일치하지 않는다는 사실 자체를 증명의 대상으로 하는 것이므로 자기모순 진술, 즉 공판정에서의 진술과 모순되는 공판정외에서의 진술을 들은 자의 증언이나 그 진술이 기재된 서면에 한해 탄핵증거로 사용할 수 있다는 것이 타당하다.

3) 탄핵증거의 자격

탄핵증거로 사용할 수 있는 것은 증거능력이 인정되지 않는 전문증거이다. 따라서 임의성 없는 진술, 위법수집증거, 공판정 진술 후 자기모순 진술, 영상녹화물은 탄핵증거로 사용할 수 없다.

4) 탄핵의 범위와 대상

탄핵의 범위는 증명력을 감쇄하는 경우임을 말하는데, 감쇄된 증명력을 회복하는 경우도 증명력을 다투기 위하여에 해당하는지에 대하여는 공평의 원칙상 긍정하는 입장이 다수설이다. 탄핵의 대상에는 진술증거, 피고인의 진술, 피고인 아닌 자, 자기측 증인의 탄핵 등이 있다.

5) 탄핵증거의 조사방법

탄핵증거의 어느 부분에 의하여 진술의 어느 부분을 다투려고 하는지를 구체적으로 명시하여야 한다. 탄핵증거는 공판정에서의 증거조사는 거쳐야 하지만, 엄격한 조사를 요하지 않는다(통설 · 판례)

판례연구

1	탄핵증거는 진술의 증명력을 감쇄하기 위하여 인정되는 것이고 범죄사실 또는 그 간접사실의 인정의 증거로서는 허용되지 않는다(대판 95도2945). 〈연습〉 탄핵증거는 증거의 증명력을 감쇄하거나 간접사실 인정의 증거로만 사용될 뿐 범죄사실 인정의 증거로서 허용되지 않는다.(×)
2	유죄의 자료가 되는 것으로 제출된 증거의 반대증거 서류에 대하여는 그것이 유죄사실을 인정하는 증거가 되는 것이 아닌 이상 반드시 그 진정성립이 증명되지 아니하거나 이를 증거로 함에 있어서의 상대방의 동의가 없다고 하더라도 증거판단의 자료로 할 수 있다(대판 80도1547).
3	사법경찰리 작성의 피고인에 대한 피의자신문조서와 피고인이 작성한 자술서들은 모두 검사가 유죄의 자료로 제출한 증거들로서 피고인이 각 그 내용을 부인하는 이상 증거능력이 없으나 그러한 증거라 하더라도 그것이 임의로 작성된 것이 아니라고 의심할 만한 사정이 없는 한 피고인의 법정에서의 진술을 탄핵하기 위한 반대증거로 사용할 수 있다(대판 97도1770). 〈연습〉 피고인이 성립의 진정이나 내용을 부인하여 증거능력이 없는 사법경찰관 작성 피의자신문조서는 임의로 작성된 것이 아니라고 의심할 만한 사정이 없다고 하더라도 탄핵의 증거로 사용할 수 없다.(×)
4	검사가 지적하는 증거들은 유죄의 자료로 제출한 증거들로서 그 진정성립이 인정되지 아니하고 이를 증거로 함에 상대방의 동의가 없었기는 하나, 그러한 증거라고 하더라도 유죄사실을 인정하는 증거로 사용하는 것이 아닌 이상 공소사실과 양립할 수 없는 사실을 인정하는 자료로 쓸 수 있다(대판 94도1159).
5	탄핵증거는 범죄사실을 인정하는 증거가 아니므로 엄격한 증거조사를 거쳐야 할 필요가 없음은 형사소송법 제318조의2의 규정에 따라 명백하다고 할 것이나, 법정에서 이에 대한 탄핵증거로서의 증거조사는 필요하다(대판 97도1770). 〈연습〉 탄핵증거로 사용하려면 엄격한 증거조사를 거쳐야 한다.(×) 〈연습〉 탄핵증거는 범죄사실을 인정하는 증거가 아니므로 엄격한 증거조사를 거쳐야 할 필요가 없음은 제318조의2의 규정에 따라 명백하므로 법정에서 이에 대한 증거조사는 필요하지 않다.(×)

10. 자백의 보강법칙

第310條(불이익한 자백의 증거능력) 피고인의 자백이 그 피고인에게 불이익한 유일의 증거인 때에는 이를 유죄의 증거로 하지 못한다.

1) 의의 및 취지

(1) 의의

피고인이 임의로 한 증거능력과 신용성이 있는 자백에 의할지라도 보강증거가 없으면 유죄로 인정할 수 없다는 원칙을 말한다(제310조). 이는 영미법에서 확립된 것으로서 증명력 판단과 관련하여 자유심증주의에 대한 예외이다.

(2) 취지

오판 방지와 인권침해 방지(자백편중 수사 억제)를 근거로 한다.

2) 보강증거를 필요로 하는 자백

(1) 피고인의 자백

보강법칙은 피고인의 자백에 대하여 적용된다. 따라서 증인의 증언, 참고인의 진술 등은 보강증거가 없어도 유죄의 증거가 될 수 있다. 그러나 반드시 피고인의 지위에서 한 자백에 한정되지 않고 피고인·피의자·참고인·증인 등 자백 당시의 지위는 불문한다.

판례연구

피고인의 자백	
1	상법장부나 항해일지, 진료일지 또는 이와 유사한 금전출납부 등과 같이 범죄사실의 인정 여부와는 관계없이 자기에게 맡겨진 사무를 처리한 사무 내역을 그때그때 계속적, 기계적으로 기재한 문서 등의 경우는 공소사실에 일부 부합되는 사실의 기재가 있다고 하더라도, 이를 일컬어 피고인이 범죄사실을 자백하는 문서라고 볼 수는 없다(대판 94도2865).
2	피고인이 제출한 항소이유서에 '피고인은 돈이 급해 지어서는 안될 죄를 지었습니다.', '진심으로 뉘우치고 있습니다.'라고 기재되어 있고 피고인은 항소심 제2회 공판기일에 위 항소이유서를 진술하였으나, 곧 이어서 있은 검사와 재판장 및 변호인의 각 심문에 대하여 피고인은 범죄사실을 부인하였고, 수사단계에서도 일관되게 그와 같이 범죄사실을 부인하여 온 점에 비추어 볼 때, 위와 같이 추상적인 항소이유서의 기재만을 가지고 범죄사실을 자백한 것으로 볼 수 없다(대판 99도3341).
3	자백의 신빙성 유무를 판단함에 있어서는 자백의 진술내용 자체가 객관적으로 합리성을 띠고 있는지, 자백의 동기나 이유가 무엇이며, 자백에 이르게 된 경위는 어떠한지 그리고 자백 이외의 정황증거 중 자백과 저촉되거나 모순되는 것이 없는지 하는 점을 고려하여 피고인의 자백에 형사소송법 제309조 소정의 사유 또는 자백의 동기나 과정에 합리적인 의심을 갖게 할 상황이 있었는지를 판단하여야 한다(대판 98도159)
공범의 자백	
형사소송법 제310조 소정의 "피고인의 자백"에 공범인 공동피고인의 진술은 포함되지 아니하므로 공범인 공동피고인의 진술은 다른 공동피고인에 대한 범죄사실을 인정하는 증거로 할 수 있는 것일 뿐만 아니라 공범인 공동피고인들의 각 진술은 상호간에 서로 보강증거가 될 수 있다(대판 90도1939).	

(2) 증거능력

자백보강법칙은 증거능력 있는 자백을 전제로 한다. 증거능력 없는 자백은 보강증거가 된다고 해도 유죄의 증거가 될 수 없다.

(3) 신용성

보강법칙이 적용되기 위해서는 자백의 신용성도 인정되어야 한다. 자백의 신용성 판단은 법관의 자유심증에 의해 판단된다.

3) 보강증거의 범위와 대상

학설의 대립이 있으나 자백의 진실성을 담보할 수 있을 정도면 충분하다(다수설 · 판례). 대상은 자백한 범죄의 객관적 구성사실에 한해서만 인정된다.

판례연구

간접증거-보강증거가 될 수 있는 증거	
1	피고인이 위조신분증을 제시행사한 사실을 자백하고 있고, 위 제시행사한 신분증이 현존한다면 그 자백이 임의성이 없는 것이 아닌 한 위 신분증은 피고인의 위 자백사실의 진실성을 인정할 간접증거가 된다고 보아야 한다(대판 82도3107).
2	피고인이 검문 당시 버린 주사기에서 메스암페타민염이 검출된 사실 등을 인정할 수 있는 정황증거들이 메스암페타민 투약사실에 대한 피고인의 검찰에서의 자백에 대한 보강증거로서 충분하다(대판 99도338).
3	기소된 대마 흡연일자로부터 한 달 후 피고인의 주거지에서 압수된 대마잎이 피고인의 자백에 대한 보강증거가 된다(대판 2007도5845)
4	피고인이 업무추진 과정에서 지출한 자금 내역을 기록한 수첩의 기재 내용이 자백에 대한 독립적인 보강증거가 될 수 있다(대판 94도2865 전합).
5	뇌물공여의 상대방이 뇌물 수수 사실을 부인하면서도 뇌물공여자를 만났던 사실 및 청탁을 받은 사실을 시인한 것이 뇌물공여자의 자백에 대한 보강증거가 될 수 있다(대판 94도993).
6	뇌물수수자가 무자격자인 뇌물공여자로 하여금 건축공사를 하도급 받도록 알선하고 그 하도급계약을 승인받을 수 있도록 하였으며 공사와 관련된 각종의 편의를 제공한 사실을 인정할 수 있는 증거들이 뇌물공여자의 자백에 대한 보강증거가 될 수 있다(대판 98도2890).

간접증거-보강증거가 될 수 없는 증거	
1	피고인의 자백내용은 현대자동차 점거로 같이 처벌받은 것은 학교측의 제보 때문이라 하여 피고인이 그 보복으로 학교총장실을 침입점거했다는 것이라면, 위 증거는 공소사실의 객관적 부분인 주거침입, 점거사실과는 관련이 없는 범행의 침입동기에 관한 정황증거에 지나지 않으므로 위 증거와 피고인의 자백을 합쳐 보아도 자백사실이 가공적인 것이 아니고 진실한 것이라 인정하기에 족하다고 볼 수 없으므로 검사 제출의 위 증거는 자백에 대한 보강증거가 될 수 없다(대판 90도2010).
2	성남시 태평동 자기집 앞에 세워둔 봉고화물차 1대를 도난당하였다는 공소외인의 진술은 피고인이 위 차를 타고 그 무렵 충주까지 가서 소매치기 범행을 하였다고 자백하고 있는 경우, 교통수단으로 이용하였다는 취지에 불과하여 위 소매치기범행과는 직접적으로나 간접적으로 아무런 관계가 없어 이는 위 피고인의 자백에 대한 보강증거가 될 수 없다(대판 85도2656).
3	소변검사 결과는 1995. 1. 17.자 투약행위로 인한 것일 뿐 그 이전의 4회에 걸친 투약행위와는 무관하고, 압수된 약물도 이전의 투약행위에 사용되고 남은 것이 아니므로, 위 소변검사 결과와 압수된 약물은 결국 피고인이 투약습성이 있다는 점에 관한 정황증거에 불과하다 할 것인 바, 피고인의 습벽을 범죄구성요건으로 하며 포괄1죄인 상습범에 있어서도 이를 구성하는 각 행위에 관하여 개별적으로 보강증거를 요구하고 있는 점에 비추어 보면 투약습성에 관한 정황증거만으로 향정신성의약품관리법위반죄의 객관적 구성요건인 각 투약행위가 있었다는 점에 관한 보강증거로 삼을 수는 없다(대판 95도1794).

4) 보강증거의 위반의 효과

피고인의 자백이 그 피고인에게 불이익한 유일의 증거인 때에는 이를 유죄의 증거로 하지 못하는 것이므로, 보강증거가 없이 피고인의 자백만을 근거로 공소사실을 유죄로 판단한 경우에는 그 자체로 판결 결과에 영향을 미친 위법이 있는 것으로 보아야 한다(대판 2007도7835).

11. 공판조서의 증명력

第56條(공판조서의 증명력) 공판기일의 소송절차로서 공판조서에 기재된 것은 그 조서만으로써 증명한다.

1) 의의

공판기일의 소송절차로서 공판조서에 기재된 것은 그 조서만으로써 증명한다. 증명력이 인정되는 범위는 공판기일의 소송절차, 공판조서에 기재된 소송절차이다.

2) 공판조서의 정확성 보장

(1) 의의

공판조서의 배타적 증명력은 공판조서 기재의 정확성이 보장될 것을 전제로 하므로 형사소송법은 공판조서의 정확성을 담보하기 위한 장치를 마련하고 있다.

(2) 기명날인 또는 서명(제53조 제1항)

공판조서 기재의 정확성을 담보하기 위하여 공판조서에는 재판장과 참여한 법원사무관 등이 기명날인 또는 서명하도록 되어 있다.

(3) 열람등사권 및 이의신청권(제54조 제2항)

피고인 및 변호인은 공판조서의 열람 또는 등사를 청구할 수 있고, 공판조서의 기재에 대하여 검사, 피고인 또는 변호인은 그 변경을 청구하거나 이의를 진술할 수 있다.

3) 배타적 증명력이 인정되는 범위

(1) 공판기일의 소송절차

(가) 공판기일의 절차 공판기일의 절차에 한하므로 공판준비절차, 공판기일 외의 증인신문 또는 검증 등의 절차에서 작성된 조서는 배타적 증명력이 인정되지 않는다.

(나) 소송절차 소송절차에 대해서만 배타적 증명력이 인정되므로 증인의 증언내용과 같은 실체적 사항에 대해서는 인정되지 않는다.

판례연구

1	피고인에게 증거조사결과에 대한 의견을 묻고 증거조사를 신청할 수 있음을 고지하였을 뿐만 아니라 최종의견진술의 기회를 주었는지 여부와 같은 소송절차에 관한 사실은 공판조서에 기재된 대로 공판절차가 진행된 것으로 증명되고 다른 자료에 의한 반증은 허용되지 않는다(대판 89도2304).
2	검사 제출의 증거에 관하여 동의 또는 진정성립 여부 등에 관한 피고인의 의견이 증거목록에 기재된 경우에는 그 증거목록의 기재는 공판조서의 일부로서 명백한 오기가 아닌 이상 절대적인 증명력을 가지게 된다(대판 98도2890).
3	공판조서의 기재가 명백한 오기인 경우를 제외하고는 공판기일의 소송절차로서 공판조서에 기재된 것은 조서만으로써 증명하여야 하고, 그 증명력은 공판조서 이외의 자료에 의한 반증이 허용되지 않는 절대적인 것이다(대판 2007도 2735).

(2) 공판조서에 기재된 소송절차

(가) 기재된 소송절차 공판조서의 배타적 증명력은 공판기일의 소송절차 중에서 공판조서에 기재된 소송절차에 대해서만 미친다.

(나) 불기재 소송절차 공판조서에 기재되지 않은 소송절차는 공판조서 이외의 자료에 의한 증명이 허용된다. 이 경우 소송법적 사실에 관한 증명이

므로 자유로운 증명으로 족하다. 공판조서에 기재되지 않았다고 하여 그 소송절차의 부존재가 추정되는 것은 아니다. 오히려 법원이 통상 행하는 소송절차인 경우에는 기재가 없어도 그 절차가 적법하게 행해졌다고 사실상 추정된다.

(다) 불분명한 기재 공판조서의 기재는 명확성을 요하므로 그 기재가 불명확하거나 모순이 있는 경우에는 배타적 증명력이 인정되지 않는다. 명백한 오기인 경우라면 그 올바른 내용에 따라 증명력이 인정된다. 동일한 사항에 대하여 두 개의 서로 다른 내용이 기재된 공판조서가 병존하는 경우 법관은 자유로운 심증으로 둘 중 하나만 인정하여야 한다.

판례연구

1	동일한 사항에 관하여 두개의 서로 다른 내용이 기재된 공판조서가 병존하는 경우 양자는 동일한 증명력을 가지는 것으로서 그 증명력에 우열이 있을 수 없다고 보아야 할 것이므로 그 중 어느 쪽이 진실한 것으로 볼 것인지는 공판조서의 증명력을 판단하는 문제로서 법관의 자유로운 심증에 따를 수 밖에 없다(대판 86도166).
2	형사소송법 제56조는 "공판기일의 소송절차로서 공판조서에 기재된 것은 그 조서만으로써 증명한다"고 규정하고 있으므로 소송절차에 관한 사실은 공판조서에 기재된 대로 공판절차가 진행된 것으로 증명되고 다른 자료에 의한 반증은 허용되지 아니하나, 공판조서의 기재가 소송기록상 명백한 오기인 경우에는 공판조서는 그 올바른 내용에 따라 증명력을 가진다(대판 95도110).

4) 배타적 증명력이 있는 공판조서

(1) 유효한 공판조서의 존재

공판조서의 배타적 증명력은 유효한 공판조서가 존재할 것을 전제로 한다. 따라서 공판조서가 처음부터 없거나, 무효 또는 멸실된 경우에는 공판조서의 배타적 증명력이 문제될 수 없다.

판례연구

> 공판조서에 서명날인할 재판장은 당해 공판기일에 열석한 재판장이어야 하므로 당해 공판기일에 열석하지 아니한 판사가 재판장으로서 서명날인한 공판조서는 적식의 공판조서라고 할 수 없어 이와 같은 공판조서는 소송법상 무효라 할 것이므로 공판기일에 있어서의 소송절차를 증명할 공판조서로서의 증명력이 없다(대판 82도2940).

(2) 공판조서가 멸실·무효인 경우

공판조서가 멸실 내지 무효인 경우 상소심에서 다른 자료로 다툴 수 있는지에 대하여 다수설은 긍정하나, 판례는 다른 자료에 의한 증명이 허용되지 않고, 상소심은 원판결을 파기환송하여야 한다.

판례연구

> 기록이 분실되어 현존치 아니한 이상 원심판결은 그 기초되는 사실심리 및 증거조사 없음에 귀착한다. 다시 이를 실시키 위하여 원판결을 파훼하고 사건을 원심에 환송시킴이 타당하다(대판 4283형사9).

찾아보기

(ㄱ)

(ㅇ)

(ㅎ)

[저자 약력]

• 정신교(鄭信敎)

건국대 법학박사(형사법전공)
교통과학연구원 연구원 역임
경찰인재개발원, 중앙경찰학교 외래교수 역임
김천대학교 경찰행정학과 교수, 학과장 역임
경북지방검찰청 김천지청 시민검찰위원 역임
한국법무보호복지연구소 소장 역임
한국해양범죄연구소 소장
한국법학회 부회장
한국인권연구학회 부회장
한국부동산학회 부회장
법학연구(한국법학회) 편집위원장, 한국인권연구학회보 편집위원
Editorial Board "International Journal of Psychology of Cyber Crime (IJPCC)"
각종 공무원, 공사시험 출제 및 면접위원, 경비지도사시험 출제위원
현재, 국립목포해양대학교 해양경찰학부 교수

〈주요저서〉
범죄학개론(형설출판사, 2005)
법과생활(형설출판사, 2007)
교통범죄론(한국한술정보, 2008)
부동산범죄론(형설출판사, 공저, 2011)
범죄학입문(형설출판사, 2011)
법학입문(청목출판사, 공저, 2012)
현대사회와 범죄(제3판, 형설출판사, 2019)
형법총론(청목출판사, 2019)
형법각론(청목출판사, 2020)

경찰형사소송법

2024년 2월 27일 초판인쇄
2024년 3월 2일 초판발행

저 자 정 신 교
발행인 유 성 열
발행처 **청목출판사**
서울특별시 영등포구 신길로 40길 20
전화 (02) 849-6157(代) · 2820 / 833-6091
FAX (02) 849-0817
등록 제318-1994-000090호

파본은 바꾸어 드립니다. 값 24,000원

http : //www.chongmok.co.kr

ISBN 978-89-5565-817-0(93360)